前　言
——兼再版说明

1999年《播音主持训练280法》出版了。当初撰写《播音主持训练280法》是想把播音主持的一些具体技法写得简单明白，转化成为对学习者的具体指导，把理念转化成更直接的操作讲述，同时也力求涉及得更全面一些。

由于自己的写作能力有限，对看不见摸不着的话语逻辑与情感说明，对感受与声音之间的规律描述，对人的思想情感运动方式的引导，以及对各种各样的播音主持的表达之呈现，都没有表述得更细致。

即便如此，《播音主持训练280法》还是受到了学习者的欢迎，得到了充分的肯定。有人说，那本书像一本播音主持的小辞典，在播音主持过程中遇到不熟悉的知识可以在其中查到。有人说，虽然文字简单，但该说的还是说到了。

令我十分感动的是，一对在省级广播电视台从事播音主持工作多年的夫妻将他们手中的一册《播音主持训练280法》拿给我看。我看到那本书上几乎每一页都画了红线、蓝线，许多页都折了角，以示重视，再三重读。那本书的纸张已经被翻得软了，全书从头到尾都显示出主人对其中的章节阅读思考过许多遍。当时，手捧着那本书，从我心中升起一种复杂的感觉。一方面是这本书能够对人们有所帮助，自己内心有一种欣慰；另一方面又为这本书过于简浅而感到不安。

当这本小书在市场上已经销售尽了的时候，有朋友热情地问还能不能重印。

《播音主持训练280法》到现在已经出版22年了。这22年里，中国的广播电视事业全面发展，形成多种媒体融合之势，让我们感到这个世界的迅速变化和腾飞。然而正如世界再变，人们的一日三餐不会改变，视听传播的方式再变，基础的播音主持方式不会改变。不变的一日三餐的餐具和烹饪方式已经悄然改变，播音主持风格和样式也在与时俱进，更加丰富多彩。

过去，感觉你说得比他说得好听，容易理解，并且能够感动人、鼓舞人，就是成功。后来，人们不断总结这其中可循的规律，形成理论，在教学过程中实施，培养出了一代一代播音员、主持人。

今天，网红大量出现在大小屏幕上，各单位在各类活动中涌现出各有特色的主持人，人们通过互联网可以很轻松地展现自我。然而，正如当今汽车普及，想成为驾驶员很容易，但仍然需要专业的大型运输车司机、救火车司机、救护车司机等专职司机；表演才艺很容易，但大型活动、高质量影视剧等仍然离不开优秀、专业的演员。播音主持行业也同样需要大量的专业人才。专业人才的成长与非专业者的提高，都需要理论指导和支持。

人工智能时代已经到来，用机器设备模仿任何一个人的声音，让人们信以为真，都已经成为现实。数字播音员已经出现在屏幕上，数字主持人也正在推出。这既是对播音员、主持人的挑战，也是对播音主持研究领域的督促。伴随着数字主持人的"成长"，有一个岗位被称为"饲养员"，他们要不断对数字主持人进行"教育"，即调整它们的程序代码，增添它们的"智慧"，让它们能够有更多的认知和能力，所依据的应该是这一学科的基础知识和实践总结，以及众多成功播音员、主持人丰富多彩的话语材料。

时代在前进，实践在发展，播音主持的理论要不断提升、充实。

《播音主持训练280法》的基本内容今天还有其价值和作用，但我深知那本书已经落后于时代，如果只是简单地重印，将被市场抛弃，有负于给予这本书肯定的朋友们。应该重新构思，推出新的模样。这是出版社老师的郑重建议，也是我自己的愿望。

新书仍保留原来的实用风格，以理论阐述为支柱，以练习、操作指导为核心，以讲解、辅导为重点。力求学习者能够看得懂，学得到，练得成，做得好。

今天，播音主持的技法已经远远不止是原来总结的280法了，实际上也很难准确地统计究竟有多少法。当初想，有多少算多少吧，就停止在280法，现在再那样罗列就不合适了。于是，更名为《播音主持》，不失原书的本意，更为实际。

如果说《播音主持训练280法》是一排排平房宿舍，这次的《播音主持》期望能够成为一幢幢精装修的楼宇。基本的意图未改变，但却比原来丰富，有新的时代气息。是不是实现了这样的目标，还要看学习者的评说。

本书分为两册。

一册是基础篇，是播音主持的基本问题，是基础训练讲解。另一册是实践篇，是播音主持在不同岗位上需要具有的更专门、更具体、更深入的表达及训练讲解。

播音主持 基础篇

闻闸 — 著

专业学习教材　教师教学参考
在岗业务提升　公关话语指导
业余爱好自学　入门艺考法宝

中国广播影视出版社

图书在版编目（CIP）数据

播音主持.基础篇/闻闸著.--北京：中国广播影视出版社，2022.5
ISBN 978-7-5043-8735-6

Ⅰ.①播… Ⅱ.①闻… Ⅲ.①播音—语言艺术—教材 ②主持人—语言艺术—教材 Ⅳ.① G222.2

中国版本图书馆CIP数据核字（2021）第 265149 号

播音主持·基础篇

闻 闸 著

责任编辑	黄月蛟
封面设计	智达设计
责任校对	张 哲

出版发行	中国广播影视出版社
电　　话	010-86093580　010-86093583
社　　址	北京市西城区真武庙二条9号
邮　　编	100045
网　　址	www.crtp.com.cn
电子信箱	crtp8@sina.com
经　　销	全国各地新华书店
印　　刷	北京凯德印刷有限责任公司
开　　本	787 毫米 × 1092 毫米　1/16
字　　数	400（千）字
印　　张	20.25
版　　次	2022 年 5 月第 1 版　2022 年 5 月第 1 次印刷
书　　号	ISBN 978-7-5043-8735-6
定　　价	59.00 元

（版权所有　翻印必究·印装有误　负责调换）

前　言

吃水不忘挖井人。

我要再次感谢我们的导师张颂先生为本学科奠定的基础，在学期间对我们的教诲。

我要再次感谢当年赵忠祥老师为《播音主持训练280法》作序。

借本书出版之机，感谢多年来阅读《播音主持训练280法》热情的朋友，感谢出版社所有对这本书的"前世"与"今生"给予支持的热情的朋友。

闻闸

2021 年 10 月

《播音主持训练280法》原书序（1999年）

闻闸同志的著作《播音主持训练280法》即将付印，嘱我为序，于是欣然命笔，一则闻闸同志是我同一领域的同事，二则也借此说几句我的想法。

我认为，20世纪人类最伟大的发明是电视，读者请勿见怪，因为我是在电视台长大的。每当我能尽情观看精彩的电视节目时，我就会同时想到，要是从现在起没有了电视大家怎么办？也不由得可怜起我们的祖宗，在昏暗的烛光油灯下，漫漫长夜如何熬过的呀。

不必替古人担忧，倒是想想看今天该怎样努力。如今我们大量的青年朋友进入电视领域，一展身手，更有一批聪明可爱的少男少女在屏幕上出现，为广大的电视观众服务。这一大批青年人是电视播音和电视主持的新秀，他（她）们赶上了好时代、好机会。他（她）们愿一展才华，愿意赢得更多观众的喜爱，他（她）们急于成长为德艺双馨的人才，对得起祖宗，对得起自己，对得起观众，对得起我们今天的好时光。

据我所知，每年从各地来京学习与寻找机会的年轻播音员与主持人逾千人之众，他们代表了各地正在从业的更多的年轻人。我们一方面为广播电视事业的兴旺而高兴。同时也不揣浅陋，愿以自己在党和人民多年培养下取得的一点成绩与实践经验和多年琢磨的一些带有理论性的规律传给他们。根据他们的理解需求，编写出更多更好的教材提供给年青一代，这是我们义不容辞的责任。

人们常说，播音和主持节目是口耳之学，也就是一种能力的传授与获得。对新参加工作的新同志，我们的教学不仅应该有理论的指导，还应该有实际操作的能力训练。回想我自己当年的学习过程，再看看今天许多年轻人所遇到的问题，多数都是工作实际中的具体问题，这些问题需要有及时的指点。当这些具体问题不断地解决，理论上也就有所理解了。还有的时候，理论可能明白了，但在具体的技能上不经过训练就不能掌握，为能将理论尽快化为自身的能力，也需要一些训练的指导和训练的方法。

很高兴看到闻闸同志编著的这本《播音主持训练280法》。阅读这本书，感到作者的目的很明确，就是想手把手地教给初学者怎样播音，怎样主持节目。这本书将播音主持工作的一个个具体环节中的技能训练加以讲解，告诉初学者学习的动作要领，可能出现的差错，需要注意之处。这本书训练问题提炼得全面，概括了播音和主持节目工作的主要内容，大都是初学者面临的亟待解决的问题。我认为，对应用学科来说，理论终将转化为能力，与能力互为推动，而每个播音员和主持人学习的起始点都应该是点点滴滴的训练。所以我认为闻闸同志的这本《播音主持训练280法》对初学者来说，很有实际意义。我感到，闻闸同志在理论上已有较深厚的修养，同时又善于总结实践中的经验，善于思考，所以能把训练项目分别概括得这样细致具体，繁简适当，深入浅出地讲得这样清楚明白。闻闸同志不仅从事播音、节目主持、教学的工作，他还曾担任中国教育电视台的新闻部主任，做过大型节目和栏目的策划、撰稿、编导、制片人和主持人，从本书中也能看出他自身播音和主持节目实践经验的总结和从编导的视角对播音和节目主持的一些深入思考。

本书的遗憾之处就是缺少练习材料及相关的讲解，也许是考虑到本书的篇幅不宜因练习材料而大幅度增加，播音员或主持人可以从每日工作中找到大量的练习稿件。我想，如果能在每一训练讲解之后有针对性地选择一些练习材料，再提供给初学者一些提示，更能强化训练的效果。希望将来本书再版时，能够补上这一方面；同时，我还希望训练项目不断补充，使之更加满足播音员和节目主持人的需要。

事业的蓬勃发展，人员的急剧扩充，既给人们带来了机遇，也给事业带来了一些新的需要冷静思考的问题。电视日益深入民众之中，电视节目也日趋贴近群众，贴近生活。

那么电视播音员与主持人要贴近大众，贴近生活时，是不是就应该抛弃声情并茂的表现手法，而以我行我素的本来的声音与表情直面大众呢？这是一个亟待解决的认识问题。同时也有一批学识基础比其他从业人员高出一些的年轻人，更愿让人们明白自己比传统意义上的播音员与主持人更有才华，而故作与专业要求不一致的播讲形态。

我看这些只是一时的、不甚正确的理解。非专业化的倾向断不能涌现专业化的高手。正如只靠全民健身的水平不可能出现优秀运动员。那些鄙薄技术，以为无足轻重的观念，正是妨碍出现杰出人才的绊脚石。我相信，在这样一个兴旺发达的群体中，一切暂时的不甚规范的观念都会被实践所纠正。

我由衷希望播音员、主持人队伍，学者、专家们能在新时期提出新的课题与新的观念。我们已经有的优秀传统应该更好地发扬。有觉悟、有文化、有广博知识的又能声情并茂播讲的播音员与主持人必将日益增多。

再次祝贺闻闸同志的《播音主持训练280法》为我们共同的事业所做的奉献。

赵忠祥
1999年6月16日

目　录

第一章　普通话语音　/1
1. 学好普通话　/2
2. 普通话水平测试　/5
3. 语音学基础概念　/8
4. 汉语拼音和国际音标　/10
5. 普通话声调　/12
6. 两字相连的声调变化　/14
7. 多变的上（shǎng）声　/16
8. 普通话语音中的4个a　/18
9. e的发音　/20
10. o在不同音节中的发音　/22
11. i、ü和u的发音　/24
12. er的发音　/26
13. 关于ê　/27
14. 防止元音鼻化　/28
15. b、p与d、t的发音　/29
16. 纠正n、l与r、l不分　/30
17. 纠正前后鼻音不分　/32
18. g、k、h、f的发音　/34
19. 发好j、q、x　/36
20. 发好z、c、s　/38
21. 纠正z、c、s与zh、ch、sh不分　/40
22. 儿化音　/42
23. 词格与轻声　/44
24. 避免喷话筒　/46
25. 方言与普通话　/47
26. 练习普通话的老师和工具　/49

第二章　发声吐字　/51
1. 发声的原理　/52
2. 练声概说　/55
3. 练"嗓子"的误区　/58
4. 为发声而吸气　/60
5. 呼气控制　/62
6. 丹田　/63
7. 胸部支点　/65
8. 三个控制位置　/67
9. 强化腰腹力量　/68
10. 防止腰腹控制点上移　/70
11. 口腔的基本形状　/71
12. 提颧肌　/73
13. 张大口腔　/75
14. 字音的路线和位置　/77
15. "上口盖"用力　/80
16. 吐字清楚响亮　/82
17. 呼吸控制与口腔控制　/84
18. 上下结合练习元音　/85
19. 克服唇舌无力　/88
20. 控制共鸣　/90
21. 舌根下巴不紧张　/92
22. 克服大舌头现象　/93
23. 防止"上痰"　/95
24. 防止颗粒大于语流　/97
25. 按计划练声　/99
26. 练习绕口令　/101
27. 每个人声音的改善　/103
28. 练声与表达的关系　/105
29. 播音主持发声吐字与声乐歌唱　/107
30. 保护声音　/109

第三章　话语生成　/111
　　1. 口头造句能力　/112
　　2. 复述　/115
　　3. 复述不可失实　/120
　　4. 扼要复述　/123
　　5. 扩展复述　/127
　　6. 描述　/131
　　7. 描述中的寓意　/134
　　8. 咏物　/136
　　9. 悟事　/138
　　10. 论题　/141
　　11. 统领篇章　/144
　　12. 克服半句现象　/146
　　13. 清理不当口头语　/148

第四章　话语心理　/151
　　1. 语言感受　/152
　　2. 形象感受　/155
　　3. 抽象感受　/158
　　4. 综合感受　/161
　　5. 情感　/163
　　6. 情感投入　/166
　　7. 莫"陷"其境　/169
　　8. 要真情实感　/172
　　9. 话语目的　/174
　　10. 表面语后面的内存语　/177
　　11. 我对你讲　/181
　　12. 克服紧张　/184

第五章　话语形态　/187
　　1. 主次关系　/188
　　2. 重音　/191
　　3. 停顿　/195
　　4. 粘连　/200
　　5. 语句色彩　/203
　　6. 语句波形　/206
　　7. 节奏　/209
　　8. 句子的节拍　/212
　　9. 长句处理　/215
　　10. 词和词组的表达　/219

第六章　话语生动　/221
　　1. 声音形象　/222
　　2. 表达色彩　/229
　　3. 情感类型　/236
　　4. 三维构建　/242
　　5. 双人、多人的语言关系　/248
　　6. 并非"另类"说话　/251
　　7. 篆、隶、楷、行、草比喻　/253

第七章　组织能力　/257
　　1. 组织能力　/258
　　2. 组织自我　/260
　　3. 组织静物　/262
　　4. 组织环境　/266
　　5. 组织人群　/269
　　6. 随机应变　/275

第八章　塑造形象　/279
　　1. 基础形象　/280
　　2. 新闻播音的抽象形象　/282
　　3. 节目主持的个性魅力　/284
　　4. 音色与表达风格　/286
　　5. 表情、唇形、眼神　/288
　　6. 手势、体态　/291
　　7. 服装形象　/294
　　8. 克服女声娃娃腔　/296
　　9. 纠正男性女化现象　/298
　　10. 形象魅力　/300
　　11. 公众形象　/302

附　容易被读错的部分地名　/304
附　中国人的姓中的多音字　/305
附　400个音节表　/308

《播音主持训练280法》原书后记　/309

后记　/311

第一章　普通话语音

本章介绍普通话语音的基本知识和普通话语音的发音方法。

本章不仅介绍一般语音现象，重点在于解决播音员、主持人在发音时应该注意和解决的问题。考虑到学习者已经有了一定的普通话基础，没有将纠正方言对普通话的影响作为重点。

本章在讲述知识的基础上分解发音的实际动作。其中，有些是很细微的变化和很巧妙的技巧，对专业语言工作者和语音实践者来说，是十分必要的。

1. 学好普通话

> 《中华人民共和国宪法》
>
> **第十九条** 国家发展社会主义的教育事业，提高全国人民的科学文化水平。
>
> 国家举办各种学校，普及初等义务教育，发展中等教育、职业教育和高等教育，并且发展学前教育。
>
> 国家发展各种教育设施，扫除文盲，对工人、农民、国家工作人员和其他劳动者进行政治、文化、科学、技术、业务的教育，鼓励自学成才。
>
> 国家鼓励集体经济组织、国家企业事业组织和其他社会力量依照法律规定举办各种教育事业。
>
> 国家推广全国通用的普通话。

《中华人民共和国国家通用语言文字法》确立了普通话的"国家通用语言"的法定地位。

1956年2月6日，国务院成立了中央推广普通话工作委员会，发出关于推广普通话的指示，并且定义普通话的概念。

中华人民共和国
国家通用语言文字法

1956年普通话审音委员会成立，历经八年编成了《普通话异读词审音表初稿》及"续编""三编"，1963年合并为《普通话异读词审音总表初稿》，奠定了普通话语音规范的基础。1982年中国文字改革委员会重新组织成立普通话审音委员会，开展了第二次普通话审音工作，以《总表初稿》为基础，形成了《普通话异读词审音表》。此表1985年12月由国家语委、国家教委、广播电视部联合发布，是普通话语音的现行国家标准，是普通话推广普及的基础依据。2011年10月28日，国家语言文字工作委员会组建的新一届普通话审音委员会成立。

普通话，在中国台湾地区被称为"国语"，在东南亚被称为"华语"，在相对非汉语国家和地区被称为"中文""华语"。

普通话是全国通用的语言。它的含义是：

以北京语音为标准音，以北方话为基础方言，以典范的现代白话文著作为语法规范的现代汉民族共同语。

普通话的词汇和语法可以在语文课本和一般阅读中积累。而普通话语音却是困扰很多人的难题，因为语音的校正是有一定困难的。不仅需要理解，还要能够成为自己口中的正确发音能力。

关于以北京语音为标准音的概念，要注意不要与北京的土话、土音混淆，要排除这些土话、土音。

每个人在上学的时候，已经有了一定的学习普通话的能力。向往播音和主持的工作也使自己的普通话水平高于一般人。每天包围我们的广播电视节目也都在说普通话，又使我们每个人都有良好的普通话环境。这是非常好的基础。

从事广播电视播音和主持工作，要求普通话纯正。就要下苦功夫学好、学精。

说话的学习是一种口耳的技能训练。在已有的基础上，进一步学好普通话，要做好两个方面的学习。

一方面，跟随广播电视的节目学习，他说什么你就说什么，一句一句大声模仿，这样对熟悉语音语调，有极为重要的意义。这是看似笨拙其实是最不笨拙的方法。

另一方面，重点突破自己的问题。通过向有经验的老师请教，了解自己的普通话存在什么重点问题，要下决心突破。知道了问题所在，还要知道正确的读音方法，然后就要有针对性地进行纠正。一般来说单字练习成果不是十分显著，因为单字会了，到了词组和句子中又不能适应，或者记不住。最好的办法是朗读由某字音组成的词组，该字或在前或在后的正反词组都要朗读，这就是所谓的读词典，这个方法可以让学习有事半功倍的效果。练习时，要分类进行，一段时间练习带有某个声母或韵母的词组，有了心得体会后再练另一个，避免相互干扰。

这样有点有面地练习，再加上刻苦和毅力，用不了多久，就一定能够学好普通话，胜任播音和主持的工作。

现代汉语普通话的声母、韵母的拼合，成为汉语普通话的一个个字音。

现代汉语普通话语音声母共有 21 个。声母表如下。声母可以从成阻的部位观察——即表中的横向，也可以从声音发出的情况观察——即表中的纵向。

普通话语音声母表

		双唇音	唇齿音	舌尖前音	舌尖中音	舌尖后音	舌面前音	舌根音
塞音（清）	送气	p			t			k
	不送气	b			d			g
擦音	清		f	s		sh	x	h
	浊					r		
塞擦音（清）	送气			c		ch	q	
	不送气			z		zh	j	
鼻音（浊）		m			n			-ng
边音（浊）					l			

-ng 是在字音的后部出现的。虽然在表中，但一般不认为是韵母。

现代汉语普通话韵母共有 39 个。下面是普通话韵母表。韵母表总体分为两个方向认识：一个是纵向，说明韵母发音时嘴唇的形状变化："开""齐""合""撮"；一个是横向，说明韵母发音组合情况：单韵母、复韵母、鼻韵母。还有一部分复韵母，又分为前响、中响、后响三类。此外，无论单韵母、复韵母和鼻韵母，都按照舌位前后顺序排列在表中。还要特别认识到，后响的 5 个韵母实际上在音节中具有单韵母的特征，前面的介音应该算在音节的字头部分。

普通话语音韵母表

		单韵母	复韵母		鼻音韵母	
					舌尖鼻音韵	舌根鼻音韵
介音分类	开	o/e a	前响 ai ei ao ou		an en	ang eng
	齐	i	ie ia	iao iou	ian in	iang ing
	合	u	uo ua	uai ui	uan un	uang ueng/ong
	撮	ü	üe		üan ün	iong
			后响	中响		

舌尖前元音-i 和舌尖后元音-i，由表中的 i 代表了，这两个音单独发音有困难，是分别随着 z 组和 zh 组的音发出的。ê 由 e 代表了。er 实际上不与声母拼合。所以没有在表中。

2. 普通话水平测试

普通话水平测试是检测一个人普通话水平的较为科学的方法。

根据教育部、国家语言文字工作委员会发布的《普通话水平测试管理规定》《普通话水平测试等级标准》，制定《普通话水平测试大纲》。

一、测试的名称、性质、方式

本测试定名为"普通话水平测试"（PUTONGHUA SHUIPING CESHI，缩写为PSC）。

普通话水平测试测查应试人的普通话规范程度、熟练程度，认定其普通话水平等级，属于标准参照性考试。本大纲规定测试的内容、范围、题型及评分系统。

普通话水平测试以口试方式进行。

二、测试内容和范围

普通话水平测试的内容包括普通话语音、词汇和语法。

普通话水平测试的范围是国家测试机构编制的《普通话水平测试用普通话词语表》《普通话水平测试用普通话与方言词语对照表》《普通话水平测试用普通话与方言常见语法差异对照表》《普通话水平测试用朗读作品》《普通话水平测试用话题》。

三、试卷构成和评分

试卷包括5个组成部分，满分为100分。

（一）读单音节字词（100个音节，不含轻声、儿化音节），限时3.5分钟，共10分。

目的：测查应试人声母、韵母、声调读音的标准程度。

100个音节中，70%选自《普通话水平测试用普通话词语表》"表一"，30%选自"表二"。

（二）读多音节词语（100个音节），限时2.5分钟，共20分。

目的：测查应试人声母、韵母、声调和变调、轻声、儿化读音的标准程度。

词语的70%选自《普通话水平测试用普通话词语表》"表一"，30%选自"表二"。

（三）选择判断，限时 3 分钟，共 10 分。

1. 词语判断（10 组）

目的：测查应试人掌握普通话词语的规范程度。

2. 量词、名词搭配（10 组）

目的：测查应试人掌握普通话量词和名词搭配的规范程度。

3. 语序或表达形式判断（5 组）

目的：测查应试人掌握普通话语法的规范程度。

（四）朗读短文（1 篇，400 个音节），限时 4 分钟，共 30 分。

目的：测查应试人使用普通话朗读书面作品的水平。在测查声母、韵母、声调读音标准程度的同时，重点测查连读音变、停连、语调以及流畅程度。

短文从《普通话水平测试用朗读作品》中选取。

（五）命题说话，限时 3 分钟，共 30 分。

目的：测查应试人在无文字凭借的情况下说普通话的水平，重点测查语音标准程度、词汇语法规范程度和自然流畅程度。

四、应试人普通话水平等级的确定

国家语言文字工作部门发布的《普通话水平测试等级标准》是确定应试人普通话水平等级的依据。测试机构根据应试人的测试成绩确定其普通话水平等级，由省、自治区、直辖市以上语言文字工作部门颁发相应的普通话水平测试等级证书。

普通话水平划分为三个级别，每个级别内划分两个等次。其中：

97 分及其以上，为一级甲等；

92 分及其以上但不足 97 分，为一级乙等；

87 分及其以上但不足 92 分，为二级甲等；

80 分及其以上但不足 87 分，为二级乙等；

70 分及其以上但不足 80 分，为三级甲等；

60 分及其以上但不足 70 分，为三级乙等。

说明：各省、自治区、直辖市语言文字工作部门可以根据测试对象或本地区的实际情况，决定是否免测"选择判断"测试项。如免测此项，"命题说话"测试项的分值由 30 分调整为 40 分。

作为播音员、主持人应该达到一级甲等，或者一级乙等。国家级和省级的广播电视单位要求一级甲等水平。

报名参加普通话水平测试的，一般都有练习的基础，自觉达到一定的水平，语音基本问题不大。

但是，仍然有相当一部分人害怕测试。有的不知怎样为测试准备。

首先，不必紧张，这样的测试与体育比赛不一样，真实水平与测试结果几乎不会有什么差别，只要有普通话的基础，就不可能失常读错了。即使有个别字音读错了，那也不影响大局。

要注意的有以下几点：

1. 不能有成系统的错误。所谓成系统的错误，就是指某个音或者某组音全都发不好。比如，r 和 l 发不好；再如，j、q、x 这一组音都发不好；又如，前鼻音有问题。这样的情况都不能获得一级甲等的证书。实际上有成系统的错误，失分一定会超过标准。所以有系统性的错误，要尽快改正。

2. 单音节和双音节的朗读，要克服紧张，保持正确率。有人因为紧张，将原来不会读错的音读错了。比如把"肮"字读成了"脏"，或者相反。这还不是很要紧。少数人识字不多，这 200 个常用字中，有相当多的字因为不认识而读错，那就太不应该了。

3. 朗读 400 字的文章，一般不要求丰富的情感表达，只要能说明文意，没有语义表达上的错误就可以。朗读过程中，可能会发生结巴或者读音错误产生的中断，按播音的习惯，可能是从这一句的起头处重新读，这在测试中是万万使不得的。因为测试规定，与原稿对照，错一字减一字的分，从头开始，重复多少字就减多少字的分。所以朗读中一旦出现中断的现象，在什么地方出的问题就在什么地方接续下去，这只会失掉一个字的分。千万不要从这句的起始点从头读，那样就会失去不应失去的分，太可惜了。

4. 在 3 分钟说话的测试时，只要总体上有听着与普通话的语音语调有哪怕很细微的相异之处，有方言音调的痕迹出现，就会失分，不能得到一级甲等的成绩。在这项测试中，有很多人开始还能够自然说话，1 分钟过后就出现了方言的音调，有的还会越来越严重。要解决这样的问题，就必须在练习时，坚持让自己说话超过 3 分钟，而且十分准确，不夹杂方言的音调。

良好的普通话练习基础，平静的测试心态，把握好应该注意的事项，就能够测出自己的真实水平，取得真实的成绩。

3. 语音学基础概念

音素 音位 音节 辅音 元音 声母 韵母 声调 音标

这些是学习播音主持常会用到的一些语音学的概念，简单的名词解释如下。如果希望深入理解，还需要在语音学方面再下功夫学习。

音素——语音的最小单位。人类语言从音质角度划分出来的最小单位。比如，汉语普通话中"边"（bian）有4个音素，"地"（di）有2个音素。音素分为"元音""辅音"两大类。

音位——语言中一个词（或词素）与另一个词（或词素）相区别的最小单位。如果普通话中"把""博""补"三个词的意义是由于 a、o、u 三个音的不同而区别的，这三个音就是汉语普通话的三个不同音位。

属于同一音位，有语音差别的一组音素，称为"音位变体"。比如汉语普通话中的 a，在实际发音中可能表现为4个不同的音素。通俗地比喻，音素是固定位置，音位就是区分隔离的"房间"，在同一音位的"房间"里的不同位置是音位变体。

不同语言、不同方言的音位划分有所不同。某些音素在一种语言里是同一音位的不同变体，在另一种语言里可能是区别意义的不同音位。那就看各种语言是怎样为各个音素规划"房间"了。

音节——语音结构的最小单位。由一个或几个音（其中大都包含一个元音）组成的紧密发音整体。汉语的一个字音为一个音节。过去个别读双音节的汉字已经不再使用，如原来读"海里"的"浬"。

元音——音素的一类。发音时气流自由呼出，不受任何阻碍，发音器官各部分肌肉的紧张程度相同的音，气流比辅音弱，振动声带，不产生噪音。比如，普通话里的 a、o、e、i、u、ü 等。元音又称为"母音"。

辅音——音素的一类。发音时气流在发声器官的某一部分受到阻碍，造成阻碍部分的肌肉特别紧张，气流比元音强。辅音又称为"子音"。有成阻和除阻的前后过程。

声母——一个汉字字音的开头部分，声母为辅音音素。汉语普通话的声母有21个。有些汉字没有辅音开头，称为"零声母"，就是没有声母。比如：an、en。还有，y、w（即 i、u）也常常被称为声母。严格地说，y、w 不能算作声母，它是复韵母中的韵头，只是在零声母音节中，其位置类似声母。

韵母——一个汉字字音除了声母的所有部分，元音是构成韵母的主要音素。汉语普通话中韵母有 39 个。韵母分为单韵母、复韵母、鼻韵母。单韵母只有一个元音音素，有 a、i、o、e、ê、u、ü、er、-i（前）和-i（后），复韵母由 2 个或 3 个元音音素组成，有 ai、ei、ao、ou、ia、ie、ua、uo、üe、iao、iou、uai、uei，鼻韵母由 1 个或 2 个元音音素和韵尾的鼻音 n 组成的有 an、en、in、ün、ian、uan、uen 和 üan，或 ng 组成的有 ang、eng、ing、ong、iang、uang、ueng 和 iong。

声调——由一个音节内部的高低升降构成，有区别语义的作用。如汉语中"汤、糖、躺、烫"4 个字，不同的声调不同的语义。汉语普通话的 4 个声调用五度标记法来表示。

阴平（一声）为 55，阳平（二声）为 35，上声（三声）为 214，去声（四声）为 51。这是 1930 年赵元任先生提出的五度制调值标记法。这种五度标记法，指的是各音节的相对音高，不是音乐五线谱的绝对音高。有些语言没有区别字词语义的声调。

音标——音标是记录音素的符号，是音素的标写符号。它的制定原则是：一个音素只用一个音标表示，而一个音标并不只表示一个音素（双元音就是由 2 个音素组成的，相对于单元音来说）。这是很严格的，称为"严式标音"。

宽式标音，是在严式标音的基础上，按音位来标记语音，也就是只记音位，不记音位变体及其他非本质的伴随现象。因此，宽式标音又称为"音位标音"。例如，现代汉语中，有四个音素都归在一个音位 a，用宽式标音只用 a 就可以了，可以限制音标数目，在某一种语言或方言音系里反映得简明、清晰。

4. 汉语拼音和国际音标

一、汉语拼音方案

《汉语拼音方案》是中华人民共和国的法定拼音方案。1958 年 2 月 11 日全国人民代表大会批准公布。小学生学习语文，用拼音字母帮助识字，推广普通话，以及外国人学习汉语都采用汉语拼音作为学习工具。

现在汉语拼音已经普遍用于字典、词典注音，用于各种书刊的索引及视觉通信等方面。1977 年联合国地名标准化会议采用为拼写中国地名的国际标准，1982 年国际标准化组织采用拼音字母作为拼写汉语的国际标准。中国对外书报文件和出国护照中的汉语人名、地名一律用汉语拼音书写。

顺便提一句，1913 年由中国读音统一会制定，1918 年由北洋政府教育部发布了汉语注音字母，共计 39 个字母，1930 年中华民国政府把注音字母改称为"注音符号"，正式的称呼是国语注音符号第一式。这一方案后来被正式公布的拉丁字母方案的汉语拼音所取代，但在汉语拼音方案中还有对照保留。

汉语拼音小学已经学习过，汉语拼音方案现在可以在汉语字典、词典的附页查找。

附图：汉语拼音方案

二、国际音标

国际音标是国际语音协会制定的。1888 年由英国的 H. 斯维斯特倡议，由法国的 P. 帕西和英国的 D. 琼斯等人完成，发表在当时的《语音教师》上。《语音教师》是"国际语音协会"的前身"语音教师协会"的会刊。其后多次修订补充，现在通行的是 1979 年修订的方案。早期的语言学家因各人研究需要，自定标音方法，不便交流。国际音标发表后，严格规定以一符一音为原则。国际音标采用方括号标注［ ］，以区别其他字母。

国际音标所用字母以拉丁字母为基础，但人类语音差异甚大，有限的拉丁字母远不够用，就以改变字形和借用别的语言字母的办法来补充。为照顾习惯，多数符号以仍读拉丁语或其他语言的原音为原则。目前，国际音标通行表上共计有辅音 72 个，元音 23 个，用来标注语音已大致够用。

这个国际音标表是英、法两国的学者创订的，主要适用于标注印欧语言、非洲语言和一些少数民族语言。它发表后，在欧洲语言学界比较通行。美国人多数仍用他们自己研究的美洲印第安语的符号。汉语各方言中的有些音，本表也不能包括。

国际音标表内所定的声调符号只分为高低的平、升、降和两上凹凸调共 8 种，这对研究描写声调语言是不够的。赵元任提出了声调的五度制调值标记法，称为"声调字母"，发表于 1930 年的《语音教师》，它适用于一切声调语言，已为国际多数学者所采用。

附图：国际音标

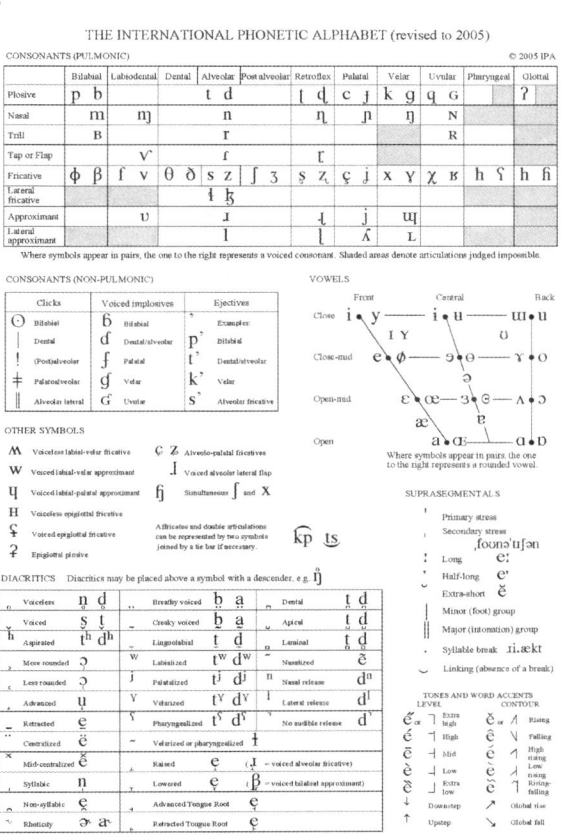

5. 普通话声调

1930 年，赵元任①先生在《语音教师》上提出了声调的五度制调值标记法，当时称为"声调字母"。由于简单而又很准确贴切，被广为接受，并且一直沿用至今。

今天，称为"五度标记法"。

对汉语普通话来说，五度的表达应该是这样的：

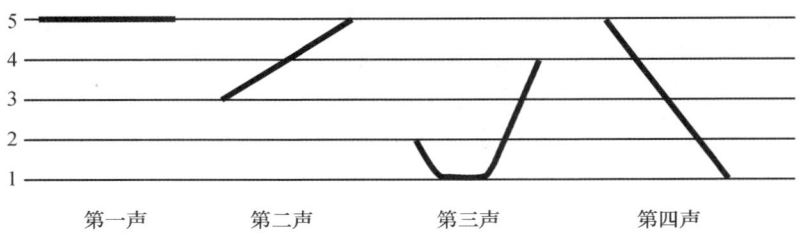

第一声　　第二声　　第三声　　第四声

在这个图里，用 12345 五条线表达音调的高低位置。这与小学课本里面简化表达的"— ／ ∨ ＼"的符号不太一样，这就是普通话声调的准确的调值情况。北京话里五度之间的线距离要宽些，所以说起来显得清亮、爽朗。

四声，也称"阴阳上（shǎng）去"，即：阴平、阳平、上（shǎng）声、去声。

这里表示的是字音之间的相对音高，不是绝对音高。这样的音高不只是每个字自身语调的直、斜、曲，还有他们之间的对比状态。一个词、一句话里的字与字之间的高高低低也有相应的规律，而且十分重要。

有时，有些人说话的调值不够。主要表现在阴平（第一声）和阳平（第二声）调上。

调值不够指的是语音声调达不到应到的位置，有一个字的问题，也有相互之间的问题。

受方言影响，有的人的阴平（第一声）不能达到 55 的音高，有的人虽然能够达到 55

---

① 赵元任（1892.11.3—1982.2.24），字宣仲，又字宜重。清朝著名诗人赵翼（瓯北）后人。1892 年生于天津。现代著名学者、语言学家、音乐家。

赵元任先后任教于康乃尔大学、哈佛大学、清华大学、中央研究院史语所、夏威夷大学、耶鲁大学、哈佛大学、密歇根大学，后长期（1947—1963）任教于加州大学伯克利分校，并在伯克利退休。赵元任先后获普林斯顿大学（1946）、加州大学（1962）、俄亥俄州立大学（1970）荣誉博士学位，加州大学"教授研究讲师"（1967），北京大学荣誉教授（1981）。

赵元任是中国现代语言学先驱，同时也是中国现代音乐学先驱。

的音高，但是保持有点困难，可能是 54 的现象或者 543 的现象。这是一个字里的问题。

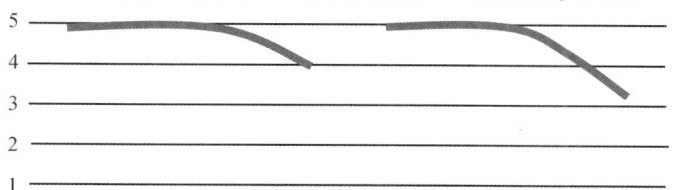

普通话的阴平（第一声）应该是在 55 的高平位置，但是有的方言区这些字音不在 55 那么高的音区，受原来方言的影响，可能发出的是在 44 或者 33，甚至是在 22 或者 11 的低声区。图上看来也是平直调，但相对其他字音处于低位置，听起来就不是那么回事了，那也是不正确的。

可以尝试，让自己说话的句调起低一点，到了阴平的时候，有意识高一些，并且注意保持住。时间长了也就习惯了。在强化阴平 55 的意识下，大声朗读词和词组，也是不错的办法，能事半功倍。

阳平的调值是 35，是升调。表意符号也采用了从左下至右上的斜线表示。如，á、é、í、ú、ǘ。

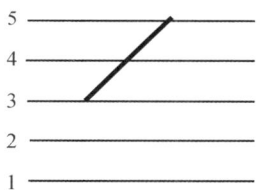

但是，这样的表示方式使得有些学习者误以为第二声的声调就是斜着发音，当他们的发音的音调上升趋势不够，角度偏斜的时候，就可能会出现拐弯的现象。也就是我们常说的"二声拐弯"。这也是调值不够的一种表现。

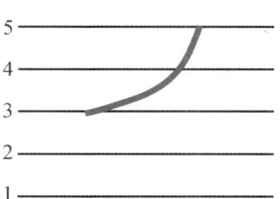

要解决这一问题，先要解决观念上的问题，即：第二声是"上升"调，不是"斜升"调。第二声的声调应该理解为垂直向上的。

在这样的理解下，再来练习第二声的声调，就能很快纠正过来。

多听，多跟着正确的语音示范大声说，寻找自己的语感，是很重要的。听觉是学习和纠错的好老师。

6. 两字相连的声调变化

五度标记法的声调表示的是单个音的情况，实际说话的时候，多数是以两字词为单位的，即使不是两字词，也有很多关系密切的两字相连情况。两字紧密相连的字音之间的声调会因相互影响产生微小的变化。平音相连和去声相连的音调关系有四组。

四声之间的关系组合一共有 16 种，其中有 4 种组合，前后的声调在自然的情况下有所调整，需要特别注意。

两个阴平音相连。第一个音是 44，或者 33，第二个音应该是 55。

相应的词语有：播音　非洲　工兵　车间　珍惜　音标　东方

要注意保持 55 音高的尾音不低落。

两个阳平相连。第一个音是 24，第二个音应该是 35。

相应的词语有：国旗　食堂　连绵　结合　磐石　流传

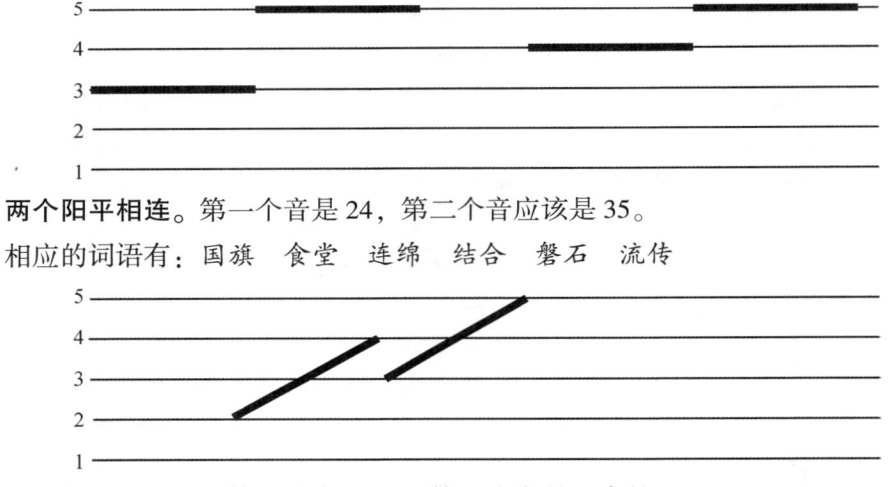

阴平和阳平相连。第一个音是 44，第二个音是正常的 35。

相应的词语有：真情　双赢　非常　刚强　温柔　风流　消极　婀娜　安全　标明

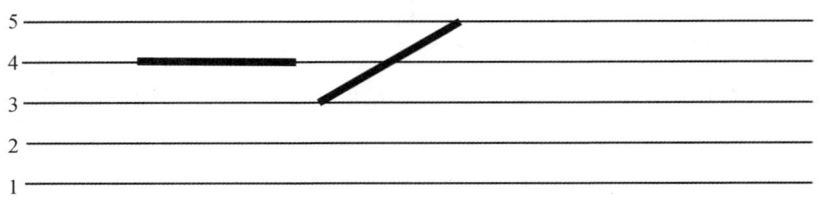

两个去声相连。第一个字声调是53，第二个字应该是51。第二个字的降调要陡。

比如：胜利　战斗　日照

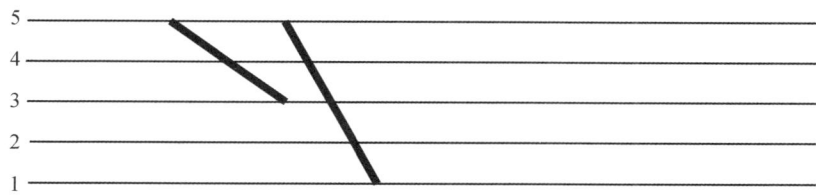

有些声调组合能够上下自然衔接，过渡顺畅。

比如：

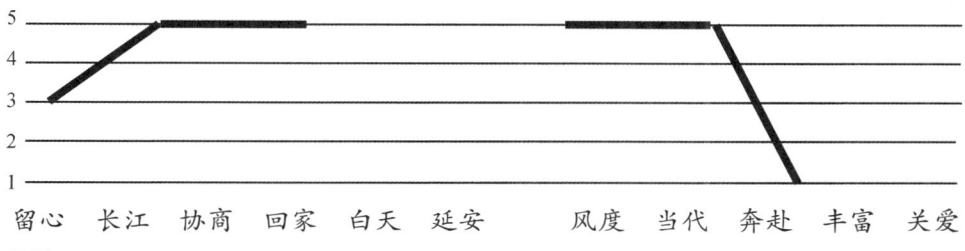

留心　长江　协商　回家　白天　延安　　风度　当代　奔赴　丰富　关爱

再如：

回忆　辽阔　环境　别致　长项　　作文　告别　报仇　印痕　汴梁

还有的声调产生明显的音高对比。

比如：

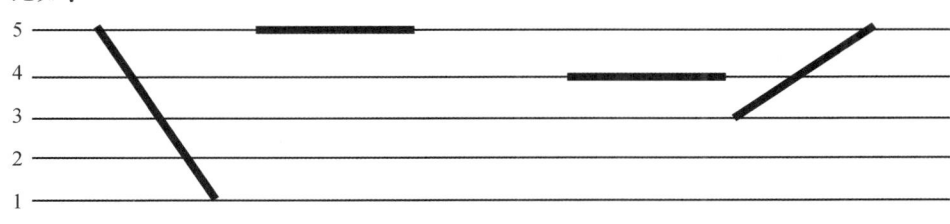

是非　夏天　最高　贵州　　　非常　欢迎　春雷　真情

上（shǎng）声自身有多种变化，上声与其他三声衔接时也有不同的情况，比较复杂，下节另论。

7. 多变的上（shǎng）声

第三声，也叫上（shǎng）声，是降升调。这个声调发全了是214，是完整的上声。

上声的声调在实际说话中的情况比较复杂，大致有三种类型。

一、在单字发音的情况下，在强调说明的情况下，第三声的发音要发全，即214。表情达意，需要时间，需要声调发全。称为"全上"。

上声作为重音时要发成"全上"，这种情形并不多。比如：

谁呀？我。这里的"我"就是发的"全上"声调。

我看不清楚，那是什么？那是大米。其中的"米"就是"全上"声调。

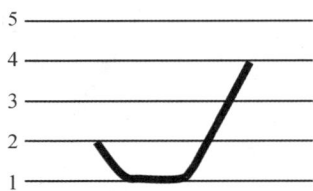

二、在句子之中，如果上声不属于强调的重音，一般都发211或者212就可以了。因为发全214，一个字的发音时间就太长了，与表达语意相矛盾。

正常语速的情况下，第三声只能发到一半就结束了。这种情况下发出的上声声调，称为"半上"。有的教材称这种情况是"低上"，是有道理的。比如：

你不能不讲道理。其中的"你""讲""理"都是这样的声调。

咱们俩一起去。其中的"俩""起"是这样的声调。

到北京看升国旗。其中的"北"是这样的声调。

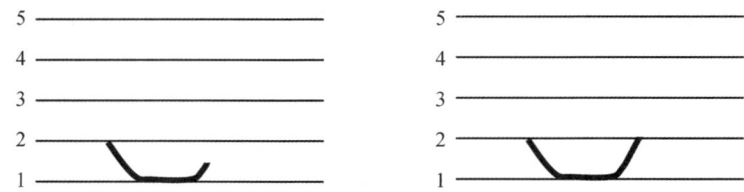

如此，我们看到上声与其他各声相邻时有相衔接的关系，也有高低对比的关系。以下是对比关系。

比如：兵马　东北　　　　　北京　首都

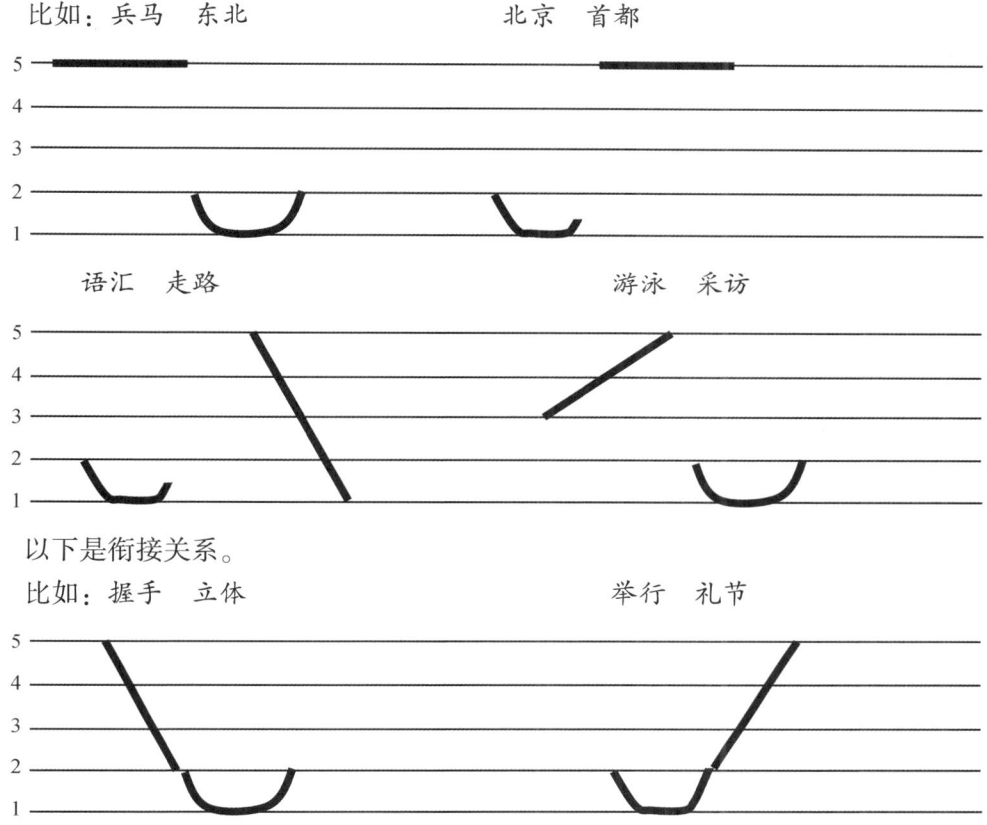

以下是衔接关系。

比如：握手　立体　　　　　举行　礼节

三、两个上声相连，前面一个要变调。变成24，省略了中间过程，直接从2到达4。称为"直上"。

这是两个音相连的自然变化。后面一个字多数情况下读为"半上"，少数重音的情况读"全上"。

比如：请你　理想　久远　领导　永远

半上的24与第二声阳平的35很相似。所以，有两个上声相连，前面一个变阳平的说法。

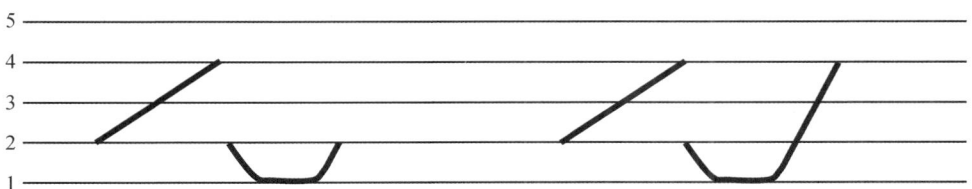

有时，有三个上声相连，要根据词意来划分，决定半上音的位置。比如：
洗脸水　要说成／／Ｖ。
李厂长　要说成Ｖ／Ｖ。可是如果说话速度快，也会说成／／Ｖ。
再如，马厂长找我请你讲讲理想。相信大家能够很自然地划分哪个字是"直上"声调。

8. 普通话语音中的 4 个 a

如果按区分语义来说,在现代汉语的语音中,只有一个 a。也就是说,按音位的概念,汉语普通话只有一个 a 音位。实际说话时,人们心中也只有一个 a 音。

但是,如果再细分,一个 a 在不同的情况下,可能会受前后其他音的影响,有不同的位置。这种细致的区别,对准确的普通话发音,对发音悦耳都有很重要的意义。

下图中虚线部分是舌头前端,即舌尖部分。元音都是舌面音,位置都在舌面。舌面的高低前后隆起的位置就是元音发音的位置。a 是舌位最低、最平的,也就是口腔空间最大的音,所以 a 的发音最响亮。

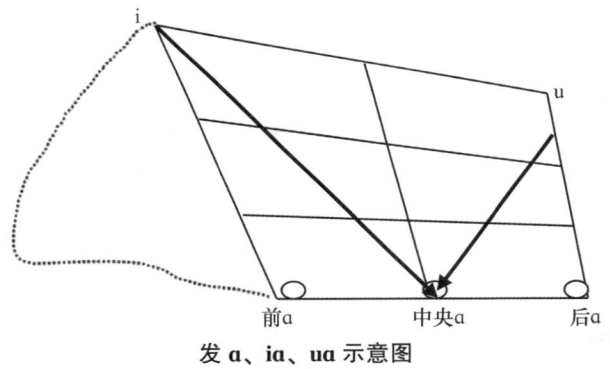

发 a、ia、ua 示意图

汉语普通话中的 a 音有 4 种情况。也就是说,有 4 个不同的 a 的音素构成一个 a 的音位。

1. 中央 a,也称央 a。这是 a 这个音的基本位置,使用量也是最大的。单独发音,是这个 a;在 ia、ua 音节中是这个 a;在 iang、iao、uai 音节中,由于前后的影响互相抵消,a 还是处于中央的位置。比如:阿、啊、茶、湘江、小巧、怀揣。

2. 后 a,这个 a 出现在 ao、ang、uang 音节中,它受尾音 o 的影响,受后鼻音 ng 的影响,被拉到偏后的位置了。比如:草包、高招、钢窗、堂皇。

3. 前 a,这个 a 出现在 ai、an 音节中,由于它后面 i 的舌位靠前,前鼻音 n 的舌动作也在前面,受它们的影响,a 音也靠前了。比如:白菜、采摘、山、歪、快。

4. 前上 a,这个 a 出现在 ian 和 üan 音节中,它的前面有 i,后面有 n,前后两次影响使得这个 a 在舌前并且稍高一些的位置。国际音标为［æ］。比如：演员、圆圈、全员。但如果说话速度慢，或者强调说出，那字音中的 a 就可能不是［æ］，而是前 a。

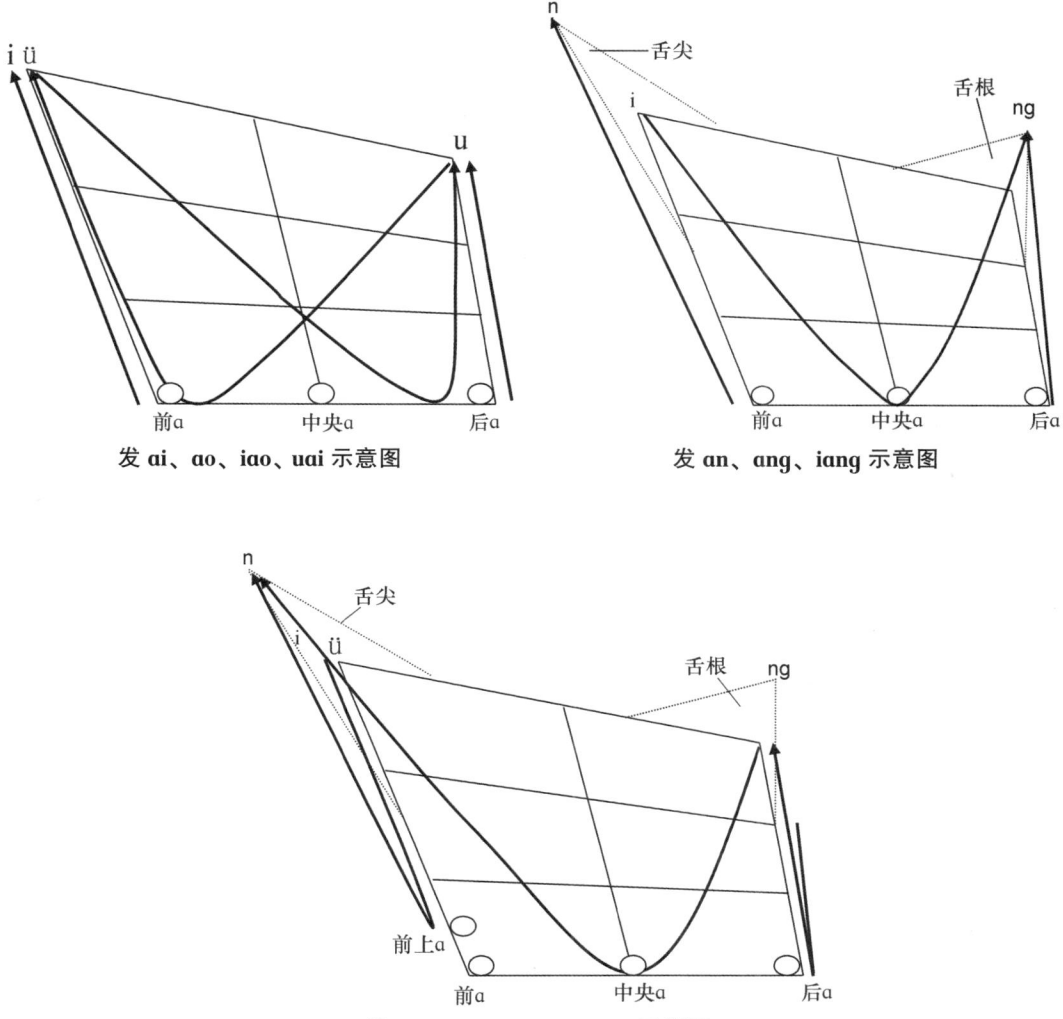

发 ai、ao、iao、uai 示意图

发 an、ang、iang 示意图

发 ian、üan、uan、uang 示意图

上面所说的 a 音的第 2、第 3、第 4 种情况是随着前后的音而自然产生的。但是，如果在理解的基础上更加自觉，就更好了。

9. e 的发音

如果按区分语义来说，汉语普通话中只有一个 e。也就是说，按音位的概念，汉语普通话只有一个 e 音位。实际说话时，人们心中也只有一个 e。

但是，如果细分，一个 e 在音节中不同的情况下，有 2 个不同的位置。这样的区别在于 e 后面的尾音的影响。这种细微的不同，是自然产生的，如果了解了这样的细微区别，就能更准确地说好字音。

1. e 的基本位置，也被人称为后 e。

单发这个 e 的时候，e 处在稍后面的位置。在发 eng 和 ueng 的时候，因受 ng 的影响，发音时舌高点在舌偏后部，e 处在稍后面的位置。

比如：鹅。

再如：翁、仍、生成。

2. 前 e。在发 ei 和 en 的时候，受 i 和 n 的影响，发音时舌面最高点在舌的中部，比基本的那个 e 的位置靠前。

比如：奔、蓓蕾、恩深、深圳。

此外，e 在 uei 和 uen 两个字音中是前 e。uei 和 uen 中的 e，有的时候是完整的 e，也就是 e 音要发全；有的时候是小 e，也就是 e 音在音节中要弱化，一带而过；有的时候 e 音在音节中失掉了不发音。"大、小、失"三种情况如下图：

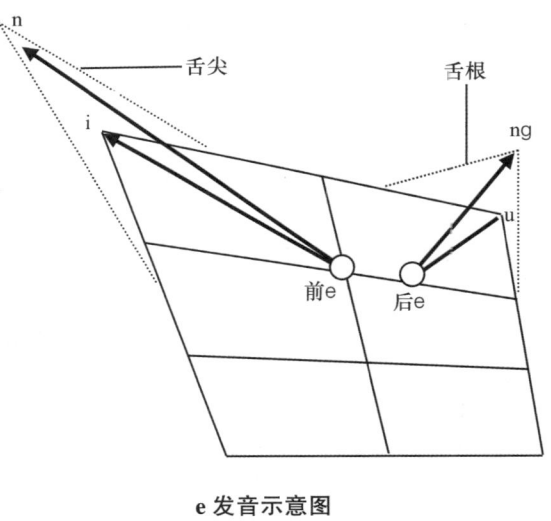

e 发音示意图

曲度较大的线表示的是大 e，曲度较小的线表示的是小 e，直线则表示在发音的过程中失去了 e。这种"大、小、失"的情况出现在 uei 和 uen 两个复合元音中，与前面字头的声母有关，也与声调有关。

这两个复合元音不能简单地理解为"中响"，而都强调中间的 e，一定要区别对待。特别指出，有的人"为"字发音不太准确，就与对"小 e"的理解不准确有关。

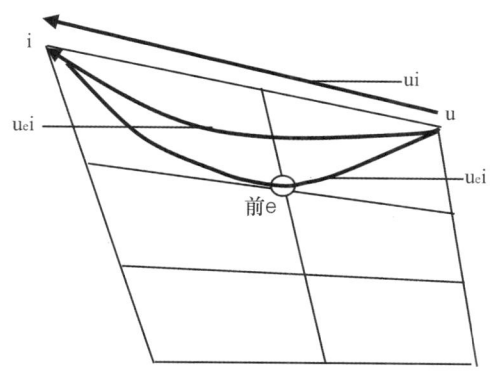

uei 中 e 的发音示意图

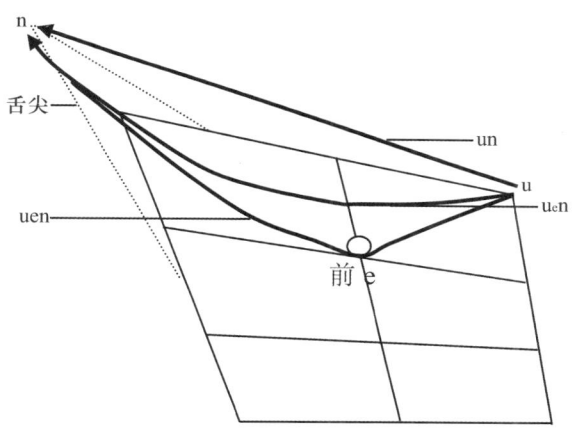

uen 中 e 的发音示意图

uei 和 uen 中究竟字音有什么变化，具体见下表：

	阴平 阳平		上声 去声	
声母 g、k、h	uei 例字：规 亏	uen 例字：昆 昏	uei 例字：鬼 会	uen 例字：滚 困
零声母 声母 d、t、z、c、s、zh ch、sh、r	ui 例字：威 推	un 例字：文 孙	uei 例字：为 水	uen 例字：准 顺

21

10. o 在不同音节中的发音

o 在不同音节中的发音确实有所不同。

有以下几种情况：

1. 单独标注拼音 o，发音是后半高圆唇元音。比如：哦、噢、喔，播、坡、摸。

2. 在音节 ou 和 uo 中，o 的发音也是后半高圆唇音。比如：偶、够、漏、受、逗、我、多、托、罗、作。不过 uo 中的 o 处于音节的尾音，尾音短弱导致唇形有些松，不那么紧也不那么圆了。

3. 在音节 ao、iao 中的 o 实际上不是 o，而是介于 o 和后高圆唇元音 u 之间的音，而且处于尾音的 o，只是方向明确即可，唇形也不是那么紧。比如：跳高、搞笑、道貌。

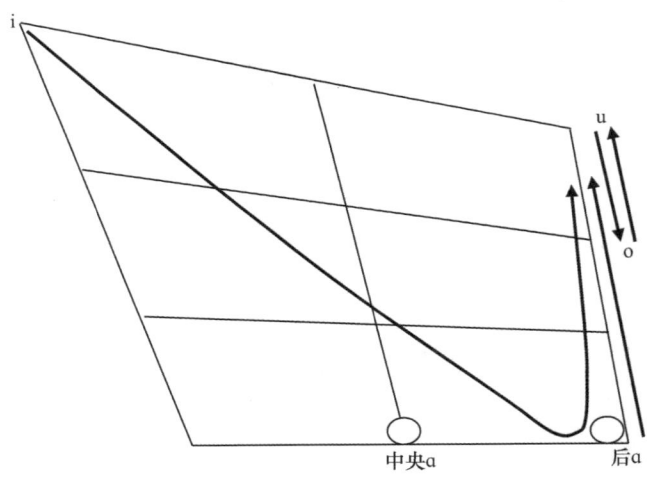

ao、iao、ou、uo 发音示意图

4. 在音节 ong 中，o 就是 u，实际的发音要发成 ung 才是正确的。比如："中"这个字我们常常会说到，有的人以为是发开口较大的 o，总也发不好，如果发成 zhung，即"朱+ng"就很容易掌握了。再如：冲、东、通、龙。

5. 在音节 iong 中，io 实际上是 ü，iong 就是 üng。比如：汹涌、穷、窘、拥。

汉语拼音中 o 的使用率不算高，为了增加使用 o 这个字母的机会，所以在制定拼音方案时，在这几个音节中使用了o。

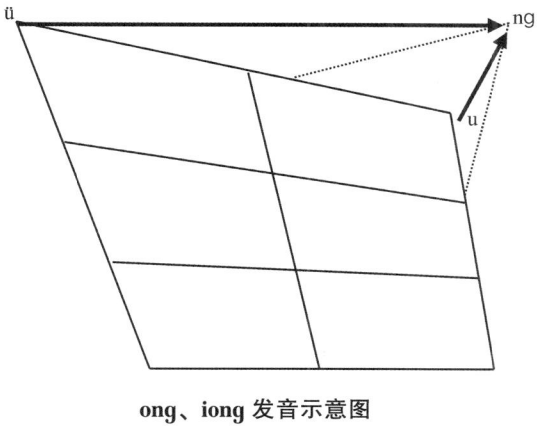

ong、iong 发音示意图

6. o 在音节 iou 中有两种不同的情况：

（1）发好其中的o，成为中响音节，这时的o受i的影响，也向前了一些。

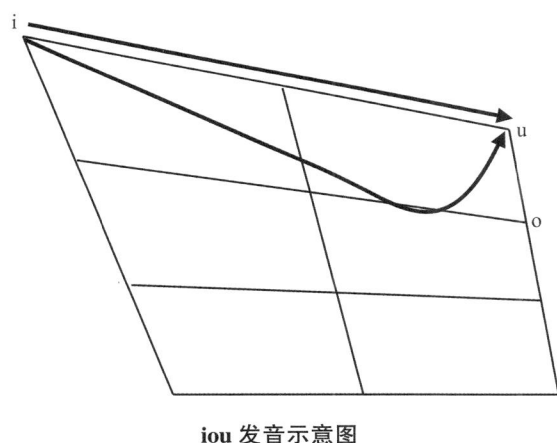

iou 发音示意图

（2）失去其中的o，直接发 iu。

具体见下表：

阴平　阳平	上声　去声
iu	iou
例字：刘　秋　牛　修	例字：柳　秀　有　又

在我们播音主持说话的时候，明确相关字音中o的实际发音情况，才能把相关的普通话语音说准、说好。

11. i、ü 和 u 的发音

汉语普通话中的 i 正确发音，应该是前高不圆唇元音。发音时，舌面前部向上，上下齿轻轻接触，在似接触不接触之间。所以，这个音也称为"齐齿音"。

但是，为了播音主持的声音响亮，可以开口度大一点。上下牙之间可以有几毫米的距离。这时的 i 音与正常的 i 音有一点点区别。

下图中虚线表示舌头。舌面的前端向上，发音为"齐齿音"i，向下一点听来也是 i，对语义表达没有影响，但会响亮、悦耳。

需要注意，不要因为上下牙距离大了一点，就降低了舌位。舌面前部的高点不能降低，不能把 i 发成 ê。在开口稍大一点的情况下，尽量保持正常 i 的发音。

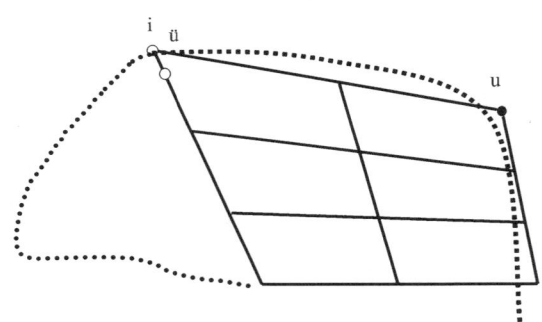

汉语普通话中的 ü 的发音，舌头的位置与 i 相同，不同的是嘴唇是缩小的，也就是嘴唇收成小圆口，嘴角从左右向中间收紧。这个音被称为"撮口呼"。

试试，舌头不动，嘴唇展开、收拢，发出 i 和 ü 的音。

注意，发 i "齐齿呼" 时嘴唇不要刻意向两侧咧开，适度即可。发 ü "撮口呼" 时嘴唇不宜向前突出。实际发音的感觉是上唇分别上扬（i）和下合（ü）的动作。

汉语普通话中 u 的发音，应该是后高圆唇元音。舌头的位置如上图。发音时，舌面后部向上，嘴唇向前突出，稍有噘嘴。所以，这个音也称为"合口呼"。

但是，播音主持说话语速比较快，说到字颈和字腹含 u 的音节时，不大可能都噘嘴。

怎么办呢？只能是不噘嘴。

 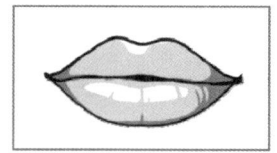

u 发音示意图　　　　**ü 发音示意图**

　　要在展唇的基础上，上唇的中间部分，也就是人中下面处，与相对应的下唇共同收缩成一个圆。心中要想象这个圆是很圆很圆的，虽然事实上不一定如此。这样发出的 u 音与"噘嘴 u"的音色没有明显的区别。

　　要注意的事情有二：一是舌面后的高度不能降，二是口形仍然要保持提颧肌的状态，唇的收缩动作是在提颧肌的基础上进行的。提颧肌的问题请参阅第二章第十二节。

　　如果发展唇的 u 还是力不从心，在上述动作的基础上，可以让自己上唇上方的"人中"处的中段略向前面用力，能够有所帮助。

　　发 ü 和发 u 的嘴唇看起来差不多，实际是有所不同的。主要的区别在于舌头的形态不同，发 ü 是舌头前面高，发 u 是舌头后面高。舌头形态不同，也就势必使嘴唇的动作略有区别，主要是用力的肌肉位置和力度稍稍有所不同，用心体会便会有心得。

12. er 的发音

er 的发音是先摆好 e 的舌形口形，然后舌头前半段向后卷，卷至 r 再向后的位置，在卷的过程中发音完成。

标有这个音的字有"二""儿""而""尔""耳"等。

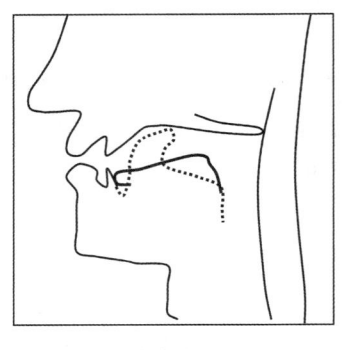
er 的发音过程

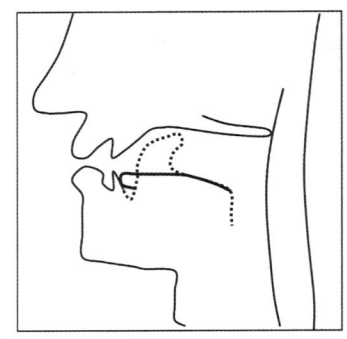
ar 的发音过程

有意思的是，只有"二"这个字，实际的发音与那几个字发音不一样。

事实上，说普通话的我们，开口将"二"说成了"ar"，而不是"er"。ar 的发音是摆好 a 的舌形和口形，然后向后卷舌，卷到 r 的位置，在卷的过程中完成发音。这可能是多年语音演变的过程中逐渐形成的吧。

有的播音员、主持人，在工作中坚持把"二"说成"er"，但多数播音员和主持人还是和大众说得一样，没有强制自己严格按字典读这个音。

13. 关于 ê

普通话中的 ê，是个比较特殊的情况。

单独这个 ê 元音汉字只有"欸"（这个字也读 ei）。

拼音中 e 还有时处于 ie 和 üe 的位置，这时，这个 e 的音应该是 ê，不是 e 音，只是在书写中简化了。

实际上 ê 音舌的位置如下图。

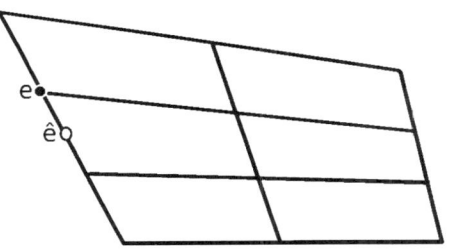

在实际发音时，ie 和 üe 里面的 ê，字尾的开口还要更大一些，位置更低一点。

14. 防止元音鼻化

不该从鼻子里发出的元音，从鼻子里发出来了，这就是元音鼻化。

普通话的舌面元音共有 7 个，此外还有舌尖前元音和舌尖后元音，以及卷舌元音 1 个。这 10 个元音正确发音时，软腭是抵住后咽壁的，堵住了声音从口腔通向鼻腔的通路。气流通畅无阻地从口腔中发出，所以声音响亮。但是，有人发音时，习惯性地放松自己的软腭，致使软腭下垂，打开了从口腔通往鼻腔的通路，于是便有一部分声音同时从口腔和鼻腔发出，说话的声音中混杂着口腔和鼻腔两种音色。

发生这种情况，有一部分是带有鼻尾音的字音。这类字音中的最后面一部分是鼻尾音，可能是鼻尾音造成的心理影响，也可能是对字音的理解有误会，在发音过程还处于主要元音阶段时，就过早地打开鼻腔，这个时间在一般说话的过程中是十分短暂的，但就是早这么一点点时间，元音已经带有强烈的鼻音色彩了。

由于以上习惯，有可能使不带鼻尾音的字音也出现元音鼻化的现象。

还有的人是由于方言影响，有的方言就是有部分元音鼻化的现象，在学习普通话时，还没来得及纠正，或者还没注意到这方面的问题。

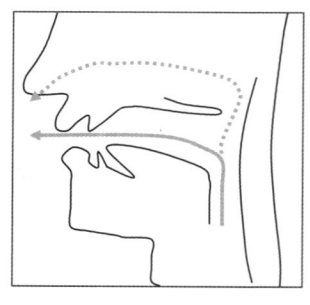 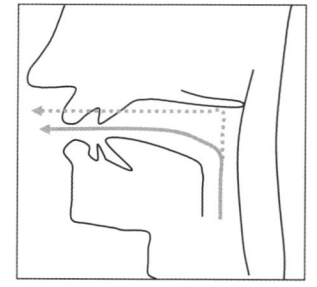

元音鼻化示意图　　　　　　正确元音发音示意

怎样改变元音鼻化呢？要正确理解发音的过程，可以放大夸张一个字音的各个阶段，分别完成，感受元音在字音中存在阶段的状态，主要元音完成后再发后面的鼻尾音。这样的分解练习后，再逐渐加快一点速度，直到正常语言速度。

练习当中不要贪快，要寻找正确的理解和正确的软腭动作。

当带有 ng 的字音儿化时，失落 ng 的同时，元音会有所鼻化。

15. b、p 与 d、t 的发音

b 和 p 是一组音。发音的部位相同。成阻部位都是双唇阻,除阻方式都是爆破音。

双唇阻,就是双唇形成阻碍,气流冲破这个阻碍时所发出的声音。这里,成阻的状态是完全阻住,然后完全打开,其情形好似爆破,所以被称为爆破音。虽然称为爆破音,但是发音的爆破能量是极其微小的,不能去联想生活中的任何爆破行为,所以发音时成阻的力量一定不能过大。只要能够成阻就够了,不必也不应该双唇过分用力,不能使劲抿住嘴唇。

d 和 t 是一组音。发音的部位相同。成阻部位都是舌尖阻,除阻方式都是爆破音。不同的是,d 的发音气流小,出气少,t 的发音气流大,出气多。

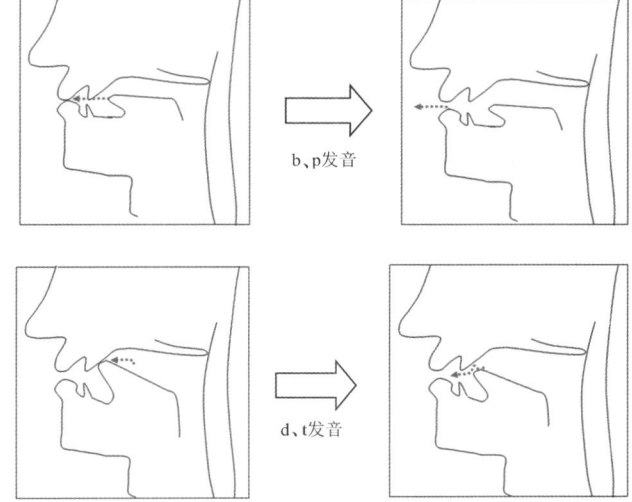

舌尖阻,就是舌尖与上牙床形成阻碍,气流冲破这个阻碍时所发出的声音,这个过程好像是个爆破的过程,所以被称为爆破音。

当 d、t 音发过之后,紧接着就是舌面元音,实际上 d、t 衔接元音的时候,舌尖就要向下运动,舌头是从上向下放的过程。有人就在这个过程中舌头用力过大,舌头使劲向下弹动,发出"得、得"的声音,特别响。可能不少人觉得这样是唇舌的力量,其实这样吐字,字头太重了,影响后面的元音,也影响了吐字的清晰和响亮。正确的理解应该是,在 d、t 清晰的前提下,劲用得越小越好。原来有 d、t 音用力习惯的人,要努力克制自己,不要用力过度。一段时间后就会建立新的习惯。

b、p 与 d、t 这四个音都是清音。清音就是不振动声带的音。小时候学习汉语拼音的时候,老师带读时的发音是 bo、po、de、te,那是为了小学生学习方便而增加了后面的 o 和 e。正确的 b、p、d、t 的发音是没有 o 和 e 音的,只有很轻微的气流冲破的声音。

16. 纠正 n、l 与 r、l 不分

n 和 l 是两个不同的辅音，有的地区方言中两个音混淆。普通话中这两个辅音有明显的区别。

n 和 l 都是舌尖指向并抵住上牙床。n 和 l 发音时都要振动声带，是浊音。但是二者也有明显不同。

n 是鼻音，当舌尖指向并抵住上牙床的时候，舌体两侧向上抬高，与上牙接触，完全堵住声音通向口腔外的通路，声音从鼻中泄出。

l 是舌边音，当舌尖指向并抵住上牙床的时候，舌体两侧向下平放，气流从舌的两侧向前送出，同时振动声带成音。

- 区别两个音，要强调舌体两侧的动作。n 是向上，l 是向下。
- 区别两个音，要区分声音气流的出路不同，一个是从鼻子里出来，一个是从舌两侧出来。

可以试试：

- 用手捏着鼻子，可以发 l，发不出来 n。
- 用手捂住嘴，发不出 l，能够发 n。

有人在单纯发音时，两个音都能分别说得很好，但是一到句子中，就分不清谁和谁了。这就需要解决"识字"的问题和熟练的问题。

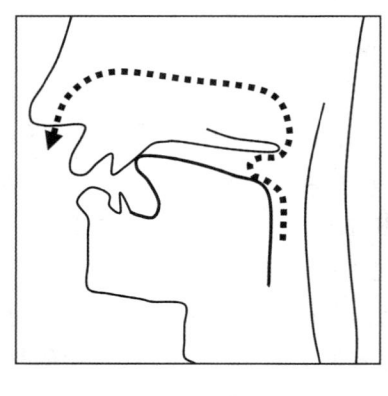   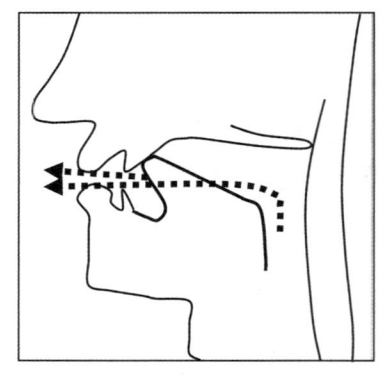

n 发音示意图   l 发音示意图

r 和 l 是两个不同的辅音，有的地区方言中两个音混淆。普通话中这两个辅音有明显的区别。

r 是个翘舌音，舌尖指向硬腭前部，与硬腭前部有一缝隙，气流通过产生摩擦声音的同时声带也振动，是浊辅音。

r 的发音方法与 sh 相似，二者的区别是 r 振动声带，sh 不振动声带。

问题在于 r 和 l 两个辅音与紧跟其后的舌面元音拼合的动作相似，舌尖都是要从高处放下，所以有混淆的可能。

- 区别两个音，一是要强调舌尖的位置不同：r 舌头向上，l 舌体稍平；
- 区别两个音，二是气流的出路不同：r 气流从舌尖上面挤出去，l 气流从舌边两侧泄出去。

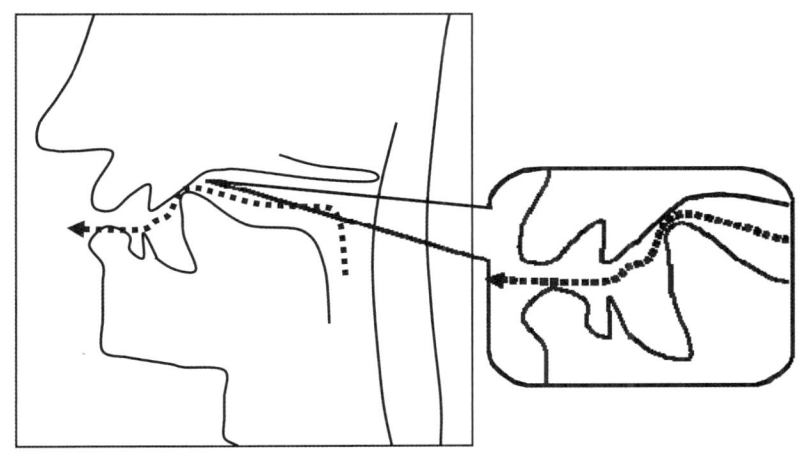

r 发音示意图

有人在单纯发音时，两个音都能分别说得很好，但是一到句子中，就分不清谁和谁了。这也需要解决"识字"的问题。要经过一段比较认真的练习，形成新的语言印象和口腔动作习惯。

17. 纠正前后鼻音不分

前后鼻音不分，是困扰许多人的语音问题，有人长时间解决不了，有对发音方法的认识问题。当然，在认识明确了之后，还要经过反复练习，克服多年说话的习惯。

首先，要知道前鼻音和后鼻音舌的动作究竟是怎么一回事，即主要元音后面所跟的鼻尾音是一种什么状态。

前鼻音在书写时写为 n，正常的 n 发音时是把舌尖向前抵在上牙床，舌体与上牙接触，使声音到达口腔后，不能从口腔中出来，转道从鼻腔发出。单独发 n 音，或者 n 处在字头时是这样发音。

如果 n 处在字尾，发音时只需要舌尖向上一翻，即可完成，不需要发一个完整的 n。此时，正在从口腔说出的字音中的一小部分被挡住了，这一小部分字音在口腔和鼻腔中形成十分短暂的振动。

练习前鼻音，首先要学会舌尖向上翻，如果原来不会这个动作，那就用一段时间来练习。有的人学会了舌尖向上翻的动作，说出来的字音仍然是后鼻音的感觉，为什么呢？那就是尾音 n 发长了，完整的鼻音"哼"出来了。一定要在舌尖向上翻时就果断地停止发音，这时发出的就是正确的前鼻音。

这里的关键之处在于 n 的发音时间非常短，时间稍长一点儿就会显出后鼻音的色彩，虽然不是后鼻音，但也不是前鼻音的感觉。如果简化理解：字尾前鼻音 n 只是舌尖到位，不发音，有可能会立即解决前鼻音的苦恼。

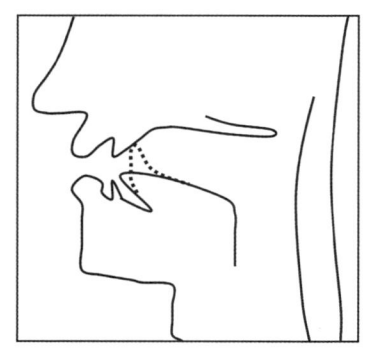

前鼻音发音示意图

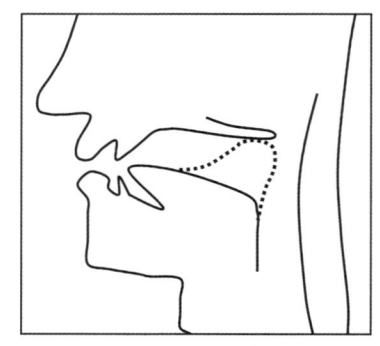

后鼻音发音示意图

后鼻音在书写时写为 ng。当后鼻音的字音前一部分发出，舌后即向后收缩，这时舌面后部向上与软腭接触，类似 g、k、h 的舌位置，把正在向口腔的声音堵住，迫使字音的后一部分进入鼻腔。只要求声音进入鼻腔，不必让声音在鼻腔中长时间振动传出来。

练习后鼻音，要做舌后缩的动作，而且鼻音前面的元音也要相应地向后靠，声音整体在口腔的后半部分，有声音沿后咽壁向上方升起的感觉。

有些方言的鼻尾音，实际上既不是前鼻音又不是后鼻音，只是听起来有点像后鼻音，所以称为前后鼻音不分是很合适的。这样的鼻尾音是舌的中部向上抬高堵塞口腔通路，使声音进入鼻腔。

克服的关键是让舌的动作有一个完全不同的改变。或者向前上翻，或者向后缩高，不要成为"中间派"。再就是鼻尾音的时间要短，特别是前鼻音要更短一点，只是短暂的一瞬间。

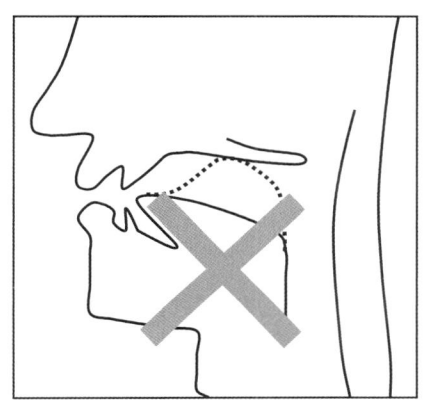

前后鼻音发音不分示意图

前后鼻音不分，对中国人来说，最难的是 in 和 ing、en 和 eng 这两组，常见的有把"银行"说成"营行"；"陈""程"不分。其次还有 ian 和 iang，以及 un、ün 等。

一部分外国人学习汉语时，有的可能是 an 和 ang 区分有困难。

所有这些，只要刻苦练习，都是能够在不长的时间内练习成为正确的。

汉语普通话里还有一个鼻音，那就是 m，这个音是双唇阻，即双唇阻住气流，声音从鼻腔泄出。因为人们发这个音时没有困难，也没有出现过错误，这里就不多讲了。

18. g、k、h、f 的发音

　　g、k 发音时，是舌面向后缩，舌面后部抬高与软腭接触，形成阻碍，然后气流冲开阻碍，这冲开的动作形成声音，是爆破音，气流小的是 g，气流大的是 k。

　　h 发音时，同样舌头后部与软腭接近，没有形成接触类的阻碍，只是缝隙狭窄的阻碍，让气流以摩擦的形式挤出，是摩擦音。

　　g、k、h 发音的动作主要在舌的后部，容易引起舌根的紧张，也就是舌根过度用力，这是不好的。但是，有人以为舌根"有劲"是功力的表现，这实在是一种误会。

　　相反，g、k、h 发音恰恰不能在舌根处用力，要防止舌根用力，只要舌面后部到位即可。因为舌根过度用力有可能引起声带工作的不正常。时间久了容易嗓子疼，发生问题。

　　虽然 g、k、h 发音需要舌的动作向后缩，但绝不是舌后用很强的力量，只是舌头的一种轻巧弹动的力，应该提倡的是舌动作的灵活利索，而不是使狠劲。

　　我们平时说未经训练的人往往在发音时唇舌无力，是指唇舌应该用力的地方没有用到力，而且我们说的用力不是像搬重物那样用力，而是一种带有弹性的力量，是一种轻巧到位的准确的力量，这个力量的重点是让唇舌能够迅速到达位置，完成应该完成的动作，而不是笨拙地较劲。

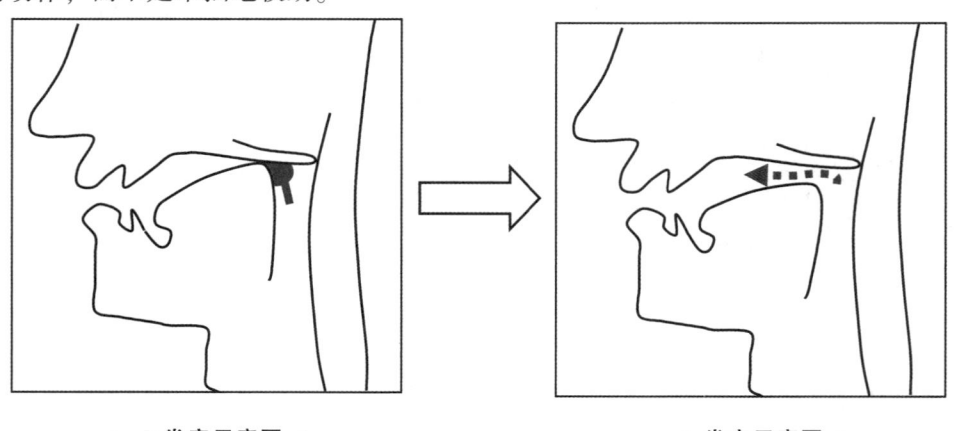

g、k 发音示意图-1　　　　　　　　g、k 发音示意图-2

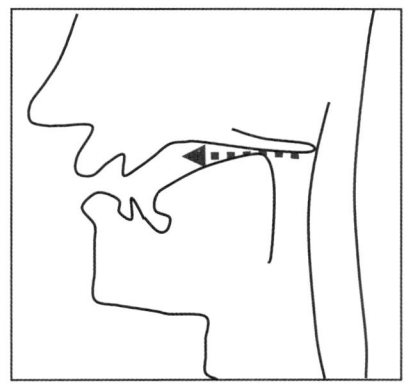

h 发音示意图

　　f 也是摩擦音，发音时，下唇向上靠拢，上牙尖轻轻接触下唇，二者之间有很小的缝隙，气流从这个小小的缝隙中摩擦通过，发出声音。注意：上牙是与下唇的内缘轻触的。

　　有的人 f、h 不分，这两个音在有些方言中是混淆的，有人把"胡豆"说成"服豆"，把"发展"说成"花展"。这是要认真克服的现象。

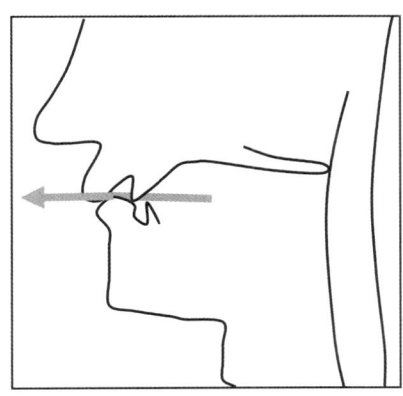

f 发音示意图

　　要先分别熟悉两个音不同的发音部位和发音方法，知道这两个音的区别不难，主要是得花一定的精力熟悉不同的汉字中，究竟哪个字的字头是 f，哪个字的字头是 h。然后就是形成正确的记忆，熟练成自然的习惯。

19. 发好 j、q、x

　　j、q、x 的发音部位是舌面前部和下牙背，发音时舌面前部抬高与硬腭前部接触、接近。j、q 是接触硬腭前部，x 是接近硬腭前部。是被称为"舌面前阻"的音。

　　j 和 q 是塞擦音，是舌面前部和硬腭前部先堵住气流，然后气流在舌面前部和硬腭前部之间冲开一丝缝隙，气流从缝隙中摩擦冲出。是先堵塞后摩擦。冲出气流少的是 j，冲出气流多的是 q。

　　x 是摩擦音，气流从舌面前部和硬腭前部之间的缝隙冲出摩擦成音。

　　常见的问题是，很多人，特别是女同志，把这一组音发成了舌尖音。一说到这些音，嘴里便有咝咝的声音，有人严重些，有人不那么严重。

　　发音的错误有两种情况：

　　1. 舌尖的位置不正确，应该指向下牙背的舌尖，抬高了，高到了两牙之间，实际上就是舌尖音了。

　　2. 舌尖还是指向下牙，但是舌面前部向上接触、接近的不是在硬腭前部，而是在更前边一些的部位。

　　正确发 j、q、x 音，舌尖指向下牙，舌面前部抬高，实际的舌头形状是收成一团的。而上面所说的两种错误的情况是出现了舌尖的动作，所以称为"尖音"。

　　改变"尖音"的现象，重要的是，舌头要准确做到正确的位置。

　　有人总是找不到硬腭前部的位置，可以用发 i 的感觉来帮助寻找正确的位置：

　　先发 i 音，感觉发 i 的舌头的形状和所处的位置，然后向上抬高一些，就是发 x 的位置，再向上抬高，舌面前部就与硬腭前部接触了，就可以发 j 和 q 了。

　　在发一个字音的时候，其他辅音（字头）向元音过渡，舌头往往会有一个前后的动作，比如：da、ta、ga、ka 等。而以 j、q、x 开头的字音，舌头的运动是上下运动。很多人不习惯这样的上下运动，这就要慢慢体会建立新的发音习惯。比如：j—ia、q—iu、x—ue，都要求舌头位置准确地同时上下运动，而不是从前往后。开始纠正时会很不习惯，需要大量、多次练习。

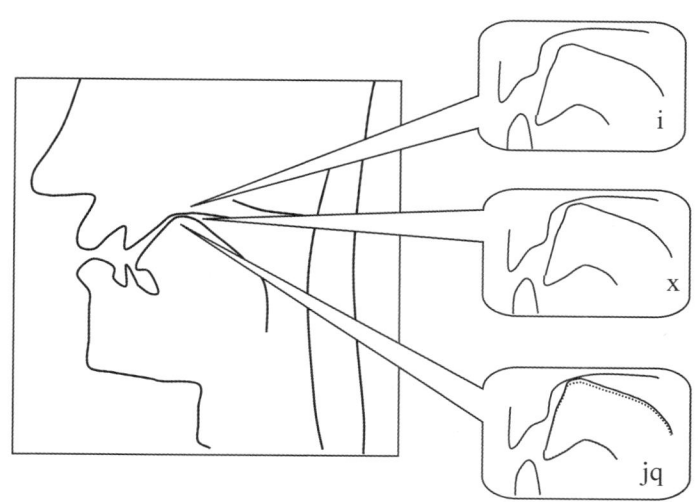

有的方言里没有 zh、ch、sh 这一组音，在说到这些音的时候，他们往往用 j、q、x 代替。所以，这些人的首要任务是学会 zh、ch、sh，还要区分哪些字是 j、q、x，哪些字是 zh、ch、sh。

这有学习新语音的问题，也有"识字"的问题，更有建立新的语音习惯的问题。

20. 发好 z、c、s

　　z、c、s 三个音的发音，是舌尖前阻的辅音。它们的发音部位是舌尖和上牙背，舌尖向前伸，z 和 c 是接触上牙，s 是接近上牙。

　　z 和 c 是塞擦音，简单说，是舌尖和上牙先堵住气流，然后气流在舌尖和上牙间冲开一丝缝隙，气流从缝隙中磨擦冲出。简单说，是先堵塞后摩擦。冲出气流少的是 z，冲出气流多的是 c。

　　s 是磨擦音，气流从舌尖和上牙之间的缝隙冲出摩擦成音。

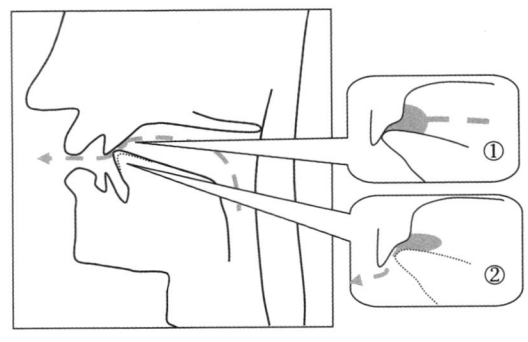

z、c 发音示意图

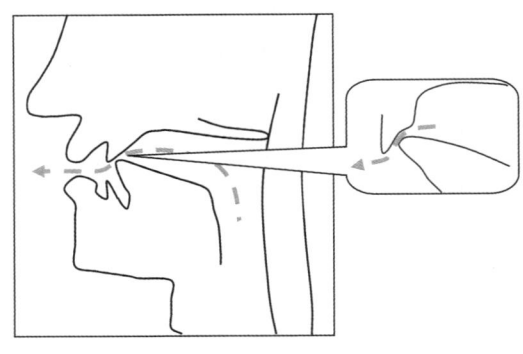

s 发音示意图

在实际发音中，z、c、s 三个音容易发成像大舌头的音色。原因可能就是舌头稍大一些，也可能舌头并不是真大，只是动作发懒。本来接触、接近上牙的应该是舌尖的一个点，但是有的人舌头前伸多了，把舌头的前半圆都堆放到了上牙后面，是一个面的接触、接近。舌头的确长得有点大的，也是这样的情况。这种大舌头或者假大舌头的动作，发出来的 z、c、s 三个音就是大舌头的音色。

不论舌头是否大，都要将舌前收缩成为一个尖与上牙背接触、接近。这样的一个点的接触、接近，就能避免大舌头音色的现象。再就是舌体也要收缩得"瘦"一些为好。

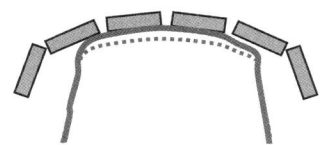 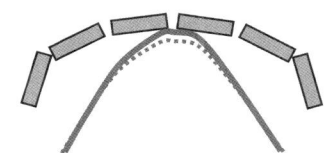

面接触、接近示意图　　　　点接触、接近示意图

播音界还有一个办法解决这个"大舌头"的问题，那就是让舌尖抵向下牙背，改由舌前部的一个点与上牙背接触、接近。这样舌头的长度似乎"变短"了，不会再有大舌头的音色了。播音界大多数人是这样发 z、c、s 三个音的，音色与舌尖与上牙接触、接近略有不同。不仔细听，不易察觉。

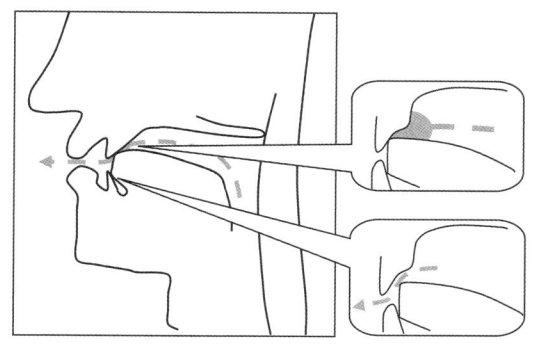 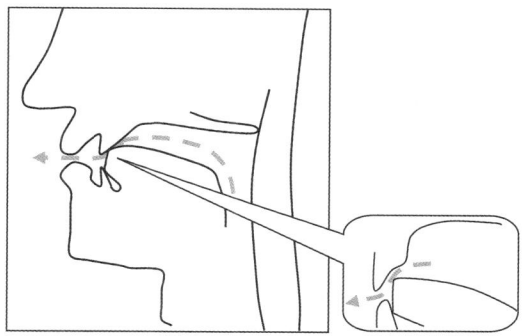

21. 纠正 z、c、s 与 zh、ch、sh 不分

z、c、s 与 zh、ch、sh 不分，就是平常说的"平翘不分"。

z、c、s 三个音的发音，是舌尖前阻的辅音。它们的发音部位是舌尖和上牙背，舌尖向前伸，z 和 c 是接触上牙背，s 是接近上牙背。（前一节已详细介绍过）

zh、ch、sh 三个音的发音，是舌尖后阻的辅音。它们的发音部位是舌尖和硬腭前部，舌尖向上伸，zh 和 ch 是和硬腭前部接触，sh 是和硬腭前部接近。

zh 和 ch 都是塞擦音，是舌尖和硬腭前部接触，先堵住气流，然后气流在舌尖和硬腭前部间冲开一丝缝隙，气流从缝隙中摩擦冲出。是先堵塞后摩擦。冲出气流少的是 zh，冲出气流多的是 ch。

sh 是摩擦音，气流从舌尖和上牙之间，从舌尖和硬腭前部之间的缝隙冲出，摩擦成音。

zh、ch、sh 的发音位置，即硬腭前部的位置可以用这样的方法找到：舌尖从上牙背向上找——找到牙床——找到不光滑一处——再向后一点点就是硬腭前部。

这两组音的区别是与舌尖接触或接近的部位不同。z 组是舌尖与上牙背，zh 组是舌尖与硬腭前部。

区分好发音部位，就能够发好两组音。

- z 组的音，舌头指向下齿背。
- zh 组的音，舌头指向前上方。

有些人这两组音都能发得正确，但就是到句子中会弄混了。比如，"少林寺"被说成"躁林士"，"杂志"被说成"闸字"。这说明，两组读音不成问题，问题在于读音与文字没有形成对应关系，也就是"识字"问题。这需要下功夫练习，可以借助词典反复练习。

要注意的是，zh 组音的发音有时被人称为"卷舌音"，这里面有理解的误区。实际上，这组音是"翘舌音"，是舌尖向上抬起，不是向后卷，向后卷舌是错误的。

为了防止出现卷舌的现象，可以在舌尖指向硬腭前部的同时，舌中段也向上，努力放到被上牙包围的范围内。

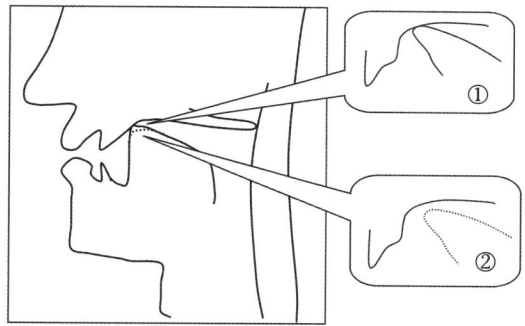

zh、ch 发音示意图

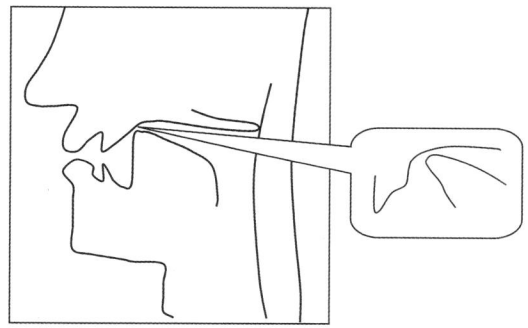

sh、r 发音示意图

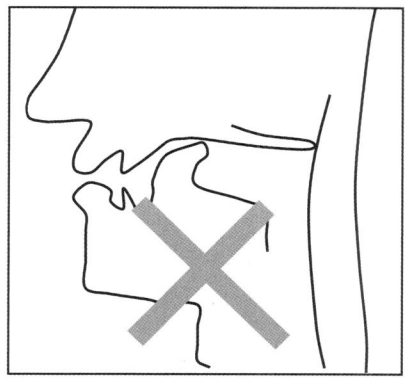

错误的卷舌发音示意图

22. 儿化音

"儿"本来是一个独立的字音。后来与前面的字音流利地连读成一个字音，前面或多或少有些变化，后面尾音有一个卷舌的动作，这就是儿化音变、这种有卷舌动作的韵母称为"儿化韵"。通常称为"儿化音"。

"儿化"的主要作用有：

1. 表示温情爱怜之意。如：花儿、女孩儿。
2. 形容细小事物。如：小金鱼儿、门缝儿、针尖儿。
3. 表示名词性质。如：画画儿、盖盖儿、包包儿。儿化的动词只一个字 玩儿。
4. 区别词义。如：白面说的是粮食面粉，白面儿说的是毒品。一块是数量词，一块儿是一起共同。轻与不轻语义不一样。

要说明的是，女儿、月儿弯弯、花儿朵朵真鲜艳这样的词语中，"儿"是单独一个字音。这个"儿"字可能说得要轻点，但不是儿化音。还要说明的是，两个需要儿化的字音相连，说话时一般只一个字儿化。比如花盆儿，或者花儿盆。

正常的音节儿化的时候，原来的字音有的要有点变化才能有儿化尾音。变化与原来字音的字腹和字尾有关，其中有一定的规律。具体三类情况，如下表：

儿化音变表一

原来的字腹字尾	儿化	例词	备注
a	ar	刀把儿	
ai	ar	女孩儿	
an	ar	旗杆儿	
ang	ar	帮忙儿	a 音鼻化 略靠后
ia	iar	嫩芽儿	
ian	iar	一点儿	
iang	iar	哭腔儿	a 音鼻化 略靠后
ua	uar	花儿	
uai	uar	一块儿	
uan	uar	玩儿	
uang	uar	蛋黄儿	a 音鼻化 略靠后
üan	üar	圆圈儿	

儿化音变表二

原来的字腹字尾	儿化	例词	备注
er	er	山歌儿	
ei	er	靠背儿	
en	er	小门儿	
eng	er	细绳儿	e 音带有鼻化
uei	uer	零碎儿	
uen	uer	花纹儿	
ie	ier	小街儿	其中 e 要先 ê 后 e
üe	üer	木樨儿	其中 e 要先 ê 后 e
i	ier	小鸡儿	其中 i 发音略长
in	ier	脚印儿	
ing	ier	电影儿	i 音带有鼻化
ü	üer	金鱼儿	其中 ü 发音略长
ün	üer	彩裙儿	

儿化音变表三

原来的字腹字尾	儿化	例词	备注
u	ur	小白兔儿	
ong	ur	草虫儿	u 音带有鼻化
iong	ur	小熊儿	u 音带有鼻化
ou	our	毛猴儿	
iou	our	打球儿	
ao	aor	花草儿	
iao	aor	小鸟儿	
uo	uor	苦活儿	
o	uor	山坡儿	

儿化音在播音主持中的原则是，能不儿化就不儿化，只有不儿化不能表达准确意思才采用儿化表达。北京人说话的时候儿化音比较多，但不等于普通话里将全部儿化都要吸收。有时字音儿化没有错误，但不儿化也可以，就不一定在正式的表达中儿化。

23. 词格与轻声

普通话中的词是句中的一个个单位，无论是两字词、三字词、四字词或者多字词都有一定相对的轻重格式，不论词在句中是什么地位，格式是不变的。

在两字词中，大部分是中重格式。比如：法规、代表、医生、增加、晚报。如果用图示，就是○○格式。

三字词和四字词的大部分也是最后一字稍稍重一点。如：○○○，○○○○。电视台、主持人、播音员、联合国；山光水色、公共汽车、城市交通。

更多字数的名词也按这样的规律，如：○○○○○○○、中华人民共和国、中国人民解放军。再如：○○○○○○……○○，全国人民代表大会常务委员会决议、中华社会救助基金会帮助农民工子女活动。

一个完整的名词不论由多少词组成，只在最后一字上稍有所着力，这样听来是一个整体，一个单位，如果中间有凸起，比如"全国人民代表大会常务委员会决议"中间那两个"会"字如果说重了，就可能让人听来像两个单位。

但是并不是所有的词都是这样的轻重结构。

有一部分两字词是前面一个字说得重，后面一个字说得轻，这就是轻声。

轻声有两种情况：

一种情况是"最轻声"。从词的格式来看，是重轻格式，图示为○。格式。比如，桌子、牌子、馒头、枕头、那么、好了。

另一种情况是"次轻声"。从词的格式来看，是重中格式，图示为○○格式。这样的轻声，不是很轻，但还是比前面一个字轻。比如，事情、月亮。

轻声的字，因为说得轻而失去了那个字的声调。

大多数的轻声是习惯说法。

有的轻声是与区别语义有关。

比如，东西（○○）指的是方向，东西（○○）指的是物件。

再如，地方（○○）是相对于中央的各地，地方（○○）是某个位置或某个区域。

轻重不同而使词义不同，是不能说错了的。

还有一部分轻声，今天随着时代的变化"不轻"了，或者"轻"与"不轻"两种情况都存在。比如，冬天、西瓜、清楚、学生。

　　轻声的学习，要花时间记住哪个字是轻声，是怎样的轻声，不要说错。比如，词中的"子""头"为尾字是轻声，但是"莲子"这个词中的"子"就不是轻声，有的日本女人名字中最后一个字"子"也不能读成轻声。"窝头""砖头"后面的"头"不是轻声，也要读为中重格式。

　　轻声虽然因为轻而失去声调，但是也有与前面字音的声调相对的音高。轻声的音高虽然很微妙，但是也有规律可循。

　　在阴平、阳平、去声后面，轻声是处于较低音的位置。比如，珠子、衣服、舌头、明白、日子、相声。轻声的情况好似："￣。""╱。""＼。"。

　　在上声后面，情况有所不同，如果这个上声重音，是全上，那么轻声是在较高音的位置。比如，我们、奶奶、种子、老爷，"∨°"。如果这个上声在句尾，并非重音，只是个短促低音，那么轻声便顺势也在较低的位置。"谁写的？我写的。"即："∨。"。

　　三字词也有轻声的情况。比如，小伙子、大姑娘、老头子、枪杆子、硬骨头，是中重轻格式（○○。或○○°），最后的字是轻声，音高的方式和两字词的轻声相同。

24. 避免喷话筒

有人拿起话筒后一说话，就会出现"嘭、嘭"气流冲击话筒的声音。这是因为说话的时候，较强的气流随着嘴里说出的话，也冲出了口腔，撞到了话筒上。

为什么呢？普通话中有一部分字头的辅音是送气音，送气音是相对不送气音的。因为送气音和不送气音有区别语义的作用，那就必须区分它们。

汉语中有 6 组送气和不送气的音，它们是：

b — p
d — t
g — k
j — q
z — c
zh—ch

这当中，p、t、k、q、ch、c 是送气音，发音时气流相对要多些、大些。一般情况下，出气多些，没有什么关系，是正常的表达。

然而，用话筒讲话，过大的气流撞在话筒上就会有杂音出现。比如，拿着话筒一说："朋友们，同志们，开始。"那"朋""同""开"三个字的字头 p、t 和 k 就是送气音，送出的气过多过猛，就要喷得话筒乱响。

那怎么办？控制的要求是：发这些音的气量别太多太猛。控制的办法是：发送气音时口腔要控制好气流。

方法是发送气音时，口腔和腰腹都要有吸气的感觉。这样利用一股相反的力量，使从口腔中送出的气流量得到控制。

有人怀疑这样控制会不会发不出送气音来，这是多虑了，至今没有人会出现这样的困难。这种吸气的感觉并不是真的要吸气，而只是口腔的一种感觉，一种控制力量。不信，请用口腔吸气的感觉说："朋友们，同志们，城市之光联欢会，现在开始！请大家一起高唱……"

有的人说话时会喷唾沫星，用吸气的感觉来控制，也有助于情况的改善。

需要一小段时间来练习送气音的特别发音方法，并且将这一方法牢牢记住，成为自己语言的习惯。

25. 方言与普通话

中国地域广大，虽然书同文，但是方言众多，不但南北东西的语言相异，就是一个省内、一个地区都有很大差别。常常有人说，十里不同音，山南和山北，河东与河西说话都相差很多。

为了经济发展，文化交流，我国从 1956 年开始在全国大力推广普通话。到目前，取得了伟大的成绩。

对播音主持工作来说，讲好普通话是基本功，普通话的语音要讲得精准才算是合格。因为广播电视是普通话的示范。

各地方言的语音与普通话语音相比，主要区别有两个方面：一是字音，二是声调。

有的地区的人只说后鼻音，有的地区的人只说前鼻音，有的地区的人说的是前后之间的"中鼻音"。有的地区的人 n、l 不分，有的地区的人 r、l 不分，还有的地区的人 z、c、s 和 zh、ch、sh 不分，还有 j、q、x 和 zh、ch、sh 不分的现象，以及少量的 f、h 不分的情况。

字音的问题，还有部分韵母的问题，有的地区的人 a 音发得太窄，有的地区的人该发 e 的说成了 uo，有的地区则相反；还有的地区的人该发 o 的说成了 e……

声调是方言与普通话之间最明显的差异。

各地方言与普通话之间的声调差异是有规律可循的。下面是一些地区的方言与普通话之间声调的对比表。知道了这些规律，有针对性地练习，纠正和改变也就容易了。

声调对照表

方言区	古调类例字调类和调值地名	平声		上声		去声		入声				声调数
		天	平	古	老	近	放	大	急	各	六	杂	
北方方言区	普通话（北京）	阴平 55	阳平 35	上声 214		去声 51		入声分别归阴阳上去				4
	南 京	阴平 31	阳平 13	上声 22		去声 44		入声 5				5
	汉 口	阴平 55	阳平 312	上声 42		去声 35		归阳平				4

续表

方言区	古调类和调值 调类例字地名	平声		上声		去声		入声				声调数
		天	平	古	老	近	放	大	急	各	六	杂	
北方方言区	济南	阴平213	阳平42	上声55		去声21		入声分别归阴平、阳平、去声				4
	沈阳	阴平44	阳平35	上声213		去声41		同上				4
	成都	阴平41	阳平41	上声52		去声13		归阳平				4
	兰州	阴平31	阳平53	上声442		去声13		归去声		归阳平		4
	滦县	平声11		上声213		去声55		入声分别归平上去				3
吴方言区	苏州	阴平44	阳平13	上声52	归阳去	阴去412	阳去31	阴入5		阳入2		7
	绍兴	阴平41	阳平15	阴上55	阳上22	阴去44	阳去31	阴入5		阳入22		8
	上海	阴平54	阳平24	上声33	归上声	归阳平		阴入5		阳入2		5
湘方言区	长沙	阴平33	阳平13	上声41		阴去45	阳去31	入声24				6
赣方言区	南昌	阴平42	阳平24	上声213		阳去55	阴去31	入声5				6
客家方言区	梅县	阴平44	阳平11	上声31		去声42		阴入21		阳入4		6
闽方言区	福州	阴平44	阳平52	上声31	阳去242	阴去213	阳去242	阴入23		阳入4		7
	厦门	阴平55	阳平24	上声51	阳去33	阴去11	阳去33	阴入32		阳入5		7
粤方言区	广州	阴平 55/53	阳平 21/11	阴上35	阳上13	阴去33	阳去22	上阴入55	下阴入33	阳入22		9
	玉林	阴平54	阳平32	阴上33	阴上23	阴去52	阳去21	上阴入55	上阴入33	上阳入12	下阳入11	10

学习做播音员和主持人，都有学习普通话的基础，在已经比较好的基础上，找到自己的薄弱环节，功夫下在关键之处，强化练习，认真努力，不放过一丝一毫的误差，就一定能够学到纯正的普通话。

26. 练习普通话的老师和工具

谁是我学习普通话的老师呢？

生活在方言区，身边没有普通话的老师，怎么学好普通话？

首先要有普通话的知识。通过读书，或者是听课，了解每个语音是怎么回事，对声母、韵母正确的发音方法都要有明确的理解。

但这是不够的，说话这种能力，和其他许多能力一样，要通过反复练习，在实践中才能学好、学成。

有一位"老师"，可以天天跟他学，跟他练习，那就是广播电台和电视台里普通话说得好的播音员、主持人。每天跟着他们学，他们说一句，自己就跟着说一句，就这样一句一句地学。人小的时候学习母语，最初不是练会的，而是听会的。所以，多听，听的同时伴随着说，是符合语言规律的方法，是一种事半功倍的方法。

有的人注意力很集中、很认真地单字发音不成问题，但是一到句子当中就不能很熟练地正确发音了，原有的语音习惯又出来作怪了。能够与其他字组合起来正确发音，是问题的关键。

还有的人正确发音没有问题，但是由于方言影响，认不准、记不住哪个字应该发哪个音，比如，zh 组的音和 z 组的音，单音都发得很好。可就是经常弄混淆，会"正确"地把字音读反了。

词典，是学习普通话的好工具。

可以用朗读词典的方法来解决这一问题。这是一种行之有效的方法。假如 zh 组的音和 z 组的音需要纠正，可以把词典中所有 zh 组的字和 z 组的字下面的词逐条朗读（只读词，不读解释部分），速度可以慢一些，但必须发音正确，有困难的地方可以多读几遍，直到完全正确，再读下一个词。再如，n、l 不分者，f、h 不分者，可以将词典中这类字下的词条逐条正确朗读。大量的组词练习，不但建立了前后正确的语感，巩固强化了正确读音的概念，也使练习不只是一个或几个枯燥单调的音，能够有效地解决读音记忆混淆的问题。

最好能选用正反逆序编排的词典。词典里有的字下面的词条多，有的少，词条多的正是日常使用频率高的字，应该重点练习，练习量也自然会大一些。一般来说，将词典读过三五遍，就会有令人较为满意的纠正效果。

第二章　发声吐字

本章所讲的训练包含两个部分：一是发声，二是吐字，还有发声与吐字的关系。

通过训练，发声能够持久、稳定、通畅、相对松弛；吐字能够正确、清晰、圆润、悦耳、灵巧自如；与此同时，普通话语音也更准确、清晰。

训练要有步骤地一步步进行，不能贪快，功夫和能力的获得没有捷径；也不能三天打鱼，两天晒网，断断续续会事倍功半。要做明白的训练者，有计划、有目的地训练，别练了这又忘记了那。

要特别注意播音工作与发声吐字的训练不能混为一谈，训练应该单独开辟时间进行。练到一定水平，才能逐渐带到实际播音主持工作当中。

1. 发声的原理

物理学告诉我们，人听到的声音是由空气的振动而发出的，振动需要有振动体，需要有振动的动力，声音主要是通过空气传导而进入人的耳朵，被人听到的。

一、人说话声音的发声振动体是人的声带

人的声带长在人的喉部。我们先来简略地认识一下人的喉部构造。

喉部是人的气管的最上端，俗称喉头。它由一组软骨做支撑，由能灵活运动的关节和肌肉群、韧带把它们连在一起，并负责喉部的动作，由神经支配控制声带的位置和张力。从人的正面观察，在脖颈处有甲状软骨，是喉部最大的一块软骨，构成喉部的前壁。甲状软骨也就是我们平常所说的喉结。男人比较明显，女人不明显，但也可以用手摸得出来。声带的前端就长在甲状软骨的后面。

声带的后端分别长在一对杓状软骨上。杓状软骨左右各有一块，好似三角锥体形状，这两块杓状软骨可以进行分合移动，带动声带进行闭合和打开的动作。

甲状软骨和杓状软骨分别"落座"在它们下面的环状软骨上。环状软骨的上面与甲状软骨和杓状软骨连接，下面与气管连接。

会厌软骨在甲状软骨的上方，会厌软骨是片状的，它有着开关的作用。当吞咽食物的时候，它盖在喉口不让食物进入气管。呼吸时和说话发声的时候就打开，使气管畅通。

二、呼出的气流是振动声带的动力

大家都知道，呼吸是由人的肺来进行的。人说话发声的动力，来自肺里呼出的气流。

我们每分每秒都在呼吸着，有吸，有呼。口鼻进出的气流随时都在流动着。呼出的气流有的用于说话，有的没有用于说话。人在不知不觉之中呼气说话，气流就在不知不觉中产生了声音动力的作用。

气流强，声音大，气流弱，声音就小。

人咳嗽的时候，被迫强烈呼气，气流冲击得较为猛烈，咳嗽的声音也比较大。

三、谁控制呼出的气流

我们的呼吸每日每时都在自然进行，一般没有人会注意。然而，将说话作为职业的人们，需要对呼吸有所控制，让呼出的气按照我们的意图调节我们的声音，使我们说话不累，说得高高低低、起起伏伏、随心所欲，说得时间长了也不会受伤。

这需要对呼吸有所控制。

肺生长在人的胸腔里，像海绵一样柔软，富有弹性，它吸气时胀大，呼气时缩小。肺的大小变化不是自身的力量来控制的，而是随胸腔的容积变化而变化的。也就是说，肺是不能自主做动作的，它只能被动地扩张吸气和收缩呼气。

肺的上面和四周都有骨架，骨骼组成的胸廓对心肺等器官具有保护作用。胸廓已经由骨骼定型，难以再明显地改变胸腔的大小。改变胸腔的大小，主要是在胸腔下方，那里有一块肌肉——"横膈"。横膈可以做一定幅度的上下自由运动，横膈向下运动，胸腔会增大，横膈向上运动，胸腔会变小。横膈总是默默无闻地不停地工作着。我们一天24小时呼吸都是靠横膈的上下运动进行的。

日常生活中横膈的工作是很自然的状态，不需要人主动地控制。然而，自然状态的横膈运动不能达到播音员、主持人、教师、导游、演讲者等的讲话要求。他们讲话要求声音持久、通畅、响亮有力、随人心愿有抑扬顿挫的变化。

为了能够达到上述要求，我们希望能够控制声音，当然就是控制声音的原动力，也就是要控制横膈的动作，让横膈的动作力度加强，让横膈的动作随心所欲。

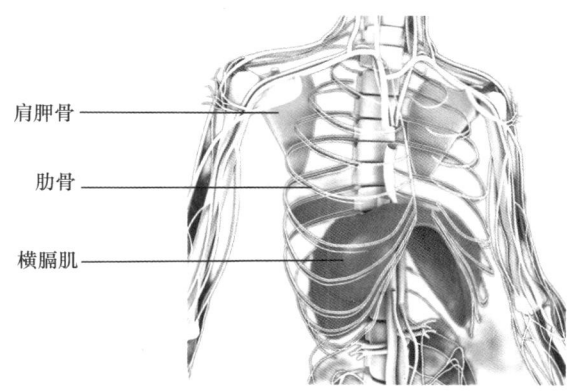

可是，横膈并没有敏感的神经，它不能像手脚那样灵活地受我们的主观意志支配。那怎么办呢？我们要让身体上那些能够操纵和控制的部位来带动横膈的动作，锻炼身体的某些部位来达到控制横膈的目的。

呼吸控制哪个部分？控制腹部和腰部的肌肉群。从而形成对声音的控制。

简言之，腹部和腰部肌肉带动控制横膈。

四、呼出的气流振动声带发出声音

当呼出的气经过气管来到喉部，从喉部通过的时候，如果杓状软骨带动声带呈打开状态，就是正常呼吸，一般不发出声音。如果呼出的气通过喉部时杓状软骨带动声带闭合，气流就会振动声带，发出声音。声带发出的声音往上走，经过口腔和鼻腔发声。

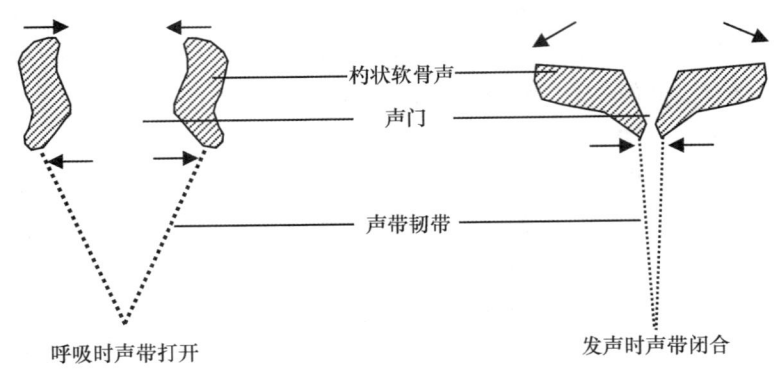

五、呼气振动声带的声音要经口腔、鼻腔加工成语音

声带发出的声音是很微弱的，而且只是一种单纯音，是没有代表意义的语音。

声音在口腔及鼻腔内要进行加工才能成为语音。由于口腔的开合程度不同、舌头前后高低灵活地变动位置，能够使口腔变化成为多种不同的腔体形状，才使得声带发出的声音成为各种不同的语音音素，表达各种意思，让人们分别理解。有一部分语音还需要鼻腔的参与才能形成。

声带所发出的微弱声音，在经过口腔时形成字音的同时，还将产生口腔共鸣。声带发出的微弱的声音在口腔里被放大了，能够使人在一定范围内听见。

比如，张大嘴舌头放平，发出的就是一个汉语普通话的 a 音；把嘴撮到最小但没闭上，舌头努力向后，发出的就是汉语普通话的 u 音；把嘴撮到最小但没闭上，舌头努力向前，发出的就是 ü 音。闭上嘴发音，发出的就是一个汉语普通话的 m 音。

发有些音时，口腔和舌头的位置只是微小的差别，但表达出来的语义可能相去甚远。

六、声音经过共鸣放大

声带发出的声音，在口腔放大声带声音的同时，身体的其他部位，包括鼻部、头部、胸部也都能产生一定的共鸣，与口腔共鸣配合。经过训练，各部位的共鸣和共鸣的配合能够使我们说话的声音更好听。

动力控制	动力	振动体	语音	共鸣
腰腹部肌肉带动横膈	横膈动作调节呼出的气流	闭合的声带	口腔、舌头、嘴唇形状变化	咽腔、口腔、鼻腔、头腔参与

2. 练声概说

人的声音各有不同，比如在隔壁房间里有个熟人咳嗽一声，我们也能听出是谁的声音。就声音的条件来说，的确有好有差。有的人声音响亮明朗，有的人声音圆润甜美，有的人声音清脆高昂，有的人声音沉稳厚重。然而，也有的人声音沙哑，有的人声音发闷，有的人声音尖利，音色不十分悦耳。绝大多数没有受过训练的人说话都有唇舌无力的现象，说话的吐字清晰度不能达到播音的要求。

有的人发声的方法不正确，还有可能使发声器官受伤。说话时间不长就出现沙哑的情况，说话量不大就嗓子疼，而且说到一半嗓子就有痰，久而久之，音色就会从悦耳变得不悦耳了，有的甚至使发声器官受到损伤。

为此每个从事播音工作的人都要训练正确的发声方法和吐字方法。

一、发声的方法，主要是训练呼吸的方法

声音发出来的时候，是以从肺里呼出的气流为动力的，发声的震动体是长在人喉部的声带，然后再经过喉咽部和口腔的共鸣放大成为我们都能听清楚的声音。

就多数人来说，并不能够自觉做到正确发声呼吸。

很多人说话时脖子使劲，声带附近肌肉用力，从外表就能够很清楚地看到脖子部位筋肉的大幅度紧张动作，这是不正确的；

有的人说话气浅，也就是呼吸浅，说话声音发飘，没有力度，有的让人感到中气不足，这是不理想的；

有的人发一部分声音的时候是正确的、悦耳的，并不能做到全部或者大部分音都正确。

这样发出来的声音是不好听的。单从声音听，人们感到不悦耳、不痛快，听着觉得累。长期、大量如此发声，有可能使声带受到或轻或重的损伤。

即使没有上述发声的毛病，没有经过训练的人的身体中，有关发声的肌肉群组也缺少一定的耐力和灵活度。就好像虽然跑步姿势正确但不能像运动员那样有力量、有耐力。

所以从事播音工作的人和从事说话工作的人，如教师、导游等，都需要通过练习

掌握正确的发声方法。让自己的声音能够痛快地从身体里发出来，声音通畅，有一定的力度。

特别应该说明的是，脖子周围，也就是声带附近的肌肉，在发声时不参与多余的动作。这也是要经过练习才能得到控制的。

二、吐字的方法

为了让他人听清楚自己说什么，为了让说出的字音圆润、悦耳，有随人心愿的力度，就要练习吐字。

首先要练习口腔吐字的基本形状，也就是打开口腔。要比平常说话时的口腔形状稍大一些，要让口腔内部的形状上下的距离大，成为一个竖着的腔体。为了做到这一点，有四条要领，也就是四个方面的动作要共同做好。做好了这个基本口形，发出来的音才不是扁的，而是竖椭圆形的音。

这样打开口腔发出来的音就是元音 a，在发 a 音的同时，还要练习吐字时字音在口中的路线，字音的集中，字音共鸣的位置，等等。

三、呼吸与吐字的配合

要处理好吐字与呼吸控制的配合，这就如同自来水管的压力与水龙头那样，二者之间有一个配合关系，但是呼吸与吐字之间的关系要比水管和水龙头之间的关系复杂多了。

汉语普通话中共有 400 个音节，其中含元音 a 的有 156 个，约占 40%。在练习 a 音时可以完成上述口腔基本形状的练习。在此基础上，再练习元音 i 和 u。要把这三个主要的元音练好。每个元音的口腔形状不同，呼吸的力度也不同，相互之间有对应关系。再将每个元音的音域扩展，逐渐向上升高，逐渐降低，分别在高声、低声发好每个元音。

单元音练习好了，就要分别练习各个单元音的声调变化，这与呼吸控制的关系十分密切。

对汉语的 400 个音节，要一个音节一个音节地练习吐字。一个音节，也就是一个字音，分为三个部分：一是字头，就是字音的声母部分，有一部分字音的字头还包括介音，比如 zhuang 中的 u，jian 中的 i，quan 中的 ü；二是字腹，是字音中的主要元音，比如 zhuang 中的 a，zhe 中的 e，ming 中的 i；三是字尾，是字腹后面的部分，有的音节有，有的音节没有。

吐字是一个过程，在这个过程中，字头要发得清晰，但不要过重；字腹要圆润响亮；字尾要鲜明。

四、共鸣控制

声带发出的声音是很微弱的，经过喉部、咽部的共鸣，已经将音量放大了。在口腔中音量被进一步放大的同时，由于经过训练的口腔形状有了改善，共鸣音色就有了变化，共鸣点正确，可能变得比较悦耳。

除了口腔共鸣，人发出声音时还可能产生胸部的共鸣，当胸部共鸣较多参与时，音色会有改变，至于胸部共鸣参与多少，要看每个人的情况和对音色的感觉、追求来定。有的可能需要胸部共鸣的一个面，有的可能只需要它的一个点，有的可能取中。

说话的共鸣还可能有鼻腔的参与。切记，鼻腔共鸣不是鼻音。鼻腔共鸣是鼻腔伴随不同声音产生共振的效果。鼻音是鼻腔发音，若把不应该进入鼻腔的音放入鼻腔发音，那是不正确的。

如果把人说话的声音看作是音响的一个多频的音箱，那么口腔共鸣可以比作音响的中音喇叭，鼻腔共鸣就像是音响的高音喇叭，而胸部的共鸣就像是低音喇叭。三个喇叭分别调整好，一齐振动，就会产生理想的音色。

声乐还讲究头腔共鸣，讲话一般不需要了。

综上所述，练声中的呼吸控制是练正确、持久地发出声音，吐字方法的练习是练说得清晰、响亮，共鸣控制是寻找理想的音色。

做播音工作需要进行这样的练习。经过正确、严格地练习，每个人的声音都会在原来的基础上有所改善。一般说来，这样的练习需要在老师的指导下进行，以便及时发现问题及时进行调整，少走弯路。

这一节是概述，下面各节还要分别详细说明方法和要领。

3. 练"嗓子"的误区

平时我们说的"嗓音",指的就是人体发出的声音。我们常说的嗓子,大约是指人的喉部,并没有十分确切的概念。

我们知道,人的声带长在喉部,平时我们说话的时候也能感到喉部的声音所在。但是,喉部的声带仅是声音发出的振动体,不是声音的动力。从发声的过程来看,控制声音的部位主要不在喉部,也不在声带。

所以,日常生活中人们关于"练嗓子"的说法,只是个模糊的概念,不能恰当地说明人体声音发出的动力和控制。包括对播音主持声音的练习,以及对歌唱、话剧、戏曲等表演艺术的声音练习。

"练嗓子"的说法还可能引导产生一种可怕的错误——把说话发声理解为在喉部用力,盲目练习发声时的喉部力量,那是极不正确的。

声音的改善,应该练什么呢?

如果要使声音得到改善,那就一定要调整和锻炼声音发出的呼吸控制部位和控制力量——主要是在腰腹的控制上。

如果要吐字得清晰准确,圆润悦耳,主要是练习口腔的控制和唇舌的力度。

如果要获得较好的共鸣,那还要练习控制以口腔为主,胸腔、鼻腔的共鸣组合。声乐演唱还需要有头腔共鸣,京剧演唱还讲究后脑共鸣。

而这恰恰不能是喉部的动作和声带的动作——不是嗓子的练习能够做到的。通俗地说,人的声音的练习是在喉部和声带的下方和上方,不在"嗓子"这一部分。

我们看到有些没有受过训练的人在大声呼喊时喉部猛烈用力,几声之后,声音就嘶哑了,甚至一下子完全发不出声来了,就是因为他认为说话、呼喊、叫嚷都需要"嗓子"用力,于是脖子使劲,喉部过于紧张造成了声带损伤。也许就是"嗓子"这个词带来的误会。

正确的发声练习都十分小心翼翼地避免使喉部肌肉紧张,从而避免使生长在喉部的娇柔的声带受伤。而"练嗓子"的概念却容易使喉部的肌肉陷入力量的挤压或者拉扯,声带极有可能受到抻拉,产生水肿,失去弹性。

第二章 发声吐字

日常言谈中可以把练声说成"练嗓子",但是作为专业工作者,应该十分清醒地知道练声的各种正确方法和练习的各个有关部位,千万别盲目地让脖子受累,让喉部肌肉紧张,让声带受伤。

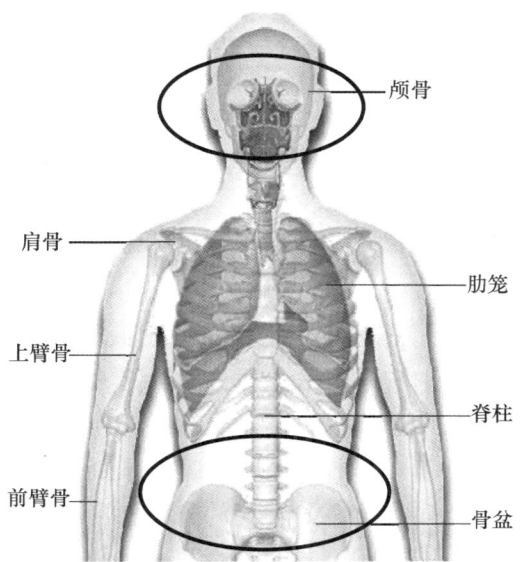

4. 为发声而吸气

说话，包括播音和主持时说话，它的动力在于我们呼吸时呼出的气流。呼吸，是发声练习最基础的动作。

生活中的呼吸是自然状态，够我们生存，能让我们说话就行了，不需要为了说话有响亮的音色，为了说出较长的书面语而费劲。为了能够在广播电视中把话说得更好，为了获得高质量的发声效果，就一定要进行呼吸练习。

前面已经讲过，一般呼吸时，肺是不能自主做动作的，它只能被动地扩张吸气和收缩呼气。肺的动作主要是由胸腔和腹腔之间的一块肌肉——"横膈"来驱动。

我们希望能够控制声音，当然就是控制声音的原动力，也就是要控制横膈的动作，让横膈的动作随心所欲。可是，横膈并没有敏感的神经，它不能像手脚那样灵活地受我们的主观意志支配。

呼吸练习的基础是吸气。

一、呼吸的准备状态

呼吸是身体的训练，练习呼吸的时候人的心态要稳定，心情要平静。人的精神要饱满，要处于积极状态。

如果坐着练习，要坐椅子或者凳子的前二分之一，以利于两脚能够踏住地面，上身能够直立。膝关节大约成为直角，两只脚并在一起，前后稍有错位，前后差半只脚。

如果站立练习，两脚与肩同宽或稍窄于肩，两腿站直，平分重心。脊椎竖直，不驼、不塌、不扭；想象在头顶正上方去找一个悬挂的锥状物体。两肩自然下垂。

无论坐姿还是站姿，头都要端正，向上竖直，不偏不倚，略颔首。

二、为呼而吸

吸气是发声的前提，对发声来说，是为呼而吸。吸气之后才会呼气，呼气才有可能发出声音。吸气状态对呼气很重要。

吸气，要口鼻同时进气，吸到肺底。

气吸入时，后腰部要撑开，为吸入的气息提供存储的空间和控制的区域。

有一种说法叫作吸气时候"两肋开",实际上两肋要比后腰高一些,"两肋开"的概念是不正确的。正确吸气时,实际的控制部位不能是两肋,而是后腰的两侧。

正确发声的吸气需要后腰部位撑开。这是吸气的要领。

后腰部位,也就是盆骨上方可以撑开的部位。要尽力向外向下用力。后腰撑开的时候有一种要把腰带顶开、涨开一圈的感觉。

要不断找寻腰部控制的部位。还可以想象,在腰要撑开的部位,有一只手按在那里,腰部用力将按在那里的手顶开。

如果还不能理解和找到正确的位置,可以笑一笑。笑的时候腰后部一弹一弹胀开的部位就是吸气时要稳定撑开的部位。当然,要真笑,别假笑。假笑不能找到正确的部位。吸气时腰的撑开动作与笑的时候腰弹动不同的是,笑的时候腰是一下子弹起来又收回,顶开时可以一下一下地,而吸气的撑开是持续的。

我们还可以寻找一些生活中的状态来提示自己。

比如,在一个鲜花房里,花香溢满室内,沁人肺腑,我们的呼吸就可能很深,其实这时的吸气是到位的。

再比如,突然见到一位多年未见的朋友,兴奋之情油然而生,此时的一口深吸气就是到位的。正所谓"兴奋从容后腰开,不觉吸气气自来"。

还有一种方法,可以体会吸气的感觉。那就是把气吐尽,吐到极限,人感到有些氧气不足的难受感,在很需要吸气,不得不吸气的时候,那时瞬间的吸气动作就是正确的。与上述的要求是一致的。

气吸入时,小腹同时有肌肉"站立"的感觉。是指小腹的腹壁肌肉稍有紧绷,不是向内凹进去,也不是向外凸出来。所谓"站立",就是小腹的肌肉不赘软,好像竖立着。

腰撑开了,实际上横膈也就降下来了,肺的容量增大了很多。为发声吸入的气也储存了很多。

吸入气后可以屏住呼吸,体会保持后腰撑开的状态片刻。这需要反复练习。

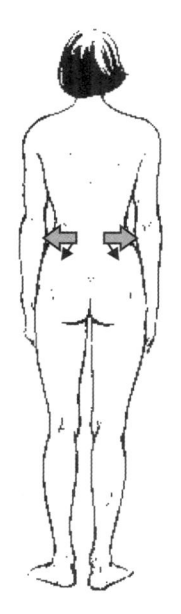
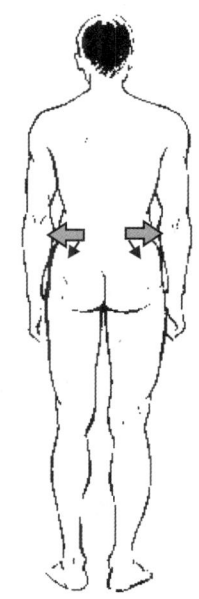

5. 呼气控制

自然的呼气状态吸气之后就要呼气，顺其自然，呼吸、呼吸，此之谓也。生活的自然状态下，呼气时没有明显的控制意识。吸气之后，呼气肌肉群顺其自然地将横膈向上推，把肺里的气挤压呼出。呼气原本是没有专门力量控制的，只是吸气肌肉群放松就可以了。

但是为播音和主持说话的呼气要有所控制。要让呼气平稳、持久、均匀、强弱变化随人的意愿。呼气控制是艺术发声的关键。

当我们要求自觉控制自己的发声的时候，就需要能够自觉控制呼气的速度、力度，使之平稳、持久，横膈不能向上过快，要控制在一定的位置，有弹性地做动作。这时，由谁来控制呼气的动作，怎样来控制呼气的动作呢？

一定不是用胸来控制呼吸，胸部要放松。更不是用脖子来控制，脖子也是放松的。

任务落在了吸气肌肉群。也就是让吸气肌肉群来控制呼气的动作。吸气肌肉群的动作力量作为一种阻挡的力量，可以减弱减缓，也可以加强呼气动作的力量。吸气动作力量大，呼气就会弱，吸气动作力量小，呼气就会强。这样，利用吸气的动作力量就有可能让我们随心所欲地控制呼气，从而随心所欲地控制发声。

具体的情况是，当吸气动作完成后，腰部撑开，开始呼气时，吸气的动作持续进行，也就是后腰继续保持撑开的力量，以"抵制"呼气的力量，"拉住"横膈。当后腰撑开的吸气动作力量等于呼气动作力量时，就是屏住了呼吸。当后腰撑开的吸气力量放松一些，呼气力量就释放一些。吸气约束力量处于"且战且退"的状态，呼气的放松力量则是"且战且进"的状态。

吸气肌肉群要在呼气时成为制约呼气的力量，后腰在呼气的全过程中自始至终是努力撑开着的。简单通俗地说，呼气时要保持吸气的感觉，用吸气的感觉来控制呼气力度、速度、强度。吸气的感觉是控制呼气的钥匙。

练习：可以在连续保持撑开状态下轻轻吹气，要不间断地吹气，尽可能吹得均匀，吹得细，吹得时间长。比如，吹蜡烛，让火焰尽量小而又不离开。再如，均匀地吹桌面灰尘。男人时间长些，女人时间短些。男子吸气后，呼气在 60 秒以上；女子吸气后，呼气在 45 秒以上。

6. 丹田

丹田是我们常说到的一个部位。与人身体发声有关的行业，俗称"吃开口饭的"行业都说到丹田是发声的控制部位。

丹田在哪里？

当我们腰部撑开发声时，时间不断延长，坚持到最后一秒的时候，腰部快要撑不住了，小腹同时也感觉到吃力，小腹有一个部位的肌肉在紧张，凝聚成一团。如果不这样，那么腰部的撑开也不能继续。

这个部位就是丹田。

人们常说的丹田通常指的是关元穴。声乐歌唱，戏剧演唱，话剧发声，播音主持人发声，都训练丹田对声音的控制。

丹田的位置，在肚脐下纵向三寸的地方。三寸就是食指、中指、无名指和小指并拢的宽度。这四个并拢的手指横放在肚脐下，在小指下面就能找到丹田了。

横向在胯骨前侧左右最宽的两点之间的中点，也能找到丹田。

体会丹田用力并不难，我们平常全身用力做动作的时候，丹田都参与。比如，我们搬抬重物的时候丹田会聚成一个硬的肌肉团；体育课上做仰卧起坐，仰坐45度、最艰难用力的时候，我们能感到小腹有一个位置肌肉收聚得最紧、最硬，那就是丹田。甚至大便使劲的时候，腹部最努力的地方是丹田。

这是一个比人民币一元硬币稍大一些的范围，不只是一个点。

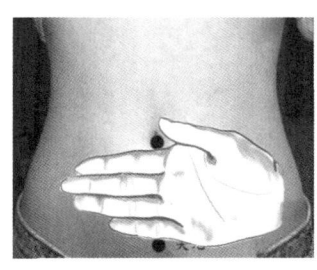 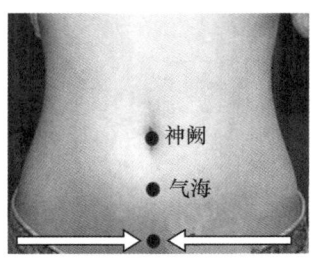

所谓丹田的控制，就是丹田这个部位的肌肉要收聚。有人问，是向后瘪肚子？还是向前鼓肚子？都不是！

丹田部位肌肉的收聚，是这一范围的肌肉从前后、上下、左右向丹田的中心用力收紧。所以从外面看是小腹略向后收缩一些，但是千万不能理解为向后瘪肚子。其实要是从肚子里边看，肌肉还有向外方向的收缩。当丹田用力的时候，我们还能看到，由于肌肉向中心点收缩，小腹的下半部分有向丹田上提的微小动作。

练习丹田弹动的"嘿！""嘿！""嘿！"能感受到丹田的位置和丹田做动作的特点。

有人平时丹田部位的肌肉缺少锻炼，有的人丹田部位脂肪累赘，丹田没有基本的力量，要通过训练来改变无力的状态。

丹田用力，与搬抬重物不同的是，这样的用力不是一种持续紧张的僵持的力量，而是富有弹性的灵活的力量，丹田收聚的力量始终在变化和运动之中，随声音的变化而改变力量的大小和压力的强弱。有人说"气如面团"，就包含了这样的意思。当然，要想让丹田的肌肉能够灵活，是需要大运动量练习的。

练习时要注意，既要练习丹田部位肌肉的基本力量，也要练习丹田部位灵活的力量。发单音延长音的时候，丹田可能是相对平稳、持续的力量；发不同声调的字音，朗读词组短句的时候，丹田就需要有不同程度的收缩，不同的力量。目的是保持字音都从丹田出发，字音的大小、高低、强弱都由丹田来控制。

发声的时候，我们要感受到，每一束声音，每一个字音，它的根梢，都是从丹田那里长出来的。也就是说，声音的起点在丹田。越是难发的音，越是需要丹田的控制。比如，发高音，要丹田有较强的控制；发低音，要丹田有较稳的控制；发长音，要丹田有较均匀的控制；发短音，要丹田有短而活跃的控制。

还有一个问题要注意，可能会在不知不觉的情况下，丹田的位置悄悄向上转移了，本来应该是丹田做动作"演变"成了肚脐周围用力，连自己都不知道怎么就错了。所以要特别小心，防止出现这样的向上转移的错误动作，要是发现晚了，纠正起来还有点困难呢！

7. 胸部支点

胸部支点是声音控制的一个部位。

胸部支点在前胸的中间部位，即两乳头之间的地方。这个地方也是人身体的一个穴位，叫膻（tán）中穴，也是胸骨正中下端的位置。

可以把胸部支点比作长在胸部的一张说话的嘴。虽然我们是口腔的开闭在说话，但是要努力想象，自己同时在用胸部的这张嘴说话，说话的声音是从这里发出来的。

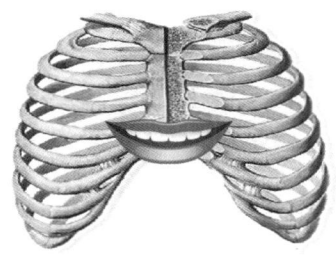

在想象用胸部支点"说话"的时候，我们要尽量让"胸部的嘴"张开的幅度比脸上的嘴大些，同时胸部"说"出来的话要有向前涌出的感觉，要让"胸部的嘴"说出的话"铺满桌面"或者"铺满地面"。

或者，感觉胸部像一面鼓，里面是空的，说话的声音是"鼓面"振动而响的。

胸部支点的控制还可以有宽窄，我们可以想象并且控制胸部这个"嘴巴"张开得大一些，或者小一些，也就是说胸部音箱"喇叭"的直径大些或者稍小些，或者说胸部这个"鼓面"的直径大些、小些，从而获得不同的声音音色。原本声音低沉的人可以让胸部的"喇叭""鼓面"的直径稍小一些，原本声音发尖、发飘的人可以让胸部的"喇叭""鼓面"的直径放大一些。以此作为调节音色的方法，同时能够避免为了追求某种音色而去憋嗓子、压嗓子、挤嗓子、捏嗓子。

在练声时，单音呼吸和发声的控制比较容易掌握，因为只在一个音高上。但是，说话、播音、朗读时就会有声调高低的变化，语句表达就会发生问题，原因是声调起伏变化了，就有可能控制不住用气。

在实际发声的过程中，声调是学习的一个难点。在四个声调的起伏升降过程中，很多人就掌握不好了。到高音时就可能会挤嗓子、捏嗓子，到低音时可能会压嗓子、憋嗓子。

如何能在声调运行时保持声音始终处于正确状态？胸部支点与丹田的协调控制能够帮助我们控制声调表达。这是胸部支点的一个重要作用。

◇在发阴平音，也就是第一声时，我们可以想象声音被控制在胸部支点处左右平移，不可上升。也可以体会第一声就是"守望"在胸部支点不动，关键是不能上升。

◇发阳平音时，就是第二声时，可以想象声音是从丹田处出发向上升，直到胸部支点止住，不能超过。发好第二声的关键在于起止点，起点不能高，止点不能超。为了不让声音超过胸部支点，丹田一定要有用力拉住的力量或者后腰撑住的力量。特别说明一下，第二声不能有拐弯的感觉，应该是直线上升的感觉。

◇发上声音时，就是第三声时，声音是绕着丹田发出的。胸部支点控制在"空"的状态。实际发第三声时，有长有短，单独发出和强调说出的第三声，"环绕"丹田的时间稍长一点点，但不宜太长。其他第三声的发音都比较短，有时甚至来不及"绕"声音已经结束了，这样短促的声音就让其从丹田"涌出"即可。

◇发去声音时，就是第四声时，声音从胸部支点出发向下，迅速到达丹田，好像被丹田从胸部支点一下子拉下来，立即吸收了。

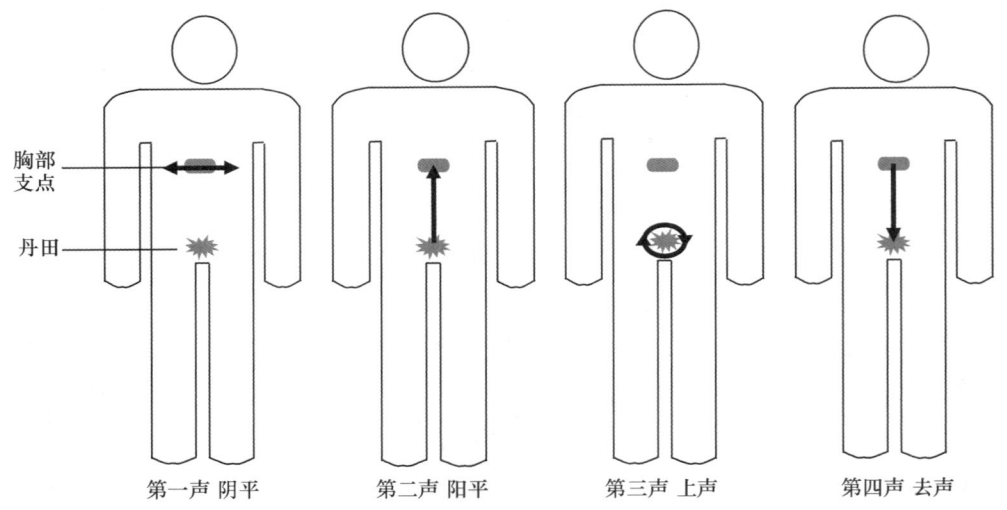

可以按这样的方式练习：

阴阳上去——山河美丽、光明磊落、深谋远虑、阴谋诡计

去上阳阴——破釜沉舟、万古长青、顺理成章、四海为家

多样组合——归心似箭、和风细雨、百折不挠、落花流水

利用胸部支点和丹田的控制，能够发好四声，才算能够把发声的正确方法运用到实际的讲话中。这里的关键是声音的感觉不可以向上超越胸部支点，可以努力撑开后腰来保持胸部支点的稳定。

8. 三个控制位置

前面已经讲过的发声方法，分别讲到了三处控制的部位：一处是腰部的两侧的撑开控制，一处是丹田的控制，一处是胸部支点的控制。

这三处控制的关系是怎么样的呢？三处之间有没有矛盾呢？

发声控制的根本，是控制胸与腹之间的横膈运动，以横膈的运动达到声音的强弱、刚柔等的各种控制变化。

但是横膈不能像手脚那样让我们自如地控制运动，那样听我们的指挥。要想让横膈听话，就只好借助我们能够控制的身体部位来进行。

借哪些部位的运动来达到控制横膈的目的呢？前人潜心研究琢磨，分别找到了以下不同的部位，不同的方法：

◇ 腰部的撑开是使横膈向下运动的基础方法，这可能是初学者最容易获得的方法，腰部的稳定状态在初学时是极有意义的。

◇ 丹田的肌肉的力量变化是为了控制横膈运动，同时，还要控制运动的力度，从而调节声音的强弱刚柔，是声音发出的控制钥匙。

◇ 胸部支点的打开是使横膈运动的又一个方法，胸部支点意识的强化可以使声调变化时横膈的运动得到有效的控制。腰部和丹田的努力，会使横膈下降，胸部产生开阔的感觉；胸部主动打开的感觉也会促使腰部和丹田更易找到位置。

三处控制，或者说三种方法，目标是一致的，那就是让横膈"听话"，"服从命令听指挥"，也就是能够向下运动，控纵自如。

实际上，三处的动作就是身体的一个基础动作——横膈运动——在三处的表现，三个部位中一处正确，三处就都将正确。一处不正确，三处就都不正确，腰部撑开时，丹田也同时有肌肉力量的变化，而且撑开的力量与丹田肌肉的力量变化是呼应的；丹田力量强弱的变化，也与腰部撑开的劲是一致的。胸部支点打开的同时腰部正是撑开的状态，也正是丹田力量控制的状态，不可能是别的状态。

正确的声音，应该是三个部位同时都在控制着，同时都处于正确的状态。

对学习者来说，不容易一下子从三处下手学习。可以从自己的实际出发，哪个部位在自己身上最敏感，最容易体会，就先从哪里下手，不断尝试和调整。然后，再逐渐将三者统一起来。

最终，在熟练掌握之后，是以丹田控制为控制发声基本点，以丹田控制为最核心的钥匙。

9. 强化腰腹力量

我们已经知道，人发声的动力是来自肺呼出的气流，发声的振动体是喉部的声带。控制肺呼气的气流是要靠腰腹的肌肉力量带动横膈运动实现的。

然而，人和人之间是有差异的。有的人腰腹的力量强些，而有的人就要相对弱些。一般日常说话，关系不大。因为说话所需要的呼吸力量不是很大，持久性的要求也不是很高。但是对播音主持来说，需要长时间说话，需要有悦耳的声音，需要有抑扬顿挫的声音表现，就需要腰腹相关的肌肉群组有力，能够气息较为持久地表达长句，并且能够灵活运动。

但是，由于人们在从事此项工作之前，基本不会进行这方面的练习，所以与发声有关的腰腹肌肉群没有锻炼过，这部分肌肉工作不力。还有的人确实身体比较弱，这部分肌肉力量很小，不能满足长时间大运动量的发声要求，不足以"驱动"复杂的发声。

这就需要锻炼。

首先是正确的发声训练，要按照发声的要领，先练习腰部在吸气时的撑开和撑开状态下的发声。让这部分肌肉在大脑神经的支配下活动，得到一定的运动锻炼，使这一组肌肉能够初步协调做动作。这样的练习就像弹钢琴的手指，未训练之前手指不那么随人意、灵活，系统训练之后手指弹琴就自如了。

按基本的方法练习的同时，还有些方法可以帮助强化气息的控制。

有人练习数数字，比如《数枣》："出大门，过小桥，小桥底下一树枣，拿着杆子去打枣，青的多，红的少，一个枣，两个枣，三个枣，四个枣，五个枣，六个枣，七个枣，八个枣，九个枣，十个枣。这是一个绕口令，一气说完才算好。"这个数的过程，气息要稳定，换气时要均匀。不能一个枣换一次气，争取多几个"枣"再换气，逐渐增加。

还有数葫芦的，数苹果的……也有单纯数数字的，都是增强腰腹力度的好方法。

有人练习弹动丹田，比如连续发"咳"。一组三个音"咳—咳—咳，咳—咳—咳，咳—咳—咳，咳—咳—咳，咳—咳—咳……"三个"咳"声音要有力，速度要稳，节奏要匀，呼吸要平。这样来增强气息的控制力度。

很多教师也会在教学中提出行之有效的方法，每个人也可以自己总结一些经验。

有了一定的练习基础，还需要相应的体育锻炼。

有时上完体育课，或者踢球、打球，或者做其他运动过后，我们会感到唱歌或者说话痛快很多，其实就是腰腹的肌肉还处于兴奋和活跃状态，呼吸就要顺畅得多，发声就自然顺畅了。

体育锻炼的方法有多种，常见的有球类运动、田径运动，如跑步、俯卧撑、游泳等。比如，练习仰卧起坐与发声的肌肉群关系十分密切，特别是上身处于45度角时，是丹田部位的肌肉最吃力的时候，能体会腹部丹田力量，这里的肌肉是否有弹性、有力量，对发声来说至关重要。

再比如，跑步——不宜十分剧烈地跑步——可以使人深呼吸，这时，呼吸肌肉群得到了全面锻炼，所谓"气沉下去"在这时是做到了的，只不过当时只有气喘吁吁，一时说不出话来。

经过一段时间的锻炼后，腰腹的力量会有所加强。其他的体育锻炼，包括健美的训练，都在一定程度上能够帮助我们锻炼腰腹的力量。体育锻炼还能让播音员和主持人的精神面貌更佳，更具健美感。

发声的呼吸训练与体育锻炼之间的关系，如同我们手的大拇指和其他四指，都是不可缺少，也不可能互相替代的。除了要经常进行体育锻炼，更要持续进行发声呼吸的训练。要让发声的呼吸控制自如，腰腹的力量在使用时习惯自然，呼吸与发声相协调，音色变化随人心意，需要较长时间的专业练习。

10. 防止腰腹控制点上移

对练习发声来说，正确的结果来源于正确的动作，正确的动作来源于正确的方法，正确的方法最重要的就是要保持好正确的位置。

保持正确的位置不是很容易的事情，有时练着练着位置偏移了。如果自己不知道，形成错误的习惯动作，将来改变就有困难。

腰部撑开，是吸气时的要领之一。也是呼气时控制气流量和发声时控制声音的关键部位。相当多的初学者在最初练习腰部撑开时，会不自觉地出现改变腰部位置的现象，往往自己都没有注意到。

本来吸气时应该撑开后腰紧临下面骨骼的位置，可是常常有人练习时注意力分散，没有守住这一部位。他们吸气时撑开的位置往上转移，转到肋骨之下的部位，这是不正确的。这可能是受到吸气"两肋开"说法的影响，潜移默化地去找"两肋"了。更多可能是不适应新的控制部位，在比较吃力的情况下没有守住位置。

这种情况下，好像是腰部撑开，实际上已经偏离正确的方法。时间长了，形成错误的习惯，就不容易纠正了。所以，应该时时刻刻注意保持腰部的位置，时时刻刻小心检查是不是腰部撑开的位置向上转移。要随时注意防止和纠正。

与此同时，还要小心小腹的丹田位置上移。丹田位置用力时，整个腹部都有可能不知不觉用力。这时，容易出现理解的误会，以为整个腹部都在用力。这是不正确的。

初学者最常出现的问题是腹部控制的着力点上移，以肚脐周围，甚至脐上的肌肉收纵动作代替丹田收纵的控制。这是一种假象，练习者自己可能误以为是丹田控制，误以为是正确的控制发声方法，实际上是错误的。久之，形成毛病，难以纠正。

这是很值得警惕的！后腰撑开的部位上移，丹田控制的部位转移，都会使声音变浅，不是从腰腹部深处位置发出的。这样不同的声音是能够听得出来的。而且，腰腹位置上移时喉部也会出现不舒适的感觉。

要时时小心，经常提醒自己，警惕监测自己的声音，及时检查自己的感觉，并且注意随时回到正确的状态。这样一种不断监测，不断反馈，不断调整，不断纠正的过程，就是学习提高的过程。在这样正确不断战胜错误的过程中，学习者就能掌握正确的方法，获得正确的结果。

11. 口腔的基本形状

正确发出声音是讲话的第一步，那还不够，还要有第二步——吐字。第二步还要把气流振动声带的声音变化成为不同的语音，也就是一个一个字音。

不同民族的不同语言有不同的基础音素和音节。汉语普通话有 32 个基础音素，有 400 个音节，加上 4 个声调的变化共有 1200 多个音节。为什么不是 1600 个？因为有些声调的音节没有相对应的汉字。

对这 1200 多个音节的吐字，有两个要求：一个是准确，一个是悦耳。也就是要清楚，还要好听。语音要准确，在前面一章里已经详细描述了。关于悦耳，是与发声训练相伴并行训练的。

这方面的训练是有关口腔动作的训练。

口腔动作的训练不仅能获得又准又好的字音，还与呼吸发声形成相辅相成的关系。有时对发声训练有正确引导和促进作用。

口腔训练最基础的是建立正确的打开口腔的状态。打开口腔的四个相关动作是：

1. 正确的唇形

基本唇形的具体状态是，向上提起颧肌。表现为嘴角向上提起，同时稍稍向后拉开，上唇大致成"一"字线，露出上牙门齿尖或更多一点门齿。这因每个人的嘴部构造而异，有人上门齿容易露出很多，有人不容易，只要努力使上门齿露出一部分即可。

与此同时，下唇自然张开。如果发 a，那就要张得大一些，如果发 e，应该稍小一点。但是注意不能张得过大，更不要做向下伸的动作。

还有一种方法，就是用笑容来寻找正确的唇形。真心地笑开颜，笑出声来，这一唇部的动作如果"定"住，那几乎就是正确的唇形。这里，不考虑心情的因素，只取唇形的姿态。因为即使表达不愉快的话语也需要同样的唇形。

唇形是吐字时的基本状态之一。也是面部表情的一个组成部分。正确的唇形，不仅能够使面部表情具有美感，而且有利于正确吐字。

唇形是口腔控制的首要要素。唇形正确，发声吐字容易正确；唇形有误，发声吐字也会受到影响。

2. 挺起软腭，反射声音

挺起软腭有两个作用：一是为了增大口腔容积，扩展口腔的共鸣；二是软腭挺起，肌肉稍变硬，能够在一定程度上反射声音，使声音获得较好的共鸣，提升语音效率。

挺起软腭时要特别注意，是口腔的上半部分，上牙骨在努力，带动软腭抬起。有人把这个动作称为"半打哈欠"的感觉，还有人形象地比喻为"张口咬苹果"的动作，都是贴切的。声乐演唱可能软腭挺起得更高，以获得高亢的音色，播音主持的练习要挺起软腭，其程度要高于日常生活，但不需要把软腭挺起到声乐演唱那样夸张。

还要注意，挺软腭是口腔的上半部分努力，而不是口腔的下半部分压舌根，造成舌根紧张。表面上看，这上、下两方面有点相似，或者一致，实际上是完全不同的方向，是正确与错误的两条路。所以要特别小心，挺软腭时千万不要舌根用力。

3. 打开牙关

也就是拉开后牙上下之间的距离。这样做演唱是为了加大口腔容积，而且要纵向，即上下方向加大口腔容积。

可以体会刷牙的时候牙刷在两牙之间的感觉。可以体会后牙之间垫咬比较厚的片状物体。打开牙关的重点是上牙努力，而不是下牙用劲。

4. 放松下巴

下巴放松是发声的一个关键点，收下巴，就是下巴放松，略向后收。为了软腭挺起时防止下巴和舌根紧张，所以要小心翼翼地轻轻地向后收下巴，放松下巴。

这个动作，可以想象牙疼得不敢有所动作，还可以想象下巴含满水，要努力不使水洒出来。

打开口腔的基本状态的四个方面联动，实际上是一个完整的动作。这样吐出的字才能是有站立感的。播音与主持的时候口腔比生活中说话的口腔要大一些。目的是加强口腔共鸣，美化声音。

打开口腔是吐字的基本动作，其实，是发 a 的状态。

实际说话的时候，不同的字音口腔的开合度和舌头的位置是不一样的，但都是在这个基本动作的基础上变化的。无论哪个字音，这四个方面的基本要求都是要遵循的。

12. 提颧肌

播音主持说话的时候，要打开口腔。打开口腔的动作有四条要领：
1. 提颧肌
2. 挺软腭
3. 打牙关
4. 松下巴

这四条要领实际上是一个完整的动作，相互关联。实际上，所有的发音都是在这样的口腔形状基础上做开合动作的，其中"牵头"的动作是提颧肌。

提颧肌，可以讲哪里是颧肌，面部的各肌肉组是怎样协调做动作的。但是这样的讲解，过于倾向于解剖学，初学者不知怎样来实际操作。

可以用"笑容"来获得正确的动作。

提颧肌，可以理解为笑容的静止、凝固的样子，如果使用影视的专业语言表达，电影称为"定格"，电视称为"静帧"。只要真的笑了，不论是笑逐颜开，还是笑容可掬，或者是笑容满面，或者是莞尔一笑，那笑时的唇形就是提颧肌的表现。

我们看到，所谓提颧肌，实际上是多组肌肉的系统动作，不只是颧肌。

有研究认为，真笑的时候人脸上40多块肌肉协同做动作，一般应酬假笑的时候只有10块左右的肌肉一起做动作。如果完全没有笑意，那就是"皮笑肉不笑"了。

这里最重要的是不能假笑，假笑不是真的提颧肌，僵化的假笑，不能形成正确的动作。

真笑的时候，唇形是什么样子？上唇基本上处于一条水平线，下唇自然成弧形。

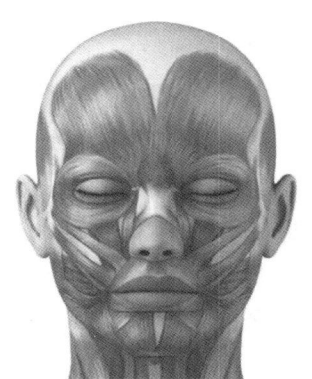

面部肌肉示意图

真笑的时候，上牙或多或少都会露出一部分，有人露得多，多到牙床都有暴露，有人露得少一些。

提颧肌的主要作用在于打开口腔。提颧肌是打开口腔的第一步，这一步做好了，才能比较容易做到挺软腭，继而做好打牙关、收下巴的动作。实际上，提颧肌的同时，已经带动了软腭和牙关，提颧肌是领头的动作。

提颧肌还有一个重要的作用，就是当真正"笑"到位了，也就是颧肌确实被提起的时候，发声时可能产生的喉部的紧张会消失，发声时压、勒、憋的现象大部分不会出现，可能会大大减少出现因发声引起的喉部疼痛。

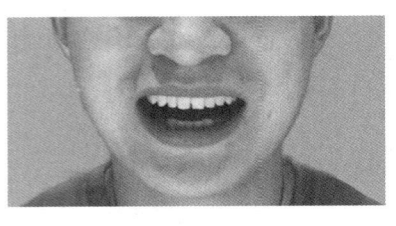

提颧肌做好了，对电视的播音员和主持人来说，还是画面形象美观的要素。唇形美是面容美的重要组成部分。其实不做广播电视工作，习惯这样的唇形，在生活中也是美的。

现实中，有些播音员、主持人提颧肌没有做到位，嘴唇的形状不正确，势必会影响相关肌肉组的动作，当然也就会影响声音的音色，并且会在一定程度上伤害声带。有的人虽然对声音的音色的影响听来不是特别明显，但在电视画面上看到，影响了形象美。

提颧肌的动作要强调嘴角向上提起，上嘴唇的两个嘴角要主动。初学者的问题常常在于，上唇的主动力量不足，颧肌提起的幅度不够。没有做到上牙齿尖露出来。这样，说话的声音就被上唇挡住了，在一定程度上闷在口腔里。努力做好向上提起颧肌的动作是一部分播音员、主持人口腔控制的重要任务。

提颧肌的动作不到位，会导致下嘴唇的动作幅度过大。也有可能是因为下嘴唇的动作习惯性地过分主动，影响提颧肌的动作。其实，下嘴唇应该是较为被动的跟随状态，下唇动作幅度大，会形成下唇向下的多余动作，向下咧，向下撇，甚至下唇成为一个扁的方形，下牙露出很多。这在电视上的面部形象不美。更重要的是，声音不好听了，口腔的共鸣也不圆润，声音的效率也不高。

对着镜子练习好提颧肌的动作是学习正确发声吐字的一个重要环节。

特别要说明的是：

广播电视中要说的内容中，喜怒哀乐都有，当然不能永远是脸上堆着笑容说话，也不能总是带着很愉快的心情说话。提颧肌的动作相当于人们立正站好的时候，或者说是武术练习的起始动作。而当人们说话说到各种各样的话音时，口腔的形状也就有多种多样的变化了。提颧肌只是基础，各种话音的变化不能脱离这个基础的口腔形状。

笑的唇形有了，就可以只取这样的口腔形状，在说话的时候该是什么心情就是什么心情，该是什么表情和眼神就是什么表情和眼神。

13. 张大口腔

日常生活中我们说话开口是很随意的，开口一般不讲究，除非刻意大声说话。

播音主持说话，要求有清晰度，要求有一定的速度，要求有一定的音量，但又不是大喊大叫；还需要让声音圆润、悦耳。为此，要把嘴张得比生活中说话时稍大一点。开口要多大呢？

这要根据每个人的不同情况来要求，一般来说只比生活中稍大一点就可以，有的人受某些地区方言影响，说话时口的开度很小，那就要努力打开口腔，开口要大一些。当然，不能因为开口过大影响了发音的正确，也不能因为开口的动作大而失去了说话的速度。开口稍大的目的是让吐字更正确。

同时，因为开口大了，口腔里的容积大了，舌头的动作幅度也要相应大一些。同时，舌头的动作幅度大，就加大了动作的前后上下的运动距离，就要求舌头动作更为迅速利索。

开口的大小，舌头的动作幅度，都是要在实际说话中找到适合每个人自己的恰当的程度。既不能是生活中的原始状态，也不能过大，更不能大到不利索了。

对播音主持来说，开口主要是在口腔的后面，也就是后牙的部分。开口的效果是，口腔的容积比生活中的原始状态大，但是口腔的前面，唇和门牙这里不能开得太大。否则就会影响电视画面的美观。这一点和歌唱不同，歌唱可以从前面张口很大，可是播音主持时要是把嘴张得那么大，无论如何都是不好看的。

开口时前面要张到前牙能够咬住一支粗细适中的铅笔就可以了，不超过一厘米为宜。以此为基础开合口腔。口腔后部就要努力开得大一些，后牙的上下距离要努力拉开，要使口腔后部的腔体纵向扩展开。

有人说，我没有练习开口，不也在电视上说得很好吗？

可能有些人的面部骨骼结构比较理想，也就是俗话说的"长脸"，口腔的腔体本来就有比较长的纵向结构。有这样骨骼结构的人，的确不需要怎样练习就可以获得比较好的口腔形状。可能有的人原来学过，或者接触过某种门类的表演艺术，比如声乐演唱，那时不知不觉就随着练习有了张口说话的习惯。可能他在向往播音主持这一职业的过程中不断地观看和收听，甚至时时有所模仿，已经有了一定的感悟。

可能他原来在生活中的说话习惯就比较好，接近广播电视中说话的要求。

但是，对多数人来说，还是要有一定的理解、探索和练习过程，学会把口腔打开得更大一些。

相对于开大口腔，有一部分人的问题是张不开嘴。

张不开嘴主要是指发声时口腔里上下的开度不够。上下牙的距离太小，软腭向上拱得不够。口腔纵向的空间不够大，距离比较窄。

张不开嘴严重的会影响正确发音，比如，说"分"字，本应该发音 fen，但实际发音成为 fin；再比如，说"根本"一词，本应该发音 gen ben，但实际发音成为 gin bein。

张不开嘴的原因，可能是由于方言的影响，有些方言的字音发音是窄的，是张不开嘴的状态。当学习普通话的时候，可能声调改变了，发音的方式并没有完全改变，仍然保留着原来方言的张不开嘴的窄的状态。

张不开嘴，更多的是影响发音的圆润。正确的发音，声音从嘴里说出的时候，听起来应该是一串串竖的椭圆形的字音。但是，有可能说出的字音听起来是扁的。这样的音色不好听。

张不开嘴，还可能因为原来说话时嘴习惯于比较懒，动作幅度偏小，声音扁的同时还多少有些含糊不清。

张不开嘴完全有可能自己没有觉察，没有意识到问题存在。

要努力在提颧肌和挺软腭的同时，向上用力抬高后牙。特别是面部骨骼构造比较窄的人，更要有意识加大开口的幅度。

这里有一个锻炼听觉的过程，听觉正确是发音正确的先导。可以进行对比练习寻找正确的感觉。比如，先努力打开牙关发一个音，再按原来习惯发这个音，然后再努力张开后牙，扩大后面两牙之间的距离，可能听出两种声音的不同。

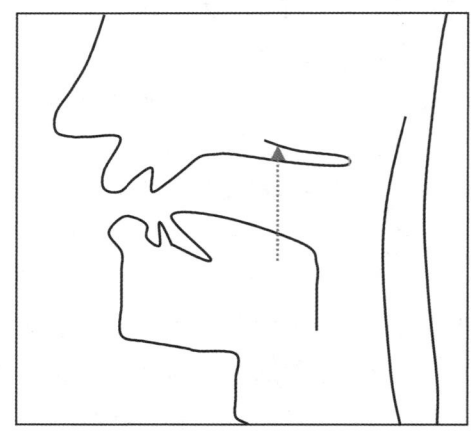

要用听觉来"管制"和引导自己，逐渐让自己适应新的张嘴的动作，改变声音发扁的状态。从一个字音，到一个词，一个词组，到句子，一步一步张开嘴，直到能够完全按照正确的要领发声说话。

14. 字音的路线和位置

人的声音是声带振动产生的。但是，声带振动产生的声音是很微弱的。

就在声带振动的时候，微弱的声音在喉室里已经产生共鸣，被稍加放大。然后在咽腔再次被放大。当声音到达口腔的时候，会因口腔的形状不同而演变成不同的音，有的是 a，有的是 u，有的是 e，等等。

声音在口腔里最重要的是形成各种语音。

同时，声音被口腔的共鸣放大了很多，成为我们能够听清楚的讲话声音。

同时，声音还有可能在放大的过程中被美化。一定的口腔形状和动作，不仅可以形成各种语音，还能够让声音圆润、明亮、悦耳。要想达到这样的效果，要让声音在口腔中获得最佳的共鸣。

我们来找一找声音的路线。

从上下来说，声音从下面的喉室上来，经过咽腔到达口腔，要有向上的路线，直指软腭部位，然后沿着口腔上盖的软腭、硬腭向前行进。这一步过程略长，但却是非常必要的。要让声音有先向上再向前的转折的路线感。

从前后来说，当声音从软腭继续向前行进时，一定要让声音紧贴上盖，好像有一根筷子从口腔上膛划过那样的感觉。声音从中间位置冲出口腔。

从左右来说，声音从后往前走的路线应该在正中间——中分线上。

这条路线，初学时可能有些不适应，觉得有点拖拉，需要慢慢养成习惯，其实也就是一个瞬间。

当声音行进到硬腭前部时，要在硬腭前部形成一个竖的椭圆的"字音珠"，然后再将这个"字音珠"送出上唇，把话说出口。这一过程中，声音的"珠"就像一个能上升的气球紧贴在硬腭前部，并且不断向前冲出。

硬腭前部在哪里？用舌尖找上牙背，上牙床后面不光滑的那个地方再向后一点点，就是挂"字音珠"的硬腭前部。这个部位的肌肉就是一层薄薄的肉皮，"字音珠"能够被"调"到这里挂住，然后再送到口腔外。

汉语共有 400 个音节，由于每个音节的口腔的形状都不同，所以把各个字音的位置调到硬腭前部的力量和感觉都不相同，应该是一个音节一个音节地寻找其中的元音

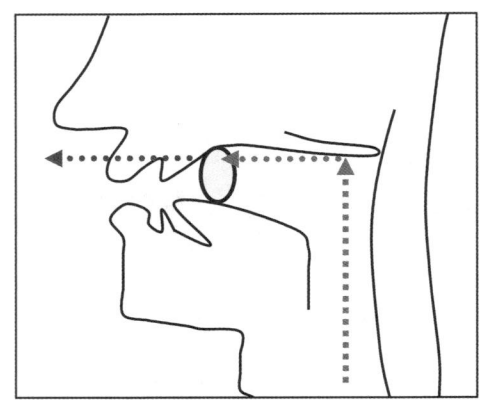

位置，逐渐形成熟练的习惯，使 400 个字音都能够在口腔中形成一个个感觉上略有差异的"字音珠"。

在硬腭前部寻找这个"珠"的位置，最容易感觉的就是发英语字母 A 音的位置，或者汉语拼音 ei 音的位置。可以试着将那个地方很薄的一点肌肉收紧，能够获得"珠"的位置。

无论是发 a，还是发 i、u、e、ü，都要逐渐找到并稳定在这个"珠"的位置，"吐字如珠"。

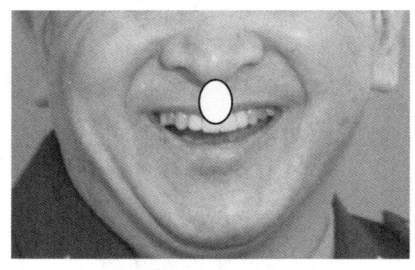

还需要有一种追求，声音从口腔中出来，应该是向前方集中的，而不是左右散开的。应该说，声音既然是沿着中纵线走出来的，那就应该是集中的。但是，很多人的声音从嘴里出来是散开的，向左右展开，有人散开得宽，有人散开得窄些，效果都不好。

声音散的原因有很多方面。

有的可能是呼吸控制的力度不够，腰腹无力，不能使声带在较强的呼气动力的振动下发出有力的声音，所以声音会显得有气无力，当然也就会显得空虚和散。这就要解决呼吸控制的力度问题。加强腰腹的练习。

有的可能是口腔的力度不够。发声时，口腔的肌肉是疲软的，声音就很难反射和聚集，而且有可能共鸣的响亮被疲软的肌肉吸收了，声音就会发闷和散。这样要解决的问题是，做好打开口腔的动作，让口腔里的肌肉——包括口腔壁、软腭、硬腭等部位——适当紧张，以便使声波能够反射，声音能够响亮。

还有一种可能，呼吸正确，口腔打开正常，声音在发出的时候口腔控制不十分理想。说话人自己缺少集中的意识。所以还要强调一种感觉，从口腔出来的声音要集中打在一个点上，那就是话筒上。以此带动口腔的肌肉合理、适度紧张，产生集中的声波反射。

可以尝试，伸出一个手指，竖在嘴前 15 厘米处，让声音集中在手指上。这样心理上感觉能够很快使声音集中，习惯了以后，就能有效地使说话的声音集中在话筒上。这个伸手指的动作能够很快产生效果。

以上所讲，都是人的主观感觉，凭借这样几个方面的感觉，能够使相关的口腔肌肉配合，各自有一定的紧张度，形成最佳状态，实现"吐字如珠"，且"圆润悦耳"。

即使没有话筒，这样的声音，在日常的人际交流中，听上去也是十分悦耳的。

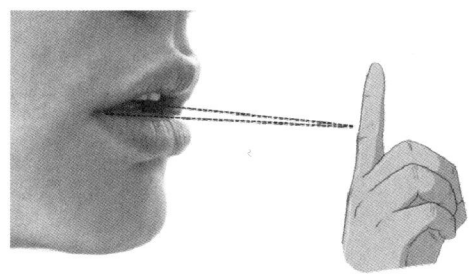

15. "上口盖"用力

播音主持时的口腔控制有四个要领,目的是打开口腔。

可是打开口腔,究竟是怎样用力呢?

这里有两个用力的方向:一个方向是向上用力打开,一个方向是向下用力打开。同是打开口腔,这两个打开的用力方向有很大不同。

向上用力打开,我们的注意力都在提颧肌、挺软腭和向上开后牙上,努力完成这几个动作,以及做到动作之间的协调。

下巴、后下牙骨,都是放松的。

但是有的人在挺软腭的时候,不知不觉就向下压舌头,舌面的后部向下用力,这是不正确的。还有的人在向上开后牙的时候,稍不注意就使下巴向下用力僵硬了,同时连带舌的根部和喉部都在盲目用力。这也是不正确的。

针对这种情况,教学中提出了"上口盖"用力的概念。

所谓"上口盖",就是以上下唇为界,在这个水平线以上的肌肉骨骼,包括颧肌、软腭、后牙,他们处于口腔上方的"盖"的位置。

练声时,说话时,我们打开口腔,要十分注意"上口盖"协同努力向上打开,防止向下用力。

在上下唇间水平线以下的有关肌肉和骨骼要放松,千万不能使力。注意力不在这些部位,有助于放松。

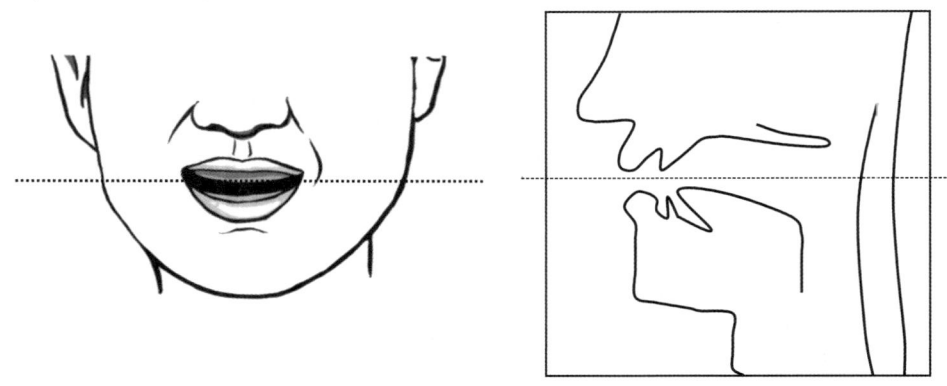

"打牙关"是下颌骨向下拉开。这个动作的关键是下巴不能紧张,所以在发声时,我们的主观感觉,或者说主观要求,应该是后上牙向上抬高的,仍是"上口盖"用力的概念。这样,才能在打开下颌骨时放松下巴和喉部。

正常的说话动作是"上口盖"用力,提颧肌,挺软腭,打牙关,都是硬腭、软腭、后上牙努力向上。说话时,舌的动作也是轻巧敏捷的。

如果"上口盖"努力不够,则会影响发音的响亮和圆润,有人为了弥补自己感觉的不足,不自觉地就会在别的地方用力。有一种可能是向前伸下巴。这个动作像推土机前面的铲在铲什么,所以称为"铲下巴"。这种情况女播音员、主持人比较多见。

铲下巴不是正确的说话动作。因为铲下巴会带动舌头也向前伸,将导致舌根处紧张,说话的声音有些扁,说话量大会引起嗓子疼。时间久了,铲下巴形成的毛病很难纠正。

改变铲下巴的动作,直接的动作是在说话时轻轻地向后收下巴。要用意志的力量来纠正。

仅是向后收下巴是不够的,要正确地、完整地做出说话动作。我们已经知道说话时在口腔中什么地方用力,那就应该按照正确的方法来做。如果做到了"上口盖"向上用力,正确打开口腔,那就不会铲下巴了。

16. 吐字清楚响亮

汉语的特点是一个字是一个音节。

仔细分析，多数字音都是有头有尾的。字音的结构可以分为三个或四个部分。分为字头、字颈、字腹、字尾四个部分。

字头是一个字音的声母部分。字颈被称为介音，归属到字头部分。字腹是一个字音中的主要元音。字尾是字音的尾音。

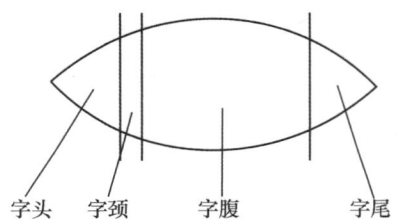

不是每个字音都有这四个部分，各个字音的情况各有不同。

有的字音四个部分全都有：比如：zhuang、tian、jiang；

有的字音没有字颈，比如：tan、bai、pang、gen、chan、jin、mao；

有的字音没有字头，比如：yin、yiao、yuan、wa、wan；

有的字音没有字头和字尾，比如：ya、wa；

有的字音没有字头和字颈，比如：an、en、ang；

有的字音没有字尾，比如：jie、kua；

有的字音没有字颈，也没有字尾，比如：bo、ku、she、qi；

有的字音没有字头、字颈，也没有字尾，比如：a、e、yi、wu、yu。

所有的字音都有字腹，不缺少主要元音。

弄清楚一个个字音的结构，是为了清晰地、响亮地吐字。

说一个字音吐字的过程，就像是一个枣核形。具体如下：

一、说一个字，字头要清晰

吐字得清楚不清楚在于字头。除了特殊表达的需要，在清晰的前提下，字头的用力要越小越好。千万注意不要在字头用力过大。有一种"叼住弹出"的说法。"叼住"

是比喻字头发音时做的动作力度要适中，意思是老虎带小虎搬家，用嘴叼着小虎过山越涧嘴用力过大就咬死小虎了，用力过小就会使小虎掉下去摔死了。所以，发字头音要有力又要有约束。"弹出"是说从字头过渡到字腹时，也就是从成阻到除阻的过程中，唇舌力度要迅速变化，有弹性地将后面的元音推出。

二、说一个字，字腹要响亮

吐字响亮不响亮在于字腹。字腹的元音要紧随字头推出，瞬间从小到大，要做到"拉开立起"，就是口腔要相对打开，字音共鸣的时间要相对长一些。在这个时间段内元音的发音要圆润、悦耳。所谓"吐字如珠"，就是字腹元音的这个"珠"。

三、说一个字，字尾要"趋向鲜明"

字尾的音不能发得重，既不能没有，也不能发得很完全，只能是那个尾音的方向。比如 bai，只能说成"白"，不能说成"八一"；qian，只能说成"前"，不能说成"期阿恩"。特别是前鼻音的尾音稍有一点就够了，发长了就不是前鼻音的音色了。

四、说一个有字颈的字音，要先摆好字颈那个音的口形

有字颈的字音，发音的过程就会稍长。为了缩短发音的过程，与其他字音一致，需要先摆好字颈音的口形，再直接发后面没有字颈的音。比如 zhuang，要先摆好 u 的口形，然后直接发 zhang，这样发出来的 zhuang，就不会因为有介音而使吐字的过程加长了。再比如，说 quan、qian，要先摆好 i、ü 的口形，再发这两个字音。在这个意义上说，字颈在字头的范围之内。

但是要注意，有的时候，i、ü、u 是字颈，可是有的时候 i、ü、u 是字腹，别弄混了。比如，min、ming、yu、duo、zhu 这些字音中，i、ü、u 是字腹——主要元音，要拉开立起，而 jiang、quan、zhuang 这些字音中的 i、ü、u 是字颈。

综上所述，说一个字音，放大了看将是这样的情形：

ba—i　　ga—o　　zhe—n　　fe—i　　ji—n　　mi—n　　mi—ng
(u)zha—ng　　(i)ja—ng　　(ü)xa—n

练习的时候，可以有所夸张，延长主要元音的时间，寻找说话时字腹的感觉，然后再还原正常的说话速度，在正常的速度中体现练习的感觉，保持字音中各部分相应的时间比例。比如，口中要说"排山倒海"（pai shan dao hai）可以在心里说 pa-sha-da-ha，让自己适应字腹的"拉开立起"。

不过，在还原正常速度的时候，字腹的"拉开立起"不能过分，过于强调字腹，那就会把字音说得"裂开"了。那样的字音听起来有点"傻"劲。

17. 呼吸控制与口腔控制

当我们分别练习呼吸控制和口腔控制之后，常常有一个问题困惑着我们，那就是上、下两个方面的控制不能配合，仍然有用不上气的现象和顾此失彼的现象。

我们知道，人的语音发出，是靠呼出的气流振动声带，再通过喉、咽、共鸣放大，然后，这声音经过口腔形状变化及进一步共鸣放大说出不同字音。

有一个比喻，用来发声呼出的气，比作自来水管送上来有压力的水流；将口腔的控制比作不同喷状的水龙头，这个比喻不是十分恰当，但是可以让我们有一个想象空间。

呼气有一定的压力和流量。经过吸气和呼气的练习可以获得较强的自主控制能力。

口腔是一个个语音形成的腔体，也是声音共鸣的腔体，这个腔体的共鸣要依靠呼气的流量和压力获得最佳状态。汉语普通话的 400 个音节的口腔形状各不相同，就需要不同的呼气的流量和压力与之配合。而且多个音节形成语句的时候，口腔的形状在变化之中。日常生活中说话已经有这样的配合，但是并不十分讲究。

练声的目的之一，就是在说准每个字音的同时，要让每个音节的口腔形状变化分别与呼出气流的强弱形成最佳配合。

此外，在一个音节的声调平直、上升、低转、下降的过程中，呼气的压力和流量也在变化中。如果考虑声调的因素、情感的音素，呼出的气流和口腔形状之间，实际上就有 1200 多个音节的不同配合，我们期望这些配合都是最佳的。

练习中这样的配合是一个寻找的过程，逐渐找到两个方面的结合点。

可以是先巩固呼吸控制的状态，也可以先确定口腔动作无误，然后再寻找二者的结合。这需要一个音节一个音节地练习，找到最佳配合。

练习呼吸与口腔控制的配合，尽量不要练习单个字音，最好练习词或者词组，防止字音颗粒过强而破坏句子的线性形态。

18. 上下结合练习元音

保持腰部撑开的感觉是发声呼吸练习的开始。在相对巩固了这一动作之后，考虑循序渐进地发出声音的练习。

◇ 可以在吹气的基础上轻轻振动声带，发出轻微的声音。发这个轻微声音时，如果腰是撑开的，与吹气时的状态一致，那就应该是已经用上气的声音，也就是有呼吸控制的声音。

发出轻微声音的时候，可以是闭嘴的，也可以是开口的。此时不追求音色，不追求是 a、e、o 等什么音，只是追求在吸气感觉控制下的正确呼气而发出的声音。此时追求的是方法正确，暂时不管其他。

最好不去想我们发的是 a 音还是 e 音，因为一想到发的是哪个音，原来发那个音的方法就会找来，干扰新的正确方法的建立。就是眼前的这个音，不管是什么音，先建立正确的动作概念。

弱起发音练习，还有一个好处，那就是不容易伤害声带。

发声延长至每一次呼吸结束，一口气一个音，尽量延长到气尽。

◇ 可以在发出轻微声音的基础上逐渐加大一点儿音量，过 5 分钟左右，可以逐渐过渡到正常的音量。这个过渡会是很自然的。

与此同时，要求嘴张大，舌头自然放平，这时实际上已经是一个正常的 a 了，但思想里不强调 a 的概念，只强调正确的动作。一口气一个音，尽量延长，延长到最后时，体会和强化腰部撑开和丹田位置的感觉和控制意识。

◇ 可以适当引入口腔控制的最基本的要求，即口腔形状的基本要求——提颧肌、挺软腭、打牙关、松（收）下巴。这个正确的口腔形状，发出的声音就是正确的 a。

发 a 音的过程中，舌头要放平，更要放松。

发 a 音的过程中，口腔在保持形状的同时，口腔内壁的肌肉要稍稍绷紧，以使口腔内壁能够反射音波，以使声音响亮，且不费力。

最初发 a 音的时候，不追求 a 音的明亮，只重视方法和动作的正确，要从正确的不明亮的 a 慢慢地过渡到正确的明亮的 a。其实不用去追求，正确练习到一定量，逐渐就会发现自己的声音有变化。a 音自然就在嘴里明亮起来了。

◇ 接下来，要进行不同音高的练习，以当前最舒服的中音为基准，不断提升音高，好似唱歌的"do、re、mi、fa、sol"，逐渐尝试，寻找正确的状态。然后，以当前最舒服的中音为基准，不断下降音高，好似音乐的"sol、fa、mi、re、do"。这样的练习与唱歌相似，但不要理解为声乐的歌唱，只是说话声音的练习，每一步都要注意寻找和保持住正确状态。

◇ 此后，可以进行声调的变化练习。从胸部支点到丹田的控制，重点在于不要向上超过，向下要到位。

先一个声调一个声调分别进行，即一口气一个声调，慢慢地进行，寻找上下的控制位置。

ā——　á——　ǎ——　à——

有所巩固之后，四个声调一口气连续进行，ā-á-ǎ-à-。在读的过程中控制胸部支点和丹田控制位置。如果控制有困难，可以再强化后腰撑开的意识来帮助控制。

◇ a 音是练习口腔基本状态的最佳选择，要以发好 a 音来带好其他音。因为 a 音在汉语的 400 个基本音节中占 156 个，所以发好 a 音非常重要。

发 a 音的动作如同一个人"立正"站好的基本姿态，在此基础上，还要有转身、抬头、回眸、举手、踢腿、跨步、走、跑、跳等其他音——e、o、i、ü、u。

◇ 用同样的方法，分别练习其他元音。

ī——　í——　ǐ——　ì——然后 ī-í-ǐ-ì-
ū——　ú——　ǔ——　ù——然后 ū-ú-ù-ǔ-
ē——　é——　ě——　è——然后 ē-é-ě-è-
ǖ——　ǘ——　ǚ——　ǜ——然后 ǖ-ǘ-ǚ-ǜ-

◇ 可以把 a、e、o、i、ü、u 组合起来练习，每个音之间过渡要慢，力求以 a 的正确状态带动和保持其他音能够正确发出。可以先一口气发 a——o——，a——e——，再一口气发 a——i——，——ü——，a——u——。然后，再 3 个音组合，a——o——e——，a——i——ü——，a——o——u——。进而，6 个音组合，a—o—e—i—u—ü—。

有所感觉和体会后，再以不同的音高练习这样的组合。先向上扩展音域，再向下扩展音域。也是好似唱歌的"do、re、mi、fa、sol"不同音高，但不是唱歌的性质。

◇ 可以向上向下反复进行连续音升降音调的练习，类似，但不是音乐的旋律。目的在于连续过程中控制好胸部支点和丹田的位置。音高的升降幅度，可以从最初的小幅度逐渐加大，直到个人自然音域的最高点和最低点。这个练习不应该有声乐的假声参与，因为不是声乐歌唱的练习。

这期间，练习者的注意力要始终在腰的吸气状态——也就是撑开状态——保持得如何。同样，追求的是方法正确，而不是声音的响亮、圆润。要反复告诉自己，从方

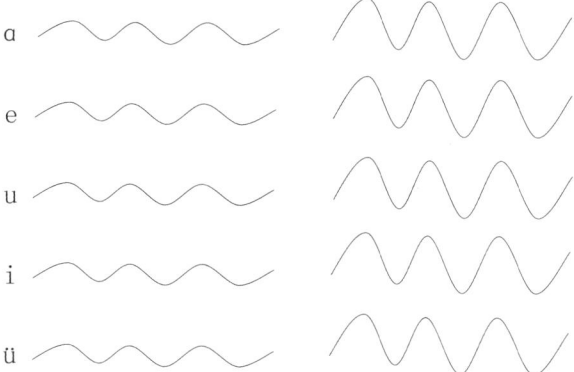

法正确的不怎么响亮、圆润的声音，过渡到方法正确的响亮、圆润的声音。

这期间，逐渐增加对声音力度和强度的控制，控制的力量仍然是后腰的撑开力量。

这样的练习，每天进行，循序渐进，先进行前面的步骤，再逐渐增加后面的组合变化，需要数天学习者才能有初步体会，数月后学习者才能在控制能力上有所巩固。

最初练习时，常出现的问题有两个：

1. 腰部的控制有困难，最初还可能会顾此失彼。要记住：第一重要的是后腰的控制，不能有改变。

2. 口腔总是开度不够大。主要是口腔后部，上下后牙的距离开度不够。练习时宁可稍大一点，不能不够。

此外，原来学习过声乐的学生，可能会在这一练习中容易获得体会和感觉，同时也可能与声乐的基础混淆，有所妨碍。所以对有声乐基础的学生，要强调语音的概念，首先在概念上有所辨别，实际发音才不会有误。

19. 克服唇舌无力

人的声带在发出声音的时候，一般只能发出单一的声音。

这一点，我们在医生检查声带的时候可以得到验证。当医生垫着纱布将我们的舌头拉出来，迫使我们的口腔和舌头不能运动，同时让我们发声，这时发出的声音就是一个很单调的声音，不能发出 a、o、e 等元音和 b、p、m、f 等各种辅音，不能发出辅音和元音组合起来形成的各种字音。

当然，医生的目的只是为了检查我们的声带。

声带发出的单一声音怎样变成我们口中的各种语音，语音组合成一个个字音，最终连成一句句的话呢？简单地说，就是因为我们口腔的形状不同，口腔里的舌头的形状也不同，时时在变化过程中，从而使得声带发出的声音在经过口腔的时候出现不同的变化，发出了各种元音、辅音。

比如人张大了嘴，舌头放平，发出的声音就是元音 a。嘴张得小一点，舌头高一点，发出的就是元音 e 或者元音 ê。嘴张开得大小差不多，舌头前面高，发出的就是 ê 音，舌头后面高，发出的就是 e 音。

要想发好每个音节，就要让每个音节中的每个音都发准确。为了让字音准确，就要求嘴唇和舌头的位置符合吐字的要求。

单个音的音节要求嘴唇和舌头位置正确。由于许多字的音节是由多个音组合而成的，发音时需要嘴唇和舌头连续到达不同的位置才能完成一个字的发音。

比如，发"庄"（zhuang）这个音，舌头的前端先与硬腭前部贴紧，然后松开一个小小缝隙，让气流在堵住的情况下从松开的狭窄的缝隙中挤出；与此同时，嘴唇是先缩小后张开的；舌头先是在后面高处，再向前平放，然后又收到后面高处，在最后一瞬间还需要软腭有打开鼻腔通道的动作，让这个字音的尾音通向鼻腔。这一个字的发音过程，听起来不复杂，实际完成又不可缺少这若干步骤。

这样，就对嘴唇和舌头做动作的速度和准确度提出了很高的要求。

我们知道，如果要求人体的某一部位做动作速度快而又准确到位，就要那个部位的肌肉收缩有力量、有弹性。吐字时唇舌的动作也是这样，为了让唇和舌的连续动作能够准确、快速、到位，正确发音，就需要唇和舌有相当的力量和弹性。力量和弹性不够，唇舌动作不利索，一个音节中包含的某个音可能就是模糊、凑合过去的，说出的字音就是含糊的、不清楚的；力量和弹性不够，说话的音色也不能做到响亮、悦耳。这当中，辅音的发音位置和动作更为重要。

什么样的舌头最好？瘦一点、小一点、舌前有尖，舌体运动灵活。可惜大多数人的舌头都没有长成这样。舌头是一条肌肉，它有弹性，能伸能缩，要像我们身体其他部位一样，可以训练得收放自如。要围绕汉语语音的发音要求练习舌头肌肉的力量、弹性和灵活度。可以想象自己的舌头左右瘦了一些，想象舌头稍有些缩短，想象舌头前面形成了一个尖。想象的目的就在于让舌头确实收缩，适应发音的需要。

口腔已经打开（打牙关、挺软腭），收缩了的舌头在口腔里的运动幅度自然要大一点，动程也要大一些，从而，运动的速度也要快一点。如果能够按照发音的要求做到这些，那舌头就很灵巧了。

注意，舌头的收缩想象并不是要把舌头收缩得持续僵硬，舌头要始终处于有弹性的快速运动状态之中。每个人的情况不同，可以有针对性地练习。比如，连续说"来"有困难，可以在发好的基础上逐渐加速练习，加强舌头的弹动力量。再比如，连续撮口音的"北京曲艺曲剧团"说不利索，可以慢速正确地发音，逐渐使舌头灵活起来。

有的老师说你唇舌无力，可能是听到你说话有些字音含糊不清，该张开嘴的没有张到那么大，该把嘴唇缩成小孔的没有缩到位，舌头该向后缩的还差一点，该向下弹的动作没有那么利索。所以听起来，语音有些模糊，在快速说话的过程中某些字音的颗粒不清晰。

解决问题的办法是，按照普通话发音的要求练习唇舌的力量，特别是辅音的动作一定要精益求精。必要的时候，专门练习有关的口舌动作。比如，舌头弹动，快速连续发"拉"的音，练习舌前部向下弹的灵活性和力量。练习绕口令也是加强唇舌力度的一种好方法。

值得注意的是，说话所需要的唇舌力量不是像推车抬重物那样的"死"劲，应该是一种做动作过程中的力量。也就是说，说话过程中唇舌的动作始终是连续的动作，没有顿住的动作。所以，唇舌力量也就是一种弹性的力量。无论是一字的起始还是吐字的过程中都不能笨拙地、吃力地使劲。寻求灵活的唇舌力量是我们的任务。

20. 控制共鸣

共鸣，是指由声波作用而引起的共振现象。

也就是说，振动体在周期变化的外力作用下，当外力的频率与振动体固有的频率很接近或相等时振幅急剧增大的现象。一般说来，共振现象对物体有破坏作用。

但是，对音乐的表现来说，共鸣有增强音量、美化声音的作用。比如胡琴的音筒、提琴的音箱和音箱板、笛子的管子、喇叭的号筒等都是共鸣的振动腔体。

人的声音是由声带振动发出的，经过喉、咽的共鸣到达口腔。在口腔形状变化下获得不同的语音，同时语音在口腔中再次获得共鸣。口腔中的这一次共鸣是主要的，并且口腔还是声音送出的发射器。所以我们强调要进行口腔控制的练习，以期获得最佳的声音效果，即最佳的发音效率和优美的音色。

要达到这样的目的，只有口腔的共鸣还不够，还要有更多的共鸣参与。

胸腔共鸣是重要的一个方面。

胸腔共鸣的位置是在胸部支点处，寻找胸腔打开的感觉，或者寻找是用胸部的"这张大嘴"说话的感觉。特别注意，不能是憋嗓子。胸部的"嘴"说话，要有声音向前推移的感觉，铺满桌面或者铺满地面。

胸腔共鸣可以使音色有加厚的美感。胸腔共鸣处可以是一个点，也可以是一个面，面的大小由不同的审美感觉决定。但是也要注意，对播音主持来说，过于加厚胸腔共鸣，会使声音显得低沉，不利于声音传播。所以胸腔共鸣使用到多大程度要根据自己的情况来决定，如果口腔的声音较为单薄，可以加大胸腔共鸣；如果本身已经有较好的中音和低音，就不必一味加大胸腔的共鸣。

鼻腔共鸣也是重要的一个方面。要说明的是，鼻腔共鸣不是鼻音。鼻音不从口腔发出，要改道从鼻腔发出声音，在汉语普通话里只是一小部分，而鼻腔共鸣则是声音并不从鼻腔经过，而是要使鼻腔形成共振状态。如果把所有的声音都弄成鼻音，即使是正确的发音，也是不好听的。

还可能有头腔共鸣。头腔共鸣就是头骨产生共振，歌唱的时候能够用到头腔共鸣。头腔共鸣时，头骨有振动的感觉，有的振动感在额头，有的振动感在头顶，有的振动感在后脑，音色也有美化的效果。头腔共鸣在播音主持时用到的机会不多。

这样多处的共鸣同时出现，就使我们发出的声音成为一个混合的、多共鸣的声音。这个声音有丰富的、悦耳的声音频率，就好像我们看到的高档音响器材的音箱，其中有高音喇叭——鼻腔、头腔共鸣的声音，有中音喇叭——口腔共鸣的声音，有低音喇叭——胸腔共鸣的声音。

播音主持时，身体就像一个竖立着的从高音到低音的纵排"音箱"，以口腔的"中音喇叭"为主，其他每只"喇叭"的力度和响度还都可以由我们自己调节，按照所说的话的内容和情感需要而变化无穷。

21. 舌根下巴不紧张

有的人说话时舌根和下巴力量过大，造成咽腔和口腔后部的紧张状态。这也许是以前的说话习惯造成的，也许是不当理解造成的。

比如，说到"根本""革命""干劲"这几个词的时候，舌根部可能会紧张甚至僵硬一下，这是因为这几个词的第一个字音的声母是 g，发 g 音的时候需要舌面后部向上抬高，舌头要有略向后的动作，此时有人会自觉不自觉地让自己的舌面后部用力。

而当这些词出现比较硬的语气时，在表达情感时有一定的效果。有人还误以为是正确的效果。于是类似这样的错误就被强化和巩固下去了。

再比如，说到"艰苦""一切""前进"这几个词，下巴很可能要"帮忙"使劲。因为说这一类词舌面前部要向上运动（其中含 i），而这几个词又处于高音位置，本可以不参与的下巴，此时也来"助阵"。

也许这样能够把声音顶上去，达到情感表达的需要。但是同时产生的问题就是下巴连同舌根一同紧张，形成错误的发声习惯。

有人生怕自己唇舌无力，所以不断地加大发音时的力度。唇舌无力的缺点要克服，但是不能过度，若强化唇根部的力量，下巴僵硬前伸，"以毒攻毒""饮鸩止渴"，效果将很不理想。

克服舌根和下巴紧张的问题需要一个过程、一段时间的练习。由于每天还在说话，在播音和主持时，练习成功之前还可能重复错误的动作，所以一定要抽出专门的时间来消除舌根和下巴紧张的问题。

练习要从打开口腔的基本要领出发，在发好单音的基础上练习词或者词组。进入词或者词组的练习时，要特别注意保持单音练习时的状态，完成好这个过渡。

练习还要特别注意容易出问题的词或者词组，上面举的例子只是代表性的，每个人的情况不同，要做有心人，要善于发现自己的毛病出在哪些音上，然后有针对性地练习。要小心的是，用发得好的、舌根和下巴不紧张的音，带有毛病的音。正确的音发两三遍，要纠正的音尝试着发一遍。

这样的练习要以量取胜，练习得多了就熟了，就能习惯成自然了。可能会忽然有一天感到自己的舌根和下巴不紧张了。

22. 克服大舌头现象

说话离不开舌头。人的舌头因个体差异各有不同。把话说清楚更是需要舌头的运动恰到好处。

要是请你周围的人都伸出舌头来看一看，就会看到，有的人的舌头小巧，有的人的舌头肥厚，有的人的舌头前端有尖，有的人的舌头前端是圆弧形，还有的人的舌头前端是双尖……各种情况都有。

播音工作当然希望舌头灵巧为好，就如同舞蹈演员的身材要好是一个道理。但是很多人的舌头长得不理想。

从事某项专业，先天的条件只是一个方面，某些条件不足不一定是成长路上必然的障碍。主要条件具备，多数条件没有问题，个别条件差一点不一定是否定的因素。艺术上的成功者中，有很多人也是先天条件不十分好的。比如，著名京剧演员周信芳是哑嗓子，再比如，著名话剧演员于是之是小眼睛。或许，他们在今天的有些"艺考"中都不一定能过得了初试，然而他们成功了。他们的成功是靠自身勤奋努力克服先天缺陷而获得的。同时，我们也看到很多条件很好的人没有从事艺术工作，或者没有在艺术领域中走向成功，这是他们没有机会向某个专业方向努力，或者在专业方向上没有付出足够的努力。

所以先天的条件不是绝对的因素。

绝大多数人的舌头的生长情况都是在正常范围内的。希望经过训练，每个播音员、主持人的舌头能够符合普通话发音的位置要求，能够在口腔中灵活运动，收纵自如。

需要舌头前端有尖的时候，舌头前端肌肉能够聚集，以一个点来接触口腔中相关的部位。

需要舌头缩小的时候，舌身能够收缩、收紧。

需要舌头运动的时候，舌头在口腔中的动作能够利索、灵巧，更符合快速的播音需要。

还有一种情况，有的人舌头本身不大，甚至较一般人还稍小一点，但是发音显出一种大舌头的音色。这是一种假大舌头的现象。主要问题在于舌头懒，动作拖沓，这可能是原来说话的习惯。可以通过严格的训练纠正和改变。要在练习发音时，努力将舌头肌肉收聚，可以努力去想象，舌头变瘦、变短，从而使得舌头在口腔中运动灵活，舌头的形状变化迅速，运动位置准确。

假大舌头的现象也有可能是受当地方言影响。这也需要经过训练，纠正舌头动作，使舌头在发音时正确运动。

比如，一部分北京人说话时，发 z、c、s 三个音，应该是舌头尖与上门齿接触，舌头长的人和发音懒的人可能是将整个舌头前端都去和前面一排牙接触了。这样发出来的音就是大舌头的音色，也就是假大舌头的现象。这既可能是舌头懒惰和疲软，也可能是北京方言中的习惯。解决的办法有：一是，将舌身收缩，舌尖收聚，以舌前端的一个点接触上门齿的一个点；二是，舌头较大的人可以将舌尖向下抵住下牙，用舌头前部收聚的一个点代替舌尖与上门齿的一个点接触发音。

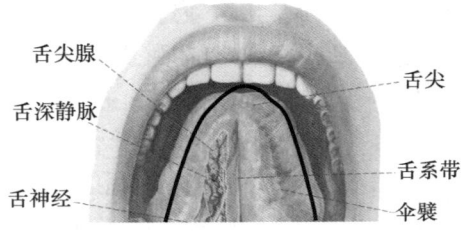

顺便说一句，向北京人学说普通话，千万别把这个假大舌头的缺点一起都学过来。

经过训练，舌头有了准确的动作和相应的富有弹性的力量，就可以很自然地恰当地完成发音的要求，发出准确、清晰的语音。

23. 防止"上痰"

有人播音一小段时间后，嗓子里忽然出现了像痰那样的东西，自我感觉要咳吐。

上痰，也不是真正的痰，只是喉部的分泌物。

这样的情况特别麻烦，分泌物会附着在声带上，影响声带振动，发出的声音不对头。有的时候不能停止播音，只好带着这些分泌物继续播下去。有的时候量大了，就必须要吐出来，如果不吐出来，就不能继续播下去。还有的时候，在类似直播的情况下，分泌物不能吐，播音也不能停，就只好咽下去了，虽然不是病菌，不是肮脏之物，但是心中总是别扭。

为什么喉部会有分泌物呢？

这是因为喉部的部分肌肉有不正确的动作和力量所致。喉部部分肌肉的力量的刺激，使喉室内产生了保护的反应，出现分泌物，人的主观感觉像痰。

上痰的现象一般出现在基本功不扎实的情况下。一部分字音的发声是正确的，还有一部分字音的发声动作不正确，为了保持音色一致，就不可避免地在喉部，也就是通常说的嗓子那里错误地用力。如果出现分泌物的情况严重，播音量大，嗓子也可能会疼。

喉部有哪些错误动作？包括憋嗓子、压嗓子、挤嗓子、捏嗓子等。

正确发声，喉部是不用力的，只是处于振动状态的声带适度紧张，声带只是被肌肉带动到闭合的状态，声带自身的弹性依然很强，高音、低音自如。

而错误的发声状态，则是喉部的部分肌肉处于不应有的紧张状态。这样的肌肉收缩动作，并不十分明显，不注意是不会觉察到的。但是喉部的肌肉动作不正确，就会使声带被拉、抻、压，处于失去弹性的状态。这样发声，特别是较大声说话时，我们能够观察到，脖子的部分肌肉是紧张的，有时肌肉会随说话起伏。这都是不正确的。这时，声带处于或多或少被伤害的状态。

憋嗓子、压嗓子、挤嗓子、捏嗓子等，都是喉部的肌肉不正确的紧张动作所致，只不过是不同的肌肉在不同的位置错误用力。有的前面用力，有的后侧用力，有横向的力量，有纵向的力量，有的则是斜方向的力量。错误力量的大小决定着声带被伤害的程度。

怎样才能不上痰？

唯有正确地做发声动作。

要严格细致地体会和练习呼吸控制和口腔控制，并且找到二者之间的配合协调。

人的喉部的各部分肌肉十分精细，正确的发声动作可以使各部分肌肉办调运动，不至于出现反射性的分泌物。

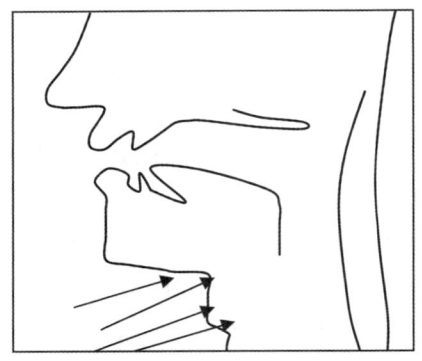

不正确的部分肌肉用力部位

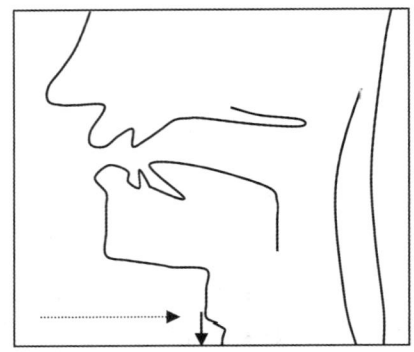

观察喉结保持水平或者向下的运动

由于我们不能够像控制手脚那样自主地控制自己喉部的肌肉，所以我们很难明确地知道自己究竟是哪组、哪条、哪块，甚至哪丝肌肉在用力。即使通过科学测定的方法告诉我们是哪一肌肉动作不正确，我们的神经也不能"指挥"这一肌肉或那一肌肉放松，再说，单独放松某一肌肉并不能真正解决问题。

有一个标志，那就是从表面上能够观察得到的我们的喉结。

正确发声，喉结是不向上运动的，一般是向下运动，或者保持原位置。如果喉结向上动作，那就可能是不正确的。

喉结上下的动作，不能作为控制发声的动作要领，只能是我们观察自己的一个标志，可以轻轻地保持喉结不向上。要想正确发声，还要按照训练的腰腹和胸部控制的要领，以及口腔控制的要领，特别是提颧肌的动作，一步一步地练习。

通过喉结正确的动作，让其他部位的正确动作完成得好。当正确的方法和动作成功时，喉部的错误动作就做不出来了。

24. 防止颗粒大于语流

　　语言表达过程中，一连串语音，也就是一句话说出来，应该有一种流动的感觉。有人称之为语流，有人形容好似飘动的彩带。总之，话是一句一句说的，话语的交流是以句为单位理解的。从声音的表现层面来看，每句话应该是线性的起伏状态，有的播音语句就像一条飘带那样美。

　　有些初学者播音的时候，似乎不是在说一句句的话，是在说一个个的字，每个单字的发音过于明显，个个字的"颗粒"一样大小，给人一种炒豆般的"哒哒哒哒"的感觉。这与语句应有的流畅起伏的"飘带"感和"线性"的起伏状态是相矛盾的，也就是说，彩带不见了，线性破坏了，呈现的是一个个钢珠。

　　这是一种"颗粒"大于"语流"的现象。

　　要将每个字的"颗粒"大小服从于"语流"。

　　怎样克服这种"颗粒"大于"语流"的现象呢？

　　➢ 从单个字音来看，在发音时，不能过于强化声母的力度。

　　发音是不是清晰在于声母。如果声母没有一定的力量，整个字的字音不清晰，如果声母用力过强，整个字音的开头有一种"撞"出来的冲击感。正常吐字时声母的力量不能过大，每个字音如此，连起句来情况可想而知了。

　　当然不反对将每一个字都吐清楚，即使是快速的、轻松的句子，也应该吐字清晰。但是在这一对矛盾中应当以吐字清晰为前提，顾及整体效果，不能破坏语流连贯。声母的力量要控制，既要有一定弹动的力量，又要有所约束，在做到清楚的基础上越轻、越短促越好。表达过程中的特殊要求当然除外了。

　　➢ 从语句整体来看，不要过分强调句子中的每个字音同等吐字清晰，同样颗粒大小。吐字清晰是相对而言的，印在纸上的文字是一样大小的，而说出来的话，字音的长短大小是不一样的。在句中，一定要有颗粒大小不同的意识。

　　应当按照要说的话本来的意思和规律来说话。正常说话的时候，有的字音使劲说，有的字音不使劲说；有的大声，有的小声一点；有的说慢一点，有的说快一点。声音大大小小，高高低低，强强弱弱，长长短短，快快慢慢，急急徐徐，这样组合起来，语句就有一条彩绸整体连贯、飘飘荡荡、起起伏伏的感觉了。

➢ 从心理方面来说，播音、主持与日常人们说话并不是隔离的，其实播音主持同样也是日常说话的感觉，只不过播音主持是在日常说话的基础上提炼出来的，并没有脱离日常生活说话的基础。播音主持是沙里淘金，不是沙中的另类生物或者植物。

应当还原正常说话的心态，心里想的应该是一句一句的话，一段一段的话，而不是一字一字念出来，更不要自认为重要的语句每个字音都使劲。播音主持以正常心理感觉讲话，有助于克服"炒豆"的现象。

➢ 从练习方面来说，逐渐减少单个字音的练习。有人练声时，总是一个字音一个字音练习，发音时的呼吸控制和吐字控制都习惯于一字一控制，一字一呼吸，时间久了，在快速的句子中就出现了字字强调、字字"冒尖"、字字生硬的状况。

防止和纠正播音的"炒豆"现象，从练声的时候就要开始注意。在练习说普通话时，在练习发声吐字时，要尽早摆脱单字音练习的过程，迅速过渡到以词或短句为单位练习，体会表义时词中两个字、三个字，短语中多字配合的语音组合，以免形成一字一念的单字发音习惯，不易纠正。

25. 按计划练声

练声是达到自如发声要经过的必然阶段。练声包括发声和吐字两个主要方面。

经过练习，与发声吐字相关的呼吸系统肌肉群控制，咽腔和口腔的打开方式，唇舌的力度和灵活度都会有相应的改善，以适应播音主持的需要。

练声的项目很多，方法也多样，不同老师经验不同，教法也不同。学习的情况也不同，因为个体差异、背景差异、习惯差异、悟性差异，每个人理解、认知、领悟的能力不同。不同的人在不同的问题上所花费的时间不一样，每个人突破也有不同的切入途径。在普遍提高的过程中，每个人需要重点解决的问题也不一样。

练声切忌盲目，有的人一说要练声，张嘴就发"啊"，为什么发声，要解决什么问题，都心中无数。练了一段时间也没有效果。

练声要练得心里明白，要有目标、有方法、有计划地进行练习。

一定要明确自己在一段时间内需要解决的问题，根据问题明确练习的方法，有切实可行的计划。比如，当前要解决打开口腔的基本状态，练习发"啊"；或者要寻找胸部支点的感觉，要练习声调组合的成语和词组。

这就像治病，要对症下药才行。没有明确计划的练声是不会有好的效果的。

最初学习会面临很多需要解决的问题，要分轻重缓急一个一个解决。

一般来说，应该首先解决呼吸控制，也就是最基本的发声问题，然后要解决另一个基本问题，口腔控制的问题。口腔控制要从基础的 a 音过渡到其他元音，再到复合元音，再到一个个字音，也就是一个个音节，再到连贯流畅运用。此后更进一步，要改善调整共鸣，求得话语的最佳色彩。

每一个练习步骤要经过一段时间再检查效果如何，以便确定或者调整下一步的计划，下一步目标。

如果发现某种方法自己不适应，还应当调整方法，以求最佳的练声效果。

练声要持之以恒。练声是一件长久的事情，是没有捷径的，也不是能够突击一下子就成功的。古谚语说"拳不离手，曲不离口"，说的就是功夫要天天练，靠积累形成正确的动作模式。

练声要练"好"不练"坏"。

有时某个音总是不能发得如愿。初学者常常会反复练这一个难点。这是很危险的，往往会巩固缺点，而缺点一旦形成固定模式，就很难改正。练的时候要以"好"带"差"。要用发得好的音来带有缺点的音。发一两声或若干声正确的，用正确的感觉再来发有困难的音，以求逐渐解决问题。

练"慢"不练"快"。

练习时要慢慢进行，在发声的过程中寻找正确的状态。有人练声总是慢不下来。原因是他没有寻找和判断的过程。其实，练声不是为慢而慢，如果一边练声一边总是在监测自己的方法是否正确，这样还可能觉得时间不够充分。速度快了反而不能达到练习的目的。

练习吐字要练完整的词与句。

尽量避免过多地练单个音节的字音。因为练习单个音节的字音容易形成句中一个字一个字跳动的毛病，时间久了难以改正。

要尽快从单个音节的字音的练习过渡到词语的练习。在练习词语的时候，要注意腰腹力量与口腔中的词、句配合，随着词中的每个字的口形不同而改变腰腹的气压。读单个字，会一个字换一下气，而读词或者短句，就会是以词句为单位换气。在若干字音组成的词语中，各个字的腰腹压力也有相应的连续变化，口腔的形状也有大大小小的连续张合，舌头也要前后上下连续做动作。要小心翼翼地练习这些连续的组合变化，形成完整的声音流，完成语义表达。

诗词朗读练习是练习吐字的方法之一。

建议大家在练声时朗读名句名篇。先从短篇入手，从五言诗到七言诗，从绝句到律诗，从诗到词，从歌到赋。还可以从古到今，有诗歌，有格言，有散文，有檄文，有哲理，有抒情，有柔情浪漫，有豪情奔放，有名篇，有新篇。

虽然练声不是正式的诗文诵读，注意力不在诗文的深刻内涵表现上，只是以诗文为依托来训练发声吐字，但是练声时反复诵读诗文，会不知不觉地把诗文印在脑子里。练声的同时又能有诵读的印象，形成记忆，今后在需要的时候，能够信手拈来，脱口而出。这样的练声一举两得。

还可以用记录速度朗读各种文稿，在慢速中寻找正确的方法。

二十世纪五六十年代，在信息传播不方便的时候，为了使新闻及时到达各地，中央人民广播电台每天晚上都有《记录新闻》节目。播音员一句一句反复朗读新闻，能使中国各地新闻机构记录下来以报纸和广播的方式传播。这种记录新闻，每一句都读三四遍，包括标点符号都要说明。播音员要读得慢，要读得清楚，要符合记录的速度，要让收音机前的记录者听得明白，记得正确。以此为目的，播音员的发声要能够穿透电波的噪声，播音员的吐字要规范才能让人记录得准确无误。久之，练就了过硬的发声吐字功夫。这是重要的实践经验，今天的学习者不妨一试，我读文稿你来记录，练习到一定的量，其效果定会事半功倍。

26. 练习绕口令

练习绕口令是为了让口齿更加清楚。练习绕口令是练声时的一个重要环节。

绕口令的绕点各有不同。练习的要点在于声母要清晰,即字头要轻而准确,这里包括力度和灵巧度。

有的绕口令是为了练习 b、p:"八百标兵奔北坡,炮兵并排北边跑,炮兵怕把标兵碰,标兵怕碰炮兵炮。"

有的绕口令是为了练习 n、l:"牌楼下面有两辆车,你爱拉哪两辆就拉哪两辆。"

有的绕口令是为了练习 zh、ch、sh:"一条长蛇转砖堆,转了砖堆钻砖堆。"

有的绕口令是为了练习 f、h:"红凤凰粉凤凰,红粉凤凰粉红凤凰。"

有的绕口令是为了练习 s、sh:"四是四,十是十,十四是十四,四十是四十。"

有的绕口令是为了练习 g、k:"哥挎瓜筐过宽沟,赶快过沟看怪狗,光看怪狗瓜筐扣,瓜滚筐空哥怪狗。"

有的绕口令是为了练习 i、ü:"体育运动委员会穿绿雨衣的女小吕,去找计划生育委员会不穿绿雨衣的女老李。"

有的绕口令是为了练习 ian、üan:"山岩出山泉,山泉源山岩。"

有的绕口令是为了练习 in、ing:"小金小京到北京天津""通信不能念成同姓"。

练习绕口令也要有计划、有目的地进行。

因为绕口令绕的点不同,所以也要针对自身的某个问题来安排练习。有为了强化自己口齿清晰度的全面练习,更有突破重点的目标练习。

作为播音员、主持人,要能说好多组绕口令,这是基本功,也是自己的荣耀。

练习绕口令要从慢到快一点一点循序渐进地进行,不怕慢,就怕乱。有人一时图快,有几个点就是绕不过去,结果是一辈子也没有能够把绕口令中最难的那个地方说好。

练习绕口令时,心中要将注意力集中在绕口令所说的事物,也就是说要努力去表达所说的事物之间的关系和变化,而不是总想着绕嘴的字音。经验证明,越注意字音越容易说错。相反,专心说明内容,大脑有形象思维,反倒容易说好,少出差错。

绕口令一方面练习唇舌的力量、弹性、灵活性、准确性,另一方面还要练习快速地吐字都在正确的方法下进行。

练习绕口令，要注意每个字的吐字规范，不能只为简单地不说错字音而忽视了打开口腔等要领，更不能只为了语音就压着喉部、扁着声音单纯去"绕"。

练习绕口令，还有些窍门、技巧。

> 红防护服，黄防护服，红防护服换黄防护服，黄防护服换红防护服，红黄防护服互换黄红防护服。
>
> 这段绕口令，首先要练习说好"防护服"三个字音。注意的重点在 f 和 h 的舌前舌后运动，形成稳定的概念和三角形的节奏。
>
> 然后，再说"红-防护服"和"黄-防护服"，这样就不容易出错，当然这微小的间隔"-"只是自己心里知道，不要让别人听出痕迹来。
>
> 至于动词"换"和"互换"，可以不明显地以单独节奏表达。

练习绕口令是使口齿清晰的方法之一，针对每个人来说，还可能有不习惯、不熟练的内容要练习，也就是一些没有出现在绕口令里的内容也要引起注意。

比如，快速说好"北京曲艺曲剧团"对很多人都有些困难，在工作中遇到这一类词句时，要留心，更要用心加以练习，以求自己的口齿更加清晰，发音更加明朗。

27. 每个人声音的改善

　　一个人天生的声带情况一般来说不能改变了，每个人的声带发出的富有个性的音色也是难以改变的。这就如同天生的身材、相貌，一个人一个样，一般情况下不会有什么改变。

　　还有这样的情况，有人原本的声音很有潜力，只是没有经过训练，没有让自己和他人意识到自己的好声音。当经过了正确的训练之后，好的声音才显现出来。

　　如果没有经过发声训练，绝大多数人可能发声的呼吸方法都只是自然的状态，与发声有关的肌肉群可能缺少更多的控制，没有相应的弹性和力量，就像一般人跑步和运动员跑步的区别。

　　如果没有经过发声训练，口腔可能张开得不够，或者张开得不正确，元音和辅音的发音可能不准确，字音可能不够清晰准确，也可能不够悦耳，就像一般人跳舞和舞蹈演员跳舞的区别。

　　如果没有经过发声训练，说话时口腔共鸣达不到理想的程度，相关的胸腔共鸣、鼻腔共鸣也可能没有得到发挥，以至于不能获得说话的最佳音色，就像一般人打架和特警或者武术运动员格斗的区别。

　　相反，如果经过正确的发声和吐字的专门训练，解决了上述一些问题，那发出的声音就会有相当程度的改变。

　　如果经过发声训练，有人原来声音有些问题，比如声带不协调、声带碰边、声带闭合不好等，也有可能经过训练使相关肌肉的习惯力度有所调整，改变或者改善存在的问题。这就好像一把没有使用过的小提琴由一个优秀专业提琴手演奏较长一段时间，其音色和音准都在"进步"，因为琴在长期正确演奏中会产生相应的和谐共振，木质的分子排列和琴的极细微结构都有微妙的变化。相反，如果让水平粗糙音准不好的提琴手使用，这把琴会变得很糟糕。

　　经过一段时间正确的练习和使用，每个人的声音一定会在原来的基础上有变化，声音变得好听多了，也"好使"多了。所以，应该相信，练声是一定有效果的。这就如同身材得到形体训练，相貌经过适当的化妆打扮。

　　但是，也应该实事求是，练声只能在自己本来的声音条件基础上有所改善，别希望自己会从原本一个雄浑宽厚的音色练成一个明亮的高音；也不要指望将朗朗的嘹亮音色练成一个甜甜的细腻之音。

　　由于先天的条件所限，无论怎样打扮，高个子不能缩成小巧玲珑，瘦小的身材撑不起宽大的衣服。通俗地说，练声是修饰"化妆"，而不是颠覆"整容"，不是让自己从"小提琴"变成"大提琴"，从"长笛"变成"双簧管"，只是各自提升演奏的技法。

　　在这个意义上来讨论，可以说，每个人在原有的基础上经过练习，都有可能使自己的声音有所改善。

　　信心是必要的，练声对我们每一个人来说，仍然可以像经过打扮、修饰、化妆、美发之后的美，同一个人的声音将会在正确练习之后"旧貌换新颜"。

28. 练声与表达的关系

有的学员根据老师讲解的要领进行练习，吸气能够到位，腰部能够撑开，丹田能够用上力量，但是一到播音主持时表达，就还是原来的样子，用不上气，所进行的练习不能用到工作上来。这是练习过程中某一阶段常有的现象。

比如，当练习者吸气到位的时候是正确的，而且他还可以保持吸饱气撑开腰的状态若干秒。当练习者发 a、e、i、u、ü 等单个音的时候，持续一个音，也比较容易在发声时找寻控制。可是，一到工作状态，大量说话的时候，就完全失去了练习的吸气状态，也失去了用吸气的动作来控制呼气的能力，恢复到自己原来说话的用气很浅的样子，还是脖子在用力使劲。实际上，他练习呼吸是一种样子，播音主持是另一种样子，是两种状态。如果用手按住练习者的后腰，就能感到吸气到位时撑开的位置，一说话，就在瞬间变到高一些的位置用力，位置变了。正所谓：练一套，用一套。

这是初学者常常困惑，但又必须突破的关键点。如果就此止住，那练习可能前功尽弃。这类情况的前景是要学以致用。就像一支球队，在训练场上的成果，要能真正运用到比赛场上才行。如果继续努力，就可能突破这一环节，播音主持时做到正确用气发声。

解决的办法是继续前进，不能浅尝辄止，以量的积累、面的扩展、重点把握来实现既定的目标，直到正确的发声方法被自如地运用到实际工作中。

练习一定要有相应的量，没有练习量是不可能有效果的。特别要说明的是：练声是基础，播音主持创作是应用。

练声与播音主持是两个领域的活动，各自追求的目的不同，思维方式不同，所思考的内容不同。练声是考虑用什么方法达到什么样的声音效果。播音考虑的是如何将自己所说的内容让听众、观众听得明白，理解透彻。这是两个层面。

播音创作的时候不能去想练声，也应该无暇去想练声，更不能在播音时想着如何纠正毛病。如果是那样，就必然会干扰播音的正常思维，破坏播音创作。

练声时也很难顾及播音主持的表达，思维的重点是寻找和判断正确的发声吐字方式，不断调整自己身体的相关部位，很难把文稿中情理、情境、风趣、凝重的话语内涵充分表达。

练声与播音主持的关系就如同练习武术的基本功，真正搏斗的时候只能全神贯注于搏斗，不能再想练习基本功，否则就会分神影响搏斗，败下阵来。而练功时，也必须刻苦地一遍一遍反复练习正确的动作。练声是较长久的功夫，练声的结果只能在"遥远"的将来逐渐体现在播音创作之中。也许你能在将来的某一天忽然发现，在话语表达之间，练声的效果出现了，而且让人感到用起来游刃有余。

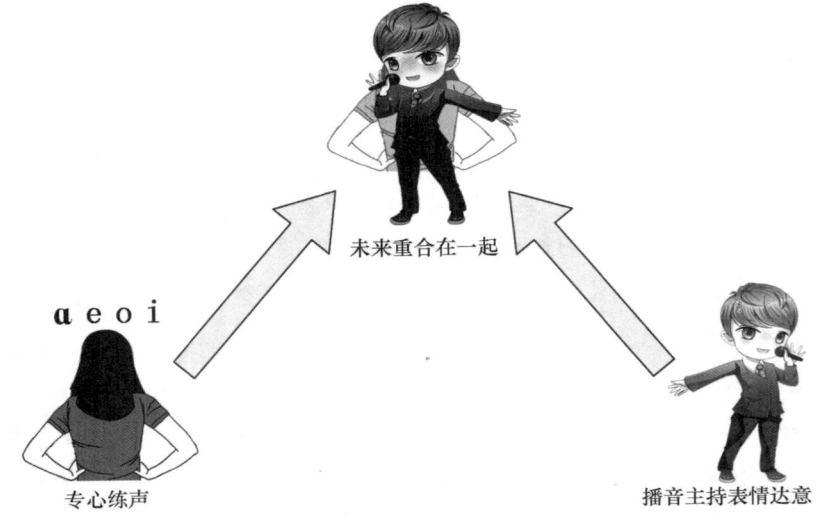

29. 播音主持发声吐字与声乐歌唱

播音主持的发声吐字和声乐歌唱的关系应该是相似又相异的。二者的关系好似骑自行车和骑三轮车的关系。

➤ 自行车与三轮车的动力方式相同。

自行车与三轮车骑行的基本原理是一样的，动力都是来自链传动。用脚向下蹬，转动大盘，从而带动链子，链子带动后轮向前行走。

➤ 歌唱与播音主持的基本原理是一样的。

歌唱与播音主持的动力都是来自腰腹的力量。用腰腹的力量带动腹中能够控制左右肺扩张的横膈，控制膈肌的运动，从而控制呼吸的力量变化，从而强化发声的自由度，能够让自己的声音随心所欲变化。

➤ 自行车与三轮车骑行控制有很大的不同。

三轮车在前行过程中，车把要保持稳定不动。车身因三轮（三点）已经是稳定的，不需要再用车把和前轮调节使之稳定，车把只要稳稳地对准方向就可以了，需要转弯就转到既定的角度，车把不能随意转动。自行车要在前行的过程中保持平衡，为了车身的平衡，前轮始终处在变化中，车把要随时调整，以适应平衡的需要。

➤ 歌唱与播音主持的控制方式也有很大的不同。

歌唱有音准的要求，有音高的要求，音域也比较宽，还有长腔的要求，呼吸和口腔的配合要求很细致精微，音色的一丝一毫都要十分讲究，歌唱要求气息饱满，力度较强，运动频率较慢。歌唱的声腔要打开得很大，俗称张大嘴，还要露出上牙。

播音主持没有固定音准的要求，但是有每个字音的语调准确的要求，字音音高变化多样，虽然也有语流音调的起伏，但不会要求必须达到多么高的音域。播音主持的口腔吐字运动频率非常快，虽然也要求说话时口腔开度要稍大一些，但是控制较为灵活，呼吸和口腔运动的配合更注重灵巧。

➤ 骑自行车的方法与骑三轮车的方法不能互相替代。

如果用骑三轮车的方式骑自行车，那一步也走不了，自行车不能前行。如果用骑自行车的方式骑三轮车，那一定会翻车。

> 播音主持与歌唱的方法也不能互相替代。

用歌唱的方法说话，肯定说不好，说出来声音也不好听，不自然。播音主持的正常表达肯定不能唱，也难以用唱的方法说话。而且说话时间长了突然唱歌，声音会很难调整过来。嗓子会发"横"。

> 一个人可以既会骑三轮车又会骑自行车，通过练习，能够掌握好两和不同的骑车方法。

> 播音员、主持人要练习说话的呼吸控制和口腔控制。

借鉴歌唱的练习方法有可能对播音主持的发声和吐字有所体会，练习美声唱法有可能对播音主持有一定的帮助。

30. 保护声音

保护声音最重要的方法是正确地使用自己的声音。

只有正确地使用，才能避免发声器官受到损伤。由于播音主持工作说话的时间长，说话量大，如果不正确用声，长时间压挤喉部或者拉抻喉部，那就有可能使声带发生问题，弹性减弱，或者闭合不佳，或者生长小结。

正确地使用自己的声音，包括经过练习，掌握呼吸控制、口腔控制、共鸣控制等正确的动作要领；也包括不大喊大叫，不过度、过量使用，避免因劳累带来损伤。年轻人爱运动，特别注意当强烈运动的时候不能呼喊，否则对声音的伤害很大。

保护声音要戒烟限酒。

抽烟对声音的损害是不言而喻的，抽烟的烟是经过呼吸道的，对气管和肺的影响已经间接影响到了发声，再就是烟颗粒可能会附着在声带上，积累下来，对原本悦耳的音色有"杀伤"的可能。

喝酒能够使全身的血液循环加快，人可能很兴奋，要说要唱甚至要嚷，此时声带也往往处于充血活跃状态，自己也可能会觉得此时的声音很不错，其实这对声带是不利的，是有损伤的。如果酒后用声量较大，细心的话，自己能够觉察出第二天、第三天的声音不是很悦耳，需要恢复的时间。长此以往，声音会渐渐变化，失去最佳的音色。

保护声音要有健康的身体。好身体是好声音的可靠"寄宿"体，我们常常感觉到体育课后或洗澡的时候声音痛快得很，这是锻炼后的结果。适当的体育锻炼，特别是仰卧起坐练习，能够加强腰腹的力量，对声音的控制是很有帮助的。反过来，我们很难想象，一个身体不好的人能够有良好的声音状态。

在主持大型节目之前，要注意对声音的养护，适当练声，少用声，少费神，节制强烈的运动，养精蓄锐，以求在节目中展现最佳声音状态和最佳精神状态。

一般说，聋人说话声音大，是因为聋人听不到自己的声音。在现实工作中，有些节目现场，反送音箱安排得不好，主持人不能很好地听到自己的声带，很容易使没有经验的主持人下意识地加大音量，大喊大叫，这样声音的表现效果会很差，还很有可能使声带受伤。现在技术条件越来越好，主持人遇到这种情况会越来越少，但是一旦遇到这样的场合，要有意识控制自己的声音，相信设备能放大你的声音，不要和现场空间拼声音。

　　保护声音特别要注意预防感冒。播音员、主持人对感冒要有高于一般人的预防意识，以不患感冒为职业要求。当感冒的时候，上呼吸道处于感染的状态，会有咽喉肿痛、咳嗽、鼻塞等，很不利于发声。一旦感冒了，要积极治疗。在感冒期间要噤声，为了保护声音，不再多说话，直到感冒痊愈。

　　当工作需要说话时间过长后，要注意休息，停止用声。休声是一种保护，也是一种缓解的方法。

　　有人说过一种体会，当前一天因为工作讲话过多而声音嘶哑了，第二天讲课，他就小心翼翼地近距离地对着话筒讲，尽量让声音共鸣更好一些，那个教室里是水泥地面，水泥墙面，声音的反射也很好，不用费力，全教室都听得很清楚。半天讲下来，竟然使原本嘶哑的声音又变得响亮了。正确地使用声音是多么重要！

　　突然受冷，对声带的刺激比较强烈，特别容易造成声音嘶哑，甚至一时失声。比如夏天空调猛吹时大声说话，很可能出现声带受伤的情况。

　　对此，有人介绍一种方法来治疗哑嗓的情况，晚上睡前洗澡时用热水冲洗头颈部和胸背上部，使声带放松，睡时注意保暖，次日声音能较好地恢复。

　　女播音员和主持人在月经期间也要注意谨慎用声。

　　咽喉部明显不舒服时，不能忽视，要及时到专科医生处就诊。

　　古人说，拳不离手，曲不离口。平时不间断地正确练声，能够使声音经久不衰，这也许是对声音最长久的保护。

第三章　话语生成

播音员、主持人的工作，如果从最表面来看，就是说话，或者说是语言表达。

说话时人的大脑在做什么呢？

造句，边想边说，边造句边说话。

播音员、主持人播音主持时是什么情况呢？

其实，大脑也是在造句。

生活中自然说话的造句和播音工作时的造句、主持人讲话时的造句有一致的地方也有所区别。生活与工作的话语本质上是一致的，都是造句的思维能力，区别在于二者造句的词汇范围和词汇量有所不同，所造的句子长短不同，造句的难度有所不同。播音主持的造句速度要快，要求尽可能一次成功，准确无误。所以，播音主持的造句是一种特殊的能力。

本章带领大家从生活造句的基础走向播音主持的造句，同时提升播音主持的造句水平。

1. 口头造句能力

人说的话是怎样从大脑中产生语句，进而"指挥"发声吐字系统说出来的呢？也就是说，人说话过程中是怎样造句的呢？

可以简单地表示为以下过程。

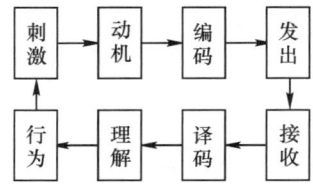

这个图可以这样理解：

首先外界要给人一个作用力，有看到的，有碰触到的，有听到的，有感觉到的，多种多样，而且力度各异，对人的这些作用力统称为"刺激"。由于这个刺激，人有了说话的需要，说话的意愿，就是一个要讲话的动机，也有称为"冲动""意念"的。这个动机促使人的大脑有语言的最初编码。编码之后，大脑就驱使人的发声系统把话说出来，最初脑子里编着前半句就开始说了，前半句差不多说完了，脑子里的后半句也编出来了，就接着说后半句了。说短句的时候，对这几步过程感觉似乎不明显，以上过程好像是同时完成的。其实不然，大脑的造句过程是有前后顺序的。如果说个较长的句子，或者复句，就能明显地感觉到造句前后几步的过程了。

当然有了文字之后，人们可能把要说出的话写下来。最初人们是我手写我口，久之，写与说有所分离，不完全是我手写我口了，写有了更多的形式，写作成了另一门学问。

以上是人们说话造句时"发出"阶段的过程。就是上图中上面一排。

在"接受"这一阶段，先是听见，然后是听懂，要能够听懂，发出与接受的双方要相互约定俗成，彼此有明确的规定。不同地域、不同民族的"外（来）语"是互相听不懂的。阅读也有与之相似的两个阶段，先要看到看清楚，尔后要能够看懂，也需要发出和接受双方有共同的文字规定。接下来，就是理解，要在听懂的基础上明白得更多，比如理解整体大意、理解全篇主题、理解对方的态度是否友好，判断双方立场是否一致。据此，人要有相应的行为，或者动作，或者话语。

接受方的行为，可能是表情动作，也可能是肢体动作，还可能有话语。接受方的动作对发出方会形成新的刺激，使发出方继续说话。接受方的话语会让发出方成为接受方，引起行动。如此双方循环往来，形成人与人之间的对话交流。

如果是写作，排除了当面你一句我一句的对话，作者独立成篇。但是，写作者也会在写的时候想象与看文字的人互相交流。网上聊天，是介于说话与写作之间的一种状态，兼有两方面的特点。

人们天天都在说话，好像说话谁都会。其实话有不同领域。我们日常人与人之间说的都是生活语言，也就是家常话。生活语言涉及的范围小，很多政治、经济、社会法制类的词不常说到，甚至说不到。生活语言中说的都是短句，一句话往往不到10个字，超过10个字人们自己都会觉得有点不自然了，超过10个字的话，就自然而然地被拆成两句或者三句来说了。生活语言也不很讲究。

播音员、主持人是说话的职业，要在各种场合的中心位置说话。主持人要边说边造句，没有稿的即兴表达考验造句能力，有提纲的现场发挥也是这样，即使是完全有稿的情况下，主持人内心也要根据稿件有一个造句过程。只有这样的造句思维过程，才会有正常的、自然的当众诉说的感觉。这当中始终体现着主持人的特殊的口头造句能力。

播音员、主持人的话语，只有很少一部分是生活领域的家常话，有相当一部分与社会各个专业领域的事物有关，包括政治语汇、经济语汇、文化语汇、军事语汇、法制语汇、体育语汇、外交语汇等。

在节目中，一部分书面语的句式要进入播音员、主持人的口语。这些句子往往是定语的成分扩展了，定语比较多、比较长；有些长句在于宾语部分由较长的词组短语构成，有些则是状语较长。而且还有递进复句、转折复句、因果复句、让步复句、假设复句等。这些语句都比较长，常常为15个字到30个字一句，如果不是这么长的具有书面语句性质的"口语"，就不能表达那些思想内容。

因此，播音员、主持人仅有生活语言的造句能力是远远不够的。这就要求播音员、主持人有专业领域语句、书面语句的造句能力，脑子里熟悉那些词和句式，又能够掌控长句、复句，做到很自然流畅而又明白地说好这样的长句。在没有稿的情况下，或者即兴，或者只有提纲，也能有相对完整的表达，没有或少有病句，没有或少有结巴现象。

不论是复述、描述、抒情、评述，还是夹叙夹议，不论是已经有文稿，或者有提纲的情况下讲述，还是临场发挥，播音员、主持人都要能够边想边说，还要能够边说边调整和改造书面语句。也就是在说的时候顺嘴将书面语调整说出，在语义准确的基础上向口语靠拢，能够瞬间改进自己的造句，使自己说出的话准确、鲜明、生动，更适合他人的听觉接受。

　　有的播音员、主持人在说生活内容时能够做到自如连贯，明白无误，而进入更广阔领域的语言表达时，就出现了"词穷"的现象，这就需要播音员、主持人不断提高和强化自己的话语能力，特别是准备专业性较强的节目时更要有针对性地学习。这就是我们大家所期望的主持人"出口成章"。

　　对一个成年的播音员、主持人来说，这样的造句能力，从根本上讲，来自写作能力的转化。播音员、主持人首先要有较好的写作能力，从写作能力转化到口头表达。在大量的写作过程中，熟悉造句的规律，熟悉长句的结构方式，熟练运用转折句式、递进句式、因果句式、条件句式、承接句式、让步句式、主动被动句式等；并且熟悉在一段话中铺设伏笔、前后照应、过渡衔接、虚实相间等手法。播音员、主持人要有意识地锻炼"说"好书面语，这个转化需要一段时间的实践。

　　表面上看，这是说话的能力，实际上这是一个人的思维能力，有这样造句能力的播音员、主持人才能胜任自己的工作。

　　对完全有稿的新闻播音来说，这样的造句能力也有十分重要的意义。表面上看，播报新闻是念新闻稿，不用播音员自己再造句了，实际上，播报新闻的过程，也需要有话语生成的鲜活的思维造句过程，只不过是有文稿提示了，不需要很吃力地寻找词语和组织语句了。虽然已经有稿了，但是由于造句的速度快，句子长，内容量大，造句过程也很不容易。因为不容易，所以很有可能在实际播音的时候出现偷懒的情况，略过大脑的这个重要的造句环节。简单说，有文稿的新闻播报要"看—想—播"，不能只是"看—播"。这其中的"想"的过程，就是沿着已经完成的文稿再一次在自己心里有"造句"的过程，这个过程速度比较快，快得让人不易察觉，但绝不能没有。这个过程，最有可能被忽视，要是真的没有这个"想"的过程，那样的播音会有一种听来"很呆、很傻"的感觉！

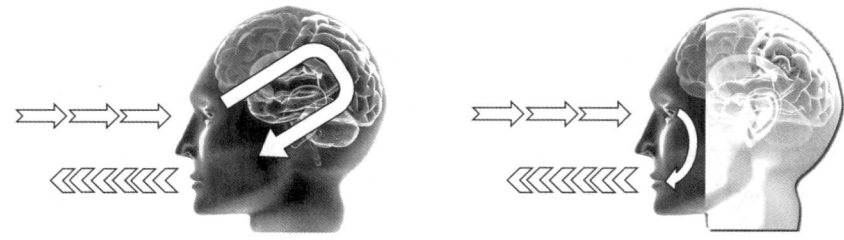

2. 复述

日常人们说话是边想边说的，想到哪儿说到哪儿。说不下去了，就不说了，想起来再重说；说结巴了，说得词不达意，想想再说；说得好不好都不要紧。

主持人面对话筒、面对镜头，对听众、观众说话，要说得相对完整，内容得当，大致流畅，基本没有毛病。通常，主持人说的话是事先准备好的，要求主持人不看文稿能够连贯地说下来。

当下，最直接的、最常见的做法，就是背词——主持人背主持词，不论是谁写的。有人背词实在是痛苦，一段不长的话，在镜头前、话筒前总是背不下来，说不利索，录像、录音翻来覆去总是录不成功。原因是，他的大脑做的是逐字逐句死记硬背的复制工作。而那些要背的话又不像生活中的家常话那么简单。有些内容不熟悉，有些是类似书面语的长句。

死记硬背实在是困难，其实也不正常。怎样才能实现我们的目的呢？

复述。

复述是重复说出刚刚识记的内容，但并不是简单地背诵。复述是根据对内容的理解，重新组织语言说出来。

复述是主持人语言能力的基本功。复述的内容可能是叙述一个事件，可能是描述一个场景，也可能是论说一个观点，还可能是抒发一种情感。有时复述他人的稿件，有时复述自己的稿件，有时是复述他人刚刚表达的意思，有时是复述自己的构思腹稿。

复述也有可能说得和原来内容一致，甚至完全一样，但复述的心理过程与背诵的心理过程有根本的不同。死记硬背是照相式的翻版，没有思考的过程，只有记忆的动作。复述还原人们日常说话的状态，把已知的内容在大脑中重新思考，重新造句，并且顺势说出来。复述的思维过程与正常说话的思维过程相仿，感觉不累，熟练以后更容易把握，更容易顺畅地完成。

复述有三个要领。

1. 明确结构，找到核心词

一段话有几个结构，稍有点语文常识的人都能迅速分析准确。这是当一个主持人语言逻辑能力的前提条件,如果连这一步都做不到,那就只能先"退而结网",去补课了。

明确了结构,就要找到代表结构的核心词。复述时以一个核心词为基础,扩展成为完整的语句,一句至数句,完成一层结构的表达。从三到四个核心词扩展到三到四个段落,完成全篇的复述。选定的核心词要有代表性,一个词要能够让主持人回忆起这一层结构的内容,尽量避免使用"首先""原因""后来""第一""第二"这样的词,因为这样的词有时不能让人一下子想起来具体的内容。

2. 强化记忆数据

内容中最关键的数据要记准,不能出错。数据也包括最重要的人名和地名。要牢牢记住的数据不宜多,也就是两三个。如果需要复述的语段中数字较多,那就认真记住最基础的数据。

3. 虚化某些不重要的内容

复述中有些内容肯定不能完全像复印那样准确,人的记忆能力是有限的,有些内容肯定是记不全的。对不十分重要的内容,记不下来时,可以说得比较虚。比如,人数不记得了,可以根据印象说数人、数十人、数百人、数千人……再如,北京朝阳区酒仙桥地区最大的万客隆超市,可以说成"在北京的某大型超市……"

依据这三个手段,就可以相对完整地复述一段内容。当然,其中最重要的是核心词的把握。经过反复练习,才能做到看一遍就能复述得八九不离十。

复述的话不可能与原文等同,一字不差。复述的是原文的思想内容,把事情说明白,说清楚就可以。复述有可能变换词语,但要符合原文的本意。当然,复述的文采和语义越接近原文越好。

在主持人语言表达的过程中,复述是一种必不可少的基本能力。仔细分析,复述几乎贯穿主持人一生话语的始终。越是深入学习,主持人们越会感到复述能力使用的机会很多。

例1　商场里的"诈弹"

昨天下午,酒仙桥地区最大的万客隆超市被电话"诈弹"恐吓,众多顾客下午5时

30分许被清场。数十名警员封锁超市,闭门搜查3小时。顾客中的李女士称,下午5时30分,正在超市内的他们被清理出场,"也不解释是什么原因"。

晚6时30分,酒仙桥将台路上的万客隆超市门口被围上黄色警戒线,百余名欲购物的群众围着超市门口。

晚7时30分,警方调来4条半人高的大狼狗,2条入店搜查,另2条在门口嗅闻,向围观群众走近时,大家吓得直往后退。

晚8时30分,超市开始正常营业。超市保安部的一位负责人介绍,他们一切配合警方。他证实警方在超市内一无所获,离开前表示没任何危险,让超市正常营业。

这条消息很明显是四层结构。第一层结构的核心词是"清场",第二层结构的核心词是"警戒",第三层结构的核心词是"狼狗",第四层结构的核心词是"恢复"。

这条消息的数据是时间,5:30,6:30,7:30,8:30,还有4条狼狗。

这条消息的核心词不能是时间,否则只记住了时间,而那个时间发生了什么事情?有可能瞬时想不起来了,一时卡住,说不上来了。所以,核心词一定要记住能代表事情的词。其他类似的还有,核心词记"原因""情况",有可能复述时想不起来那"原因"、那"情况"究竟是什么了。

这条消息可能需要虚化的是超市名称,李女士等。若不好记,就说"本市的某超市"和"一位顾客"。

★请你合上书,试试能不能复述这条消息?

例2　放生黑鱼引来江豚

昨天上午9点左右,在鼓楼区下关大马路江边上,有市民拎两桶黑鱼放生。大约10分钟后,江上突然出现一只2米长的"大怪物",吸引了游人的目光。

市民武先生仔细一看,原来是江豚。武先生说,江豚捉鱼吃的场面很有趣。"捉鱼时,江豚黑亮的脊背,时而跃出水面,时而潜入水中,起起伏伏,颇为有趣,又很热闹,好像知道现在是春节似的,十分顽皮、可爱。"

武先生试图用专业的长焦镜头拍下江豚捉鱼的有趣场面,可惜的是,江豚的跳跃动作太快,武先生只拍到了江豚的背影。据附近一位渔民介绍,他们经常会看到江豚戏水。大年初一下午,天气晴好,有好似一家三口的三只江豚,在离码头很近的地方戏水,引来很多市民围观、拍照,好不热闹。

武先生推测,市民放生的黑鱼可能成了江豚的吃食。南京市农林局渔政处副处长汤哲斌介绍,其实江豚还挺挑食的,爱吃鳜鱼等无鳞的鱼,不爱吃黑鱼。但近年来,长江里的渔业资源不断变少,江豚的饵料也少了。"江豚可能就饥不择食了。"

汤哲斌说,放生黑鱼不太妥,黑鱼处在鱼类食物链金字塔的中间位置,专门捕食鲢鱼、鲫鱼、鲤鱼、草鱼等,放生后的黑鱼会对其他鱼类构成威胁,破坏水环境的平衡。为了保护江水里的生态环境，汤哲斌呼吁市民尽量不要放生黑鱼。

这条消息有三层结构。第一层结构的核心词是"江豚"，第二层结构的核心词是"饥不择食"，第三层结构的核心词是"不妥"。

这条消息的数据简单，就是"2米"。

这条消息可能被虚化的内容是汤哲斌的身份，可以说成农林局的专家。如果黑鱼的食物链说不利索，也可以虚化表达。

★请你合上书，试试能不能复述这条消息？

例3 春节相亲的烦恼

春节原本是举家团圆的传统佳节，但如今却成了许多青年男女的"相亲"季。适龄男女不仅被父母逼着赶场"相亲"，而且常常被要求"速配"。有的甚至见两次面就被要求定下"终身"。"不是在相亲，就是在去相亲的路上"已经成为许多青年男女的过年时候的烦恼。

"男大当婚，女大当嫁"被视为青年男女的"终身大事"，更是为人父母急了却的心头挂牵。在父母不包办、不干涉已成社会语境下的"逼相亲""逼结婚"，很大程度上基于老人盼儿女早日成婚的"任务"，这种为儿女婚事操心的父母亲情却是人同此心、心同此理，理应得到为人子女者的理解与体谅。

春节"相亲"何以成为青年男女的过年烦恼？究其原因不外有二：一是不合时宜。7天年假图的是全家团圆和亲情沟通，了却父母思儿、游子念亲的思亲之苦，赶场相亲背离了两代人情感交融的休假初衷。二是有违意愿。逼毫无心理准备的陌生男女赶场相亲，不仅难以擦出由衷的爱情火花，而且由于当事双方的不情愿而极易导致反感，徒生不必要的烦恼。

诚然，春节相亲为青年男女提供了相知机遇，甚至其中不乏"成功"的范例，但男女婚恋讲求的是情投意合、相亲相爱，凭的是感情与缘分，而这种"烦恼"心态下的速配相亲却不无可期的风险。比如，碍于父母情面、急于摆脱困局的"应付"者，势必让本该严肃的婚恋难以修得正果；由于节后的各奔东西的现实，让见两次面就定下"终身"婚恋充满难以持续的变数，等等。强扭的瓜不甜。

还是让婚姻归入瓜熟蒂落、水到渠成的"缘分"轨道吧。

这是一篇评论。这篇评论的结构有四层：第一层结构的核心词是"烦恼"，第二层结构的核心词是"理解"，第三层结构的核心词是"两个不"，第四层结构的核心词是"很难成功"。

这篇评论中没有数据。

这篇评论中的论据部分，可以虚化。

这篇评论中，有一些书面语句，复述时要改得比较顺口。

★请你合上书，试试能不能复述这篇评论？

例4　记者在记者会上向李克强总理提问

主持人：中区第六排，靠北边那位女士，对。

记者：谢谢主持人。总理，你好。我是来自中央电视台和中国网络电视台的记者。呃，我注意到之前您在回答一个记者提问的时候说到了一句，说今年要继续推进简政放权。所以，我想就这个话题请您展开来给我们具体地谈一谈。因为我们看到，这个话题呢也是您在去年的记者会和今年的报告当中特别强调的一点。呃，关于这一点在采访的时候，我们听到了大家对这项改革报有很多好评，但是说实话，我们也听到了不少的抱怨。比如说，现在有的部门依然还存在着办事难的现象，有的部门可能是次要的权放出去了，但是重要的权还留着。所以我特别想请问总理，啊，关于这个简政放权的措施，您认为怎么样才能够真正地落到实处？要减到一个什么样的程度这项改革任务才算是基本完成了？

这是很自然流畅的一段现场提问。是按照直播时的录像一字一字地记录下来的。很显然，记者也是想好了才站起来提问的。也很显然，她不是背诵这段话，是边想边说的。这实际上是一次复述的过程，复述自己刚刚想好的一段话。如果是背诵，肯定是有困难的，短时间里是难以背下来的。事实上，在记者会上很多记者在试图背诵自己想好的问题时都有失败的经历，且多数都没能成功。只有复述，只有造句的思维过程，才能够顺利地、自然地完成这段话。

这段提问的思路有三层。第一层说简政放权的话题。第二层是好评和抱怨。第三层是问怎样实现。其实看起来不是很难，但是要做到做好，也不是很容易。

★请你合上书，看看自己能不能完成好这一段提问。

这一节里，有两个故事的案例，有两个说理的案例。是想告诉大家，讲故事可能容易一些，讲道理会稍微难一些。但是原理都是一样的。

不论是讲故事还是讲道理，原来知道的熟悉的事情，就容易复述成功；相反不熟悉甚至以前没有听说过的事情，复述起来的确就会有困难。在这里就能够看到主持人对丰富生活的熟悉程度了。

最初练习复述时，有人很难摆脱原来背诵的习惯。貌似是在复述，其实眼前还是有刚刚看过的文字，一行一行飘过。必须改变原来背诵记忆的习惯。要把核心词呼唤在心里，扩展成为语句。一定要坚持这个造句的心理过程。慢慢就会有一种新的习惯建立起来，一旦有了新的方法，就会得心应手，好似得到了一种"解放"。

熟悉的内容，容易复述得好，不熟悉的内容就会觉得很吃力。所以，生活的阅历很重要，主持人要成为"杂家"，多知多晓，才能从容应对内容多样的主持词。

3. 复述不可失实

复述的过程中，不能改变基本的事实。可以变换一个说法复述某个事实，但不可改变其基本事实的表达。

这一点，和小学、中学的语文课有所不同。语文课的复述中有一种创造想象复述，学生们根据已经有的语言材料，添加上自己的想象部分，使复述的内容丰富多彩。这样的复述还能够增强学生的想象力。

有人在复述练习时，根据已知的基本事实，想象更多的情节现象，顺嘴就说出来了。脑子里有合理的想象，有情节有动作，还有更多的是细节。这是不妥当的，不论合不合情理。

主持人的复述练习不能添加合理想象的内容。因为主持人的工作是新闻性质的，主持人的复述要遵循新闻工作的最基本的原则，就是事实的真实性。

有人不是故意要添加什么。他是以习惯性语言改变复述的内容。这些人也许以前常常听到广播电视里说的套话，有人在自己的工作实践中也说过大量相似的套话，所以复述时就在自觉不自觉的状态下，把那些套话习惯性地说出来了，多了一些定语，多了一些状语，多了一些"合理"想象，而那些话与原复述材料的事实并不一致。也许习惯性的话语也可能属于合理想象，但主持人复述不能那样，不能"无中生有"。

要严格按照原复述材料进行复述，不可失实。这是一名主持人的严格戒律。在现实生活中，每一事件、每一人物、每一场景、每一诉说，都是有个性的，主持人在复述的时候，都要准确，不能改变，不能随意添加。这是主持人的特殊的语言能力，更是一条新闻真实性的法则。

例1

昨天是春节后上班第一天，上午9点，南京市长×××、副市长××带着交通、住建、规划、国土等相关部门、单位和区的负责人，专题调研公交场站建设。上午9点半，在查看了按标准化建设的所街公交场站后，×××一行人来到所街公交站台，雨正"哗哗"地下，大家打着伞等公交车，一同等车的还有几位市民。

一位老太太认出了市长×××，趁着等车的时间，赶紧向市长提了一个小建议。原来，他们等车的这个站台是露天的，没有挡雨棚，老太太表示，这样不方便，希望能装个棚子。×××听了后表示感谢，并对旁边的相关人员说，这事回去研究一下。

×××一行察看了新改造后的所街公交场站，和市民一起挤公交，体验公交车的运营情况，察看××公交停车保养场和××停车保养场，并就近召开公交场站建设专项工作会议。一路上马不停蹄，一直到中午12点多才结束调研。

这段内容有三个层次。核心词一是"所街站台"，二是"老太太"，三是"马不停蹄"。关键数据是市长和副市长的姓名。可以虚化的内容有政府的若干部门，以及察看的若干地方。

有人在复述这一段内容时，情不自禁地加上了"市长热情地握着老太太的手"这样的话语。显然这在原文中是没有的，这就是失实的表现。

例2

央视马年春晚，小彩旗被总导演冯小刚安排在那个不到半平方米的地方，宛如八音盒上的小天使一般旋转，从头到尾，一刻不停，惊呆不少观众。有人担心，连续旋转4个小时，她的身体是否能抗住？还有人担心，如果她想上厕所怎么办？很多网友也被小彩旗感动，封她为"新一代女神"。

小彩旗春晚后有了哪些变化，春节怎么过的？记者昨天联系上正在大理双廊家乡的小彩旗。她说："大年初一我就和姨妈赶回老家双廊了，这几天就是到处吃饭、走亲戚、见朋友。春晚之后回到双廊的街上，最大的变化就是很多人拉着我要合影，呵呵，其实也没有什么特别的变化。"

小彩旗透露自春晚结束到目前为止还没来得及跟冯小刚联系，"他特别忙，我演完了就撤了，感谢他给我在春晚亮相的机会。"

这一段内容有三个层次。核心词一是"小彩旗"，二是"过春节"，三是"冯导"。关键数据有"4个小时""女神"。虚化的内容有人们的担心，过春节的活动等。

复述这一段，有的人常常会增添的"合理想象"的内容是"说起冯小刚导演，小彩旗心情很激动"。事实上可能如此，但是原文没有这样的内容，复述时就不能顺嘴增添。

例3

前天晚上七点半，南京市秦淮警方接到刘女士的报警电话。报警人刘女士驾驶的一辆福特轿车在应天高架往江宁路匝道下桥后，车辆突然发生了侧翻。

民警接到报警后，立即赶到现场，在现场市民的帮助下将原本侧翻在路边的车辆扶正。刘女士告诉民警，这辆福特轿车其实并不是她自己所有，而是当晚临时向亲戚借过来的。刘女士说，晚上前挡风玻璃有雾，而且雾气越来越浓，已经开始影响自己的驾驶视线，可是她找不到车内除雾的开关在哪里。刘女士驾车从高架桥下来后，看周围无人，用手在前挡风玻璃上擦拭了起来。没想到一只手擦拭玻璃，另一只手扶着方向盘，却一把方向没打过来，车辆向一边偏了过去。刘女士称，车辆撞到了前方的路牙，于是发生侧翻，驾驶室一侧被压在下面。事故中，刘女士本人并未受伤。

民警提醒市民，对车辆性能不熟悉，驾驶要小心谨慎，驾驶时精神更要专注。像这样开车时用手擦拭玻璃的小动作不可取。

这段内容有三个层次，核心词一是"翻车"，二是"擦雾气"，三是"提醒"。没有很关键的数据。可以虚化的部分是"事故地点"和"车是借的"等内容。

复述这一段内容，有人会想象"她焦急地给朋友打电话"，并且把这样的内容添加到复述里。好像是很有可能，相对于这篇材料，显然这就是"无中生有"。

4. 扼要复述

扼要复述，就是长话短说。

这在主持节目的过程中是常有的事情。主持人在了解了一个事件、一个场面、一个观点之后，常常要在自己的讲述中简要地介绍说明。主持人不需要全面完整地复述，只需要将知晓的内容简单扼要地表达。这种精炼的扼要复述也可能夹在较长的一段讲述中，是一篇主持词中的一个段落。

原本的材料内容较长，扼要复述将其简化表达，其中的主要意思不能改变，不能因话语数量减少而改变原意，甚至损害原意。

扼要复述要抓住被复述材料中最核心的内容，那是最不可少的。也就是什么人在什么地方什么时间做了什么事，至于为什么和怎么做，就不一定很详尽了。

可能需要围绕核心内容把与之最相关的环境，使用的器具，事件的原因，以较为简化的方式说明。

扼要到什么程度，要看讲述的需要。或长或短，或多或少，以实际节目和主持现场的需要而定。短的可能只有一句话说明，长的可能是三五句话、七八句话；还可能是原复述材料的一半，或者三分之一、四分之一，甚至更少。主持人要能够掌握各种不同长度的扼要复述，以备不时之需。

研究一下新闻的倒金字塔式①的写作方式，能够对扼要复述有启发。什么是倒金字塔式的写作方式呢？写作新闻稿件，以事实的重要程度或受众关心程度依次递减的次序，把最重要的事实写在前面，然后将各个事实按其重要程度依次写下去，一段只写一个事实，每段都陈述事实，事实按重要程度从上往下排列，犹如倒置的金字塔或倒置的三角形，因而得名。

---

① 倒金字塔结构起源于美国南北战争和电报的运用。在战争期间，电报业务刚开始投入使用，记者的稿件通过电报传送，但由于电报技术上的不成熟和军事临时征用的原因，稿件有时不能完全传送，时常中断，后来，记者们想出一种新的发稿方法：把战况的结果写在最前面，然后按事实的重要性依次写下去，最重要的写在最前面，这种应急措施产生了新的文体——倒金字塔结构。

例1

记者从云南大学获悉,该校脊椎动物演化研究院研究团队近期在云南滇中盆地发现了一处约1.9亿年前早侏罗世晚期的兽脚类恐龙足迹点,这也是目前云南发现的最大兽脚类恐龙足迹点。相关成果已于10月5日在国际学术期刊 *PeerJ* 在线发表。

据该研究团队介绍,云南滇中盆地有着丰富的恐龙化石资源。通过对恐龙足迹化石进行研究,可以推测恐龙行进速度和步态、运动能力、社会性、栖息环境及地表基质的状态等。此次在一套以泥岩为主的岩层序列的不同岩层之中共发现120个三趾型足迹,经鉴定均属于兽脚类恐龙足迹。

研究者推测,这些足迹属于早侏罗世晚期,当时这里处于热带—亚热带湖滨环境。所有的足迹在尺寸、形态和保存状况上各不相同。保存状况较好的足迹被分为A、B、C三个类型,其中仅发现一个C型足迹为大型足迹,其趾迹较为纤细,趾间夹角大,有两个跖趾垫印迹。研究人员推断,较大的B、C型足迹可能属于体型更大的中国龙,而较小的A型足迹则可能属于盘古盗龙等小型兽脚类恐龙。

研究人员表示,此次发现的兽脚类恐龙足迹可以为云南兽脚类恐龙多样性、行为及地理分布等问题提供证据,对研究该地区古生态具有重要价值。

这是一篇知识性比较强的报道,主持人可以简化为:

云南大学椎动物演化研究院研究团队近期在云南滇中盆地发现了一处约1.9亿年前早侏罗世晚期的兽脚类恐龙足迹点,这也是目前云南发现的最大兽脚类恐龙足迹点。云南滇中盆地有着丰富的恐龙化石资源。这一次在一套以泥岩为主的岩层序列的不同岩层之中共发现120个三趾型足迹,经鉴定均属于兽脚类恐龙足迹,对研究该地区古生态具有重要价值。

这样的扼要复述,有了基本的事实,有重要的数据,对这一事件的背景和意义有简略的说明。

例2

当前我国粮食库存处于历史高位,特别是小麦和稻谷两大口粮品种占总库存比例超过70%。以小麦为例,在连年丰收形势下,库存持续增加,目前可满足1年半消费需求,确保"谷物基本自给、口粮绝对安全"。在中央储备规模稳中有增、结构和布局不断优化的同时,地方储备规模增加,口粮比例保持较高水平,米面等成品粮储备保障水平不断提高;企业商品库存增加较多,小麦和稻谷商品库存同比都增加50%以上,有效增强了企业防范风险能力。

我国粮食供应保障能力也不断强化,坚持常年常时在国家粮食交易平台公开投放政策性粮食,适时完善交易规则,今年累计销售成交3400万吨,有效保障了市场供应。我国粮油加工能力很强,每天可以加工稻谷150万吨、小麦80万吨,如果按每人每天吃一斤粮测算,一天加工出来的米面都够全国人民吃2天。此外,我国应急保障能力显著增强,粮食应急加工企业达到5500多家,36个大中城市及市场易波动地区成品粮油库存保障能力都在20天以上。

这则关于粮食的信息可以简化为:

当前我国粮食库存处于历史高位,在连年丰收形势下,库存持续增加,目前可满足一年半消费需求,确保"谷物基本自给、口粮绝对安全"。我国粮食供应保障能力也不断强化,粮油加工能力很强,每天可以加工稻谷150万吨、小麦80万吨,如果按每人每天吃一斤粮测算,一天加工出来的米面都够全国人民吃2天。

这样的扼要复述,有一个基本事实"历史高位"、一个数据"1年半",还有一个基本事实"供应保障能力"和一个数据"1天加工可吃2天"。

例3

最新农情调度显示,全国秋粮收获完成九成,全年粮食丰收已成定局。我国粮食产量连续七年保持在1.3万亿斤以上,实现了粮食生产十八年连续丰收。

全年粮食产量将再创历史新高,是今年粮食生产的突出亮点。今年,夏粮、早稻、秋粮全年三季粮食均实现增产。其中,夏粮产量增加59.3亿斤,达2916亿斤,再创历史新高。早稻产量增加14.5亿斤,达560亿斤,实现连续两年增产。目前,秋粮收获大头到手,增产已成定局。

中国社会科学院农村发展研究所研究员李国祥说,今年,我国粮食生产克服了新冠肺炎疫情、洪涝暴雨极端灾害天气等不利因素的影响,获得了十八连丰,这对于开新局、迎变局、稳大局发挥了非常重要的作用。

这条关于粮食丰收的消息可以简化为:

据最新农情调度显示,目前,全国秋粮收获近九成,全年粮食丰收已成定局,我国全年粮食产量将再创历史新高。专家表示,今年我国粮食生产克服了新冠疫情、洪涝暴雨等影响,实现18年连续丰收,这对于我们开新局、迎变局、稳大局发挥了非常重要的作用。

这条消息的扼要复述保留了三个基本事实点:丰收已成定局,创历史新高,18年连续丰收。还保留了今年丰收的意义的说明。如果更进一步简化,可以仅保留三个基本事实点。

例4

"全国中小学生综合素质等级测评中心"未经登记,擅自以民办非企业单位名义进行活动,昨天,北京市民政局决定对"全国中小学生综合素质等级测评中心"及其下设分支机构予以取缔,执法人员到该非法社会组织办公场所进行了现场取缔。

"全国中小学生综合素质等级测评中心"自称由政府部门批准成立，制作了标识、私刻了印章，任命了所谓主任、副主任等领导，下设"书法专业委员会""沙画艺术测评委员会""街舞测评组委会""书画测评组委会"等多个分支机构，在全国各地授牌成立"江西测评中心""湖南测评中心"等30余家测评中心，组织授权上述机构以"全国中小学生综合素质等级测评中心"名义开展综合素质等级测评，制发带有"全国"字样的等级证书，开展号称正规的教师培训、考官培训等活动。为了以假乱真，其开设了网站——http://www.qsnrc.com/，还可以进行所谓的人才库查询、教师证查询、考官证查询。

北京市民政局表示，希望公众能够提高对非法社会组织的防范意识和辨别力，以免上当受骗。北京市民政局将继续加强网络监测与排查，畅通举报通道，坚持露头就打、严查严办，坚决铲除非法社会组织滋生土壤，坚决维护人民群众的合法权益。

这条消息可以简化成这样：

"全国中小学生综合素质等级测评中心"未经登记，擅自以民办非企业单位名义进行活动，他们自称由政府部门批准成立，制作了标识、私刻了印章，任命了所谓主任、副主任等领导，下设30多个分支机构，在全国各地授牌成立地方测评中心，以假乱真，开展综合素质测评，制发带有"全国"字样的证书。昨天，北京市民政局决定对他们予以取缔，并且提醒大家提高对非法组织的防范，以免上当受骗。

这篇消息的扼要复述，要把这个组织的主要非法之处简要地列出来。然后再说明"取缔"和"防范"。

5. 扩展复述

　　主持人的复述是把原文的意思正确地重新表达。可能与原话不太一致，但基本意思应该是不走样的，语言的量也差不多。

　　有时，场上临时要求主持人多说几句话，把时间撑满。这就要求主持人能够扩展复述。

　　扩展重复，即把同样意思的一段话放大了讲述，扩展复述的时间。

　　扩展复述，不是创造性复述，不能添加原文没有的内容，不能无中生有地合理想象。那将如何扩展呢？

　　扩展复述的方法是：前伸、后延、原地踏步。

　　前伸，就是在讲述事实之前，说一些有关的背景资料或者道理，而这些背景资料和道理是大家都比较熟悉，并不陌生的，俗称"大白话"。

　　比如，讲一个关于诚信的故事，在讲故事之前可以先讲讲人们共知的道理："大家都知道，生活中交往中人一定要讲诚信，诚信是做人之本，经商之本，也是社会和谐发展之本。有一个人……"然后进入这个关于诚信的故事。

　　再如，"2008年下半年出现的世界经济危机，使得全世界的经济一片寒冷，在这经济的寒冬里，如何走出困境，是很多企业面临的难题。在沿海的一个企业……"接下来再开始某企业的故事。

　　后延，是讲过事实之后，以主持人自己的角度再展望一下此后可能的发展，并且给予一点评说。这些内容不是事实性的内容，只是"也许""可能"和观点看法。

　　比如，复述的主要内容结束了，还可以添加一段："……从这件事中，我们看到真正的友谊不只是你好我好满面春风的笑容，真正的友谊也包括在对方走下坡路的时候严肃认真地批评和相互激励。祝愿他们友谊长存，祝愿他们的友谊能够为他们的事业增光添彩。"

　　原地踏步，是把同一个事实用不同的话语再说一遍，说两遍，说三遍，但不是简单地重复，而是改变说法，用不同的话语说同样的意思，即变异重复。这里要特别注意不要改变被复述材料的原意，也不要随便添加原材料中没有的事实。

　　比如，"这个人身高有1.88米"，可以原地踏步说"他比一般人都高"，还可以说，

"在普通中国人中他算是个高个子"。

再如,"现场一共有11个人",可以原地踏步说"这和足球赛上场的一个队的队员人数一样多",还可以说,"如果打篮球的话,比双方队员的人数加起来还多一个"。

"前展、后连、原地踏步"的方法可以分别使用在一段复述的开头部分、中间部分、结束部分;也可以使用在复述中的某一个点上。

虽然扩展复述要多说一些话,但扩展复述依然要遵循不可失实的戒律,不允许创造故事,不允许任意添加原来资料中没有的事实。扩展复述只是给那被复述的事实加了前后的包装和部分"镜像"。

扩展复述在主持节目的过程中常常会用到,导演会通过耳机告诉主持人多说几句话,把节目中的某1分钟撑满到1分半,或者到2分钟,主持人就可以用这样的办法使节目顺利地完成。前伸、后延、原地踏步,这三种方法可能全用到,也可能机动灵活使用,以满足需要为好。

下面三个扩展复述的例子,扩展部分用灰色掩盖。学习者能体会到"前展、后连和原地踏步"的方法。

例1

过春节,要放鞭炮,是很多地区的民俗。在居民区里,人口密集,放鞭炮的人也多,特别是在年三十除夕夜,更是鞭炮礼花齐鸣。局部地区还真有点"惊天动地"。鞭炮惊动了人,也惊动了动物。

昨天上午,记者接到一位市民报料,称他家中的一只母鸡,居然产了一只鹌鹑蛋大小的鸡蛋。(《扬子晚报》记者 梅建明)

在鼓楼区于家巷金大妈家的小院子里,养着一只4斤左右的大母鸡,是农村的亲戚拜年时送过来的。前天上午,就在母鸡"咯咯嗒、咯咯嗒"的一阵报喜鸣叫之后,金大妈到纸盒子里一看,发现产下的是一只非常小的鸡蛋,只有鹌鹑蛋大小。大家知道,市场上的鹌鹑蛋个头很小,比乒乓球还要小呀。那要是和正常的鸡蛋相比,可真是小多了。

那到底是什么原因让母鸡产下如此小的蛋呢?

据一位有过养殖经验的居民介绍,造成下"小蛋"的原因,其实并不复杂,主要受节日放爆竹的影响,母鸡受了惊吓,就会下如此小的蛋,这也是一种母鸡的生理反应,这就是俗称的"吓蛋",也就是受到惊吓母鸡下的蛋。这里说的这个"吓蛋"是口字旁加上一个上下的"下",意思是鸡受到惊吓后所下的蛋。正常的母鸡下蛋,和这个个头小小的"吓蛋"是不一样的。

这件事也提示我们,为了我们共同的环境,为了我们大家的健康,能不能少放一点鞭炮呢?

例 2

过节了，人们不免要买件新衣服穿，穿上新衣服心里高兴，在别人面前也能显得体面。不过，我们看到，给自己的小汽车换包装的事情就不那么简单了。

前日，一辆前面无车号牌的"奔驰"小车行驶在白马南路时，被台江义洲派出所民警拦查。民警检查驾车男子卓某的证件时，发现该车行驶证上的品牌型号栏里登记的是一辆"比亚迪"轿车，可该车车身上却有"奔驰"标志。

这事有点奇怪，按道理说，车辆和行驶证应该是一致的呀，为什么会车和证不一致呢？

卓某说，春节期间，他想在亲朋好友面前显示"成功人士"形象，可又无能力买"奔驰"，就将自己的"比亚迪"改装成"奔驰"。

噢，原来如此，是虚荣心在作怪。

目前，该车已被暂扣。卓某因擅自改变已登记的机动车结构、构造或特征被罚款1500元；因未悬挂车号牌，被罚款200元，扣12分，并被扣留驾驶证。

这件事也给大家提了个醒，擅自改变已登记的机动车结构、构造或特征和您自己拆改一下自行车可不一样，这里有交通道路管理法的规定，这样的事得按照法律来。

例 3

计算机和互联网推动了技术进步，带来了新的工业革命，促进了人们生产方式、生活方式的转变。网络作为一种有效的沟通平台，已是历史的必然，生活在信息化时代，就要适应这种变革，关注和用好这个平台。

现在，政府面临一个新课题，就是怎样充分发挥网络这个双向沟通平台的作用。有的问题，政策已经规定了，但是老百姓不完全了解，有的政策在执行中走了样，这就需要我们及时在网上发布政策的正本，使老百姓知道应该是什么样的。要把群众的事情办好，就必须密切联系群众，广泛听取各方面意见，真正了解群众的心声。

有些网民不太了解事情的全部，往往从一个局部、一个方向去提建议，我们不能要求他们想得多周全。为什么这个问题提得那么犀利？为什么有些问题那么简单还要提？为什么一些问题反复提？作为领导干部了解的情况多，当然有这种感觉，而网民就不一样了。所以，必须善待他们的意见，主要应该看这些建议的合理性。哪怕提的问题再犀利、很简单，都要站在他们的角度来考虑、回答和处理。我们要尽量把一些共性问题处理好，对老百姓共同关切的事情，在工作中加以改进，通过网络密切和群众的关系。所以，对网民提出的问题和建议，我们都要认真研究处理。

网站在反映网上舆情方面要做好工作，它的监测平台要把网上的主要意见进行归类，既原汁原味反映了网民的声音，又对为什么有这种声音，该怎么做这个事情，提供了分析意见。

网上能够看到我们的一言一行，政府工作上网实质上是最重要的政务公开，让权力在阳光下运行，就要经得起网民的考验和检验。

扩展复述和扼要复述，是一个问题的两个方面。但是，一般来说做减法比做加法容易一些。扩展复述要增添一些内容，不仅要添得适当，还不能失实，难度可以想象。

但是，有了上述方法，扩展一段话，是有可能成功的。

6. 描述

描述，简单说就是看图说话。

主持人看的这个"图"，不仅是纸上的图，也不仅是电视屏幕、电脑屏幕、投影屏幕上的图景，常常是真实的现场场面和环境。

张口就能把眼前看到的现场情景描述出来，而且景物分明，主次得当，语言准确，流畅通顺，这是主持人的基本功。

主持人要能够把自己眼前看到的景物立即用话语说出来。要能够说得听的人好像眼前也看到了，并且感受到事物的远近高低，大小多少，形状色彩，上下来去等状态。描述还包括能够把人们对声音的听觉，对温度、湿度的感受，对味觉、嗅觉的感受，对运动、平衡的感受，都通过话语有所说明，让人们随着主持人的话语产生相应的理解和感受。

现场是立体的三维环境，而语言是线性的——要沿着时间的线一字一词地说出来。主持人一眼全都看明白了现场之后，要把现场的若干景物转化成为若干句话有序地说明白，而且需要快速完成，确实有难度。

这里的关键是这一组语句怎么说出来。有时这若干句话一起堵在心头，堵在嘴的出口，结果是一句也说不好。其实，若干句话的描述如同作画时的每一笔，作画要一笔一笔地画，描述也要一句一句地说。这样，语句的顺序就很重要。

首先，要说好总的情况。即第一眼视野里的总体情况。给人们一个总体的印象。这是最基本的，是最重要的。

这里，重点说好主体形象，让人们有一个最基础的印象。要说明主体形象是什么？比如，一个钟表，一束鲜花，一幢大楼，一支枪，一座雕像……主体形象可能是一个，也可能是一组，或者是一群……还要说好主体形象的形态或姿态是怎样的？主体形象是不是在运动？主体形象的情感处于何种状态？……如果主体形象有两个或者更多，要说好他们之间的关系，包括距离关系、相互关系、连断关系等。

其次，说好现场里各个形象。分别说明他们各自的情况，从个体的全貌到其局部、细部，从某个个体再到另一个个体，还要说好他们之间的关系。

局部描述的顺序可能是从上到下、从左到右、从外到内、从内到外、从正面到侧面到后面、从主干到分支、从遮挡到展示……

最后，要说好主体形象所处的环境背景，此时重点在于主体与环境背景之间的关系，环境与主体之间的相互作用。

以上三步说过之后，再回到总体综合形象的描述。

这样从总体到具体，从具体到总体，有两种情况。一是由远及近，再由近至远。这适合宽大的场面，是需要人们连续不断左顾右盼、远眺近观、转头俯仰才能看明白的环境。二是要说明从整体到局部，再由局部至整体。这适合单一物体的描述。其实事物、场景是多样的，远近和整体局部这两种描述的顺序也有可能交叉综合使用。

有些事物和场面是动态的。描述动态时，要说明运动的态势、速度、方向。如果是双方交互的动作，要说明互动的关系。

描述的事物还有可能从静到动，或者从动到静。

描述顺序的规律是基础，相信在这基础上，各位主持人将会丰富多彩、永不重样地描述。

练习描述的过程中，要集中在描述的语言上，不宜离开描述讲其他内容。比如有人描述一个牡丹花的场景，说了几句牡丹的形象之后，就开始讲牡丹是国花，牡丹的富贵，牡丹的傲然……这其实已经不是描述了，已经进入评述了。那就不能对描述的能力有所帮助。

下面是图片，我们把它假定为现场，请描述一下吧。

例 1　牡丹

例 2　雪中女交警

例 3　雪地嬉戏

例 4　雨中行人　　　　　　例 5　高考时的家长

例 6　好莱坞特技表演

例 7　交通事故

7. 描述中的寓意

　　描述不仅是场面环境的交代、景物事物的介绍，也不只是人的形象的刻画、物品多面的展示。描述的同时，还有寓意的寄托，哲理的蕴含，生活态度的表现和情感的抒发。

　　主持人在描述场景时，内心一定要有对所描述形象的明确引领。描述不是简单地把形象"翻译"成语言。描述形象的同时，还要能够以形象揭示主题，说明道理，激励生活，引导行为。

　　这其中有描述者——播音员、主持人——的观察、情感、评价、立场、态度、主张……

　　因此，主持人在描述事物时说什么，为什么说，怎么说，自己心中要清楚明白。

> 选取什么内容进入描述？描述刻画哪些部分？
> 以何种修辞手法遣词造句？
> 主持人在描述中如何既含蓄又不错位地表达更深一层的意义？
> 以什么样的情感状态描述？
> 主持人以什么样的表情和语调说出？

　　这些都要求主持人在看"图"说话（形象思维）的描述中瞬间脱口而出并且相对准确。要力求通过描述达到目的，实现描述的意图。

　　但是描述并不是论说，所以不要过多跳出现描述去讲道理。观众、听众的感悟来自形象的描述，会有一种无穷的力量。

　　比如，同是咏梅，陆游和毛泽东有不同的境界。

卜算子・咏梅 陆游	卜算子・咏梅 毛泽东
驿外断桥边	风雨送春归
寂寞开无主	飞雪迎春到
已是黄昏独自愁	已是悬崖百丈冰
更著风和雨	犹有花枝俏
无意苦争春	俏也不争春
一任群芳妒	只把春来报
零落成泥碾作尘	待到山花烂漫时
只有香如故	她在丛中笑

同是描述梅花，同样的词牌，陆游表达的是旧时代官场中寂寞、苦痛、无奈和不服气；而毛泽东表达的是革命者乐观、热情、明朗和享受胜利时的心底快乐。

中国文学中，咏梅、咏菊、咏雪的诗篇很多，我们会发现，他们所咏的对象虽然相同，但是由于他们各自所处历史环境不同，各自的心情不同，所咏的形象、情感都各不相同。

歌曲创作其实很相似。同样歌唱田野，《我们的田野》和《希望的田野上》唱的都是农村的田野，同样视野开阔，都有农村的风光景物、人们的形象神态。但是前一首旋律恬静，后一首热烈。一首是农业社会刚刚进入稳定时期的生活美丽画卷，一首是展示改革开放后中国农村的巨大变化、生机勃勃的面貌、人们欢乐激动的心情和对美好未来的憧憬。

现实生活中，描述一个人多的大场面，可能是欢乐的旅游人群，可能是春节前急匆匆回家等车的旅客，可能是灾难中慌乱的难民……描述时可能都说到，这里是一个宽阔的场地，这里有行走、停留、观望的人群，他们都在互相说着什么，但是，描述时的角度各有不同，描述时的话语各有不同，描述时的情感各有不同，描述时的评价态度也各有不同。

同样描述农民工领到一年的辛苦钱时，讲到他们数钱的动作、心里踏实的表情神态，针对两种不同情况，一是被欠薪数年多方追讨才得到的工钱，一是今年没有任何障碍及时如数地领到工钱。不需要描述中加入评论，单就描述来说，应该有不同的细节，不同的措辞，不同句式，也包括描述者不同的情感和语调。

下面是清华大学内原校门前的合影，都是这里，都是集体照，但是，时代不同，年龄不同，气氛不同，照片的色彩都不同，描述的寓意肯定要有所不同。

同样是人多的大场面，一是春运的火车站候车回家的人们，一是聚集起的有怨气的人群。不同的情况，描述也必然有不同的寓意。

8. 咏物

咏物，就是眼观一物，对其发表一番议论。这议论要有一定的深度，有相应的理性感悟，要能给人启发。咏物要咏得有物有情，咏得合情合理，咏得以理服人。这是主持人大赛常常赛到的一个项目。这也是主持人语言表达的基本功，是口头材料命题作文的一种考核，考的是主持人出口成章、即兴口述成文的能力。

主持人咏物一般在两三分钟之间，时间不长。咏物不只是简单描述一个事物，而是要在描述事物之后有所"咏"，要咏得有意味，咏得有一定的思想深度。

咏物之物多种多样，有时在咏之前还不知那是何物，而当在第一眼看见那事物之后，几秒钟之内就要开口说话，开始口头作文。主持人比赛和实际主持节目时都可能遇到这样的情况。突如其来闯入眼帘的事物怎么说？

可以有这样三步走的公式。

➢ 第一步，说明眼前刚刚看到的事物。看见什么说什么。一般来说，不会是不认识的物品，即使不认识，也可以就说不认识嘛，还可以猜它是什么！接下来说这个物品的具体情况，比如颜色、大小、形状、功能、用途、状态。这一步是必要的，咏物要先把物交代清楚，这一步是见什么东西说什么话，比较简单。重要的是利用这个机会考虑下面怎么说的方案。

➢ 第二步，说说同类事物的一般情况。注意，这里说的是类的一般。这种一般化的诉说就使咏物有了一片天地，有许许多多的话可说了。比如前面说的是一束鲜花，这里要说所有鲜花；再比如前面说的是一个篮球，这里要说篮球运动林林总总。

➢ 第三步，进一步远端联想。这一步要联想与所咏之物相似相关但是又相异相远的事件、事物，并且对此有所议论。这一步远端联想要涉及人生的哲理，当今社会甚至人类的重大问题，人与人之间真善美的道理等。这一步联想要合乎情理。合情合理在于所咏之物与联想之事确实在某一点上有契合，这一步联想还要距离远，要脱离所咏之物去想，距离远才会有思想的深度和跨度，脱离不开不算成功。有了这样的联想，主持人比赛时才能得分，实际主持时才能让人有所感悟。这一步联想有众多方面，联想到哪一个方向都有可能，这就看个人的修养和储备了。

最后还有一句结束语，农村常说："编筐编篓，重在收口。"结束语要能够把所咏之物说到，编织在其中。有人感到第三步联想已经说远了，难以再回到最初的所咏之物了。其实两个事物之间无论多遥远，只要逻辑合理，一步就能跨越，一句就能很自然地联系在一起。

要是结束语真的想不出来说什么了，也还有一个最后低水平但却保险的方案："这就是这个×××使我产生的联想。"这话，也还能有多种变体表达。

比如：

第一步 此物	第二步 这一类	第三步　远端联想			最后：结束语
		可能1	可能2	可能3	
一束鲜花	鲜花	社会风尚	保护未成年人	……	那时将处处是鲜花
一个篮球	篮球运动	地球环境	目标与曲折	……	将更愉快地打篮球
一只皮鞋	鞋	人生的路	营销道理	……	每人穿好鞋走好路
一把雨伞	伞	森林是地球的伞	保护伞	……	伞下我们将更愉快
一个手机	手机	人生命能力的延长	人类面临智能技术挑战	……	手持手机创造未来新世界

咏物，有时不仅是物品，还可能是一种自然现象、一幅美术作品、一段电视片表现的场景、一段乐曲、一段舞蹈等。虽然各有不同，咏的方法和步骤是一致的，尝试一下便知大同小异。

咏物有许多表达方式，这三步格局只是其中之一，可以改造这三步结构，可以抛弃这三步模式，不要以此为约束。期盼大家有多种多样的叹物之咏。

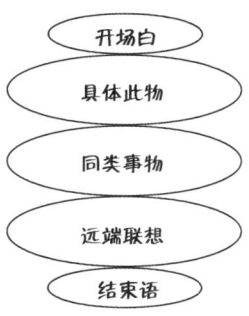

9. 悟事

人，睁开眼睛就面对事，每个人每天面临的事情有许许多多，有些事习以为常，视而不见，而有些事让人高兴、激动、痛苦、气愤……有些事需要认真想一想，有些事还想对人说一说。

悟事，就是面对一个事实，一个过程，一个事件，一个场景，一个特殊的地点发生过的事，一个人的形象，一个人的作为，有想法，有态度，有意见，据此来评说一番，讲讲看法和观点。有感而发，从事说理，以事论道，进而深入说明一个发人深省的道理，告诉人们一个规律。

也不能所有的事情都去悟，要悟那些需要去挖掘思考的事。播音员、主持人对生活要敏锐，要有更多的责任感，自然就能观察到生活中、社会上的事，对很多事有深切的感触，站在社会发展的立场上，从媒体的角度来体验，会感到很多要说的事，心里就有话要说。自己对什么事印象深刻，对什么事有感悟，有特别想说说的事，那就说吧。

悟事，不用写稿，边想边说，一气呵成，当然应该是主持人的语言基本功之一，是实际主持节目时常会遇到的思辨。这也是主持人大赛中常见的赛项。

比如：我与广播电视，我与网络，难忘的一件事，我最佩服的人，我的成才之路，我的家乡，我的母校，我的老师，我的手机，火车站的拥挤，菜市场的价格，高考家长的焦虑，河水干涸，人的坎坷，微信支付，共享单车，交通事故，空气环境……天天都有这些活生生的事。

悟事，怎么讲？结构有三步。

➢ 第一步，从事说起，明确话题。

想说的事，自己一定有所关注了，也有些看法了，甚至已经形成比较明确的观点了。这就是全篇演讲的立意，就是话题。先说说眼前看得见的各种情况，刚刚听说的事情，瞬间想到的事情，从故事渐渐向立意靠拢，明确话题。

也可能有点朦胧，观点只是有简单的头绪，立意尚不十分清晰，可以先开口说，先说事行不行？可以。不过说着说着就会发现，所说的某些现象故事互相之间有联系，有共同之处，说着说着就把自己说明白了，形成主题立意，说到明确的话题了。某一些事可能形成这个话题，可能形成另一个话题，选择自己最有得说的话题吧。

当然，必须有立意，要在第一步形成较为明确的话题。演讲过程中所有的话都要围绕这个话题展开。比如：

我与电视→电视带我看到世界→**电视影响人生**

天天上网→网络上的朋友真多→**网络天地大无边**

手机的烦恼→手机/网络演变→**手机成为人的第二灵魂**

高考家长焦虑→高考是在考家长→**为谁而学为何而学**

年轻人的消费→与成年人的区别→**代沟**

➢ 第二步，纵横观察，展开话题。

明确了立意，就要围绕话题来讲。要从"一竖一横一深"三个方向展开讲已经明确了的话题和相应的道理。

一竖，就是从过去到今天，在不同时间的纵向上回顾这个话题的故事和说法。

一横，就是从这里到那里，在不同位置的横向上寻找这个话题的故事和说法。

一深，就是从色彩到角度，在不同文化的横向上列出这个话题的故事和说法。

在每一个维度上可以讲一个较大的故事，带上几个概述的小故事或者一些现象。大一些的故事，时间、地点、人物、事件、结局都有；小一点的故事也许就是一句话说明，也可以讲两个三个大小不等的故事，还可以是若干小故事或者现象的集合，组成排比的形式。这一步里，可以再次讲到前面的故事中的某些细节，更要讲其他的有联系的、类似的、相关的故事。

三个维度的展开，根据自己的能力和阅历，有相应的主次之分。讲故事的时候，要顺便带出事中的情感，有情之事才会感人。有时以故事引出感情，有时以感情渲染故事。一个有情感的故事，一个故事给人的悲喜，都能很好地达到说明一个道理的目的。无论哪个方向都要聚焦到既定的话题上，哪怕三维的起点很远，也要指向心里的话题，表达看法。

➢ 第三步，广阔时空，解决方案。

要带领听众进一步前进，前进到更为广阔的时空里。可以把前面讲的话题放在这个更为广阔的天地里观察、探讨，一定会有更深刻的想法和论说。可以在时间的顺序上向今后延展，观望前景，设想未来，一定会有更丰富多彩的想象。

要带领听众进一步思考，提出解决问题的方案，指出未来生活道路、社会方向。要讲让人信服的案例，讲能够切实解决问题的方法。

➢ 最后一句是结束语。要回到开头讲到的话题原词，与最后的认识一并组合到结束语中。

第一步 事与话题	第二步 纵横展开	第三步 广阔寻解	结束语
年轻人不听话→代沟	过去、今天、这里、那里的表现	架设沟通的桥梁/方法	包容沟通
手机烦恼→第二个我	从无到有 演变 利弊双刃	趋利避害/人的理性	自我战胜
消费观念→变化	过去讲温饱 今天讲情调	跟上时代改变观念	在变中赢
雾霾→生存环境	历史今天 中国外国 情况	寻原因/找方案/下决心	终得蓝天

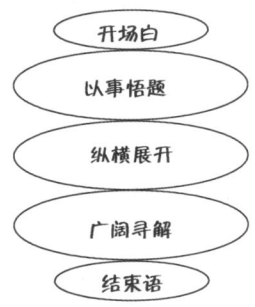

10. 论题

论题，是对一个观点、一个概念、一个命题议论一番。

论一个命题，主持人在短时间内要把其中的道理讲出来，要有层次地推进，要有深刻的思想，给人以鼓舞的力量。这种论说的能力应该是主持人的基本功。

论题的题目都是我们生活中常见的课题。比如包容、理想、奋斗、信心、毅力、安全、创新、廉洁、权威、妒忌、理解万岁、诚信为本、笨鸟先飞……

这样的话题往往是人人心中有，而又不是人人都能说得得体。主持人比赛和实际主持节目时常常会遇到这样的机会，要求主持人对此有一番议论，有一段发挥。并不要求长篇宏论，能论两三分钟就可以。

论题，论些什么？怎么说呢？怎样在短时间里有一定深度地讲好？

先要有一个接题的开场白，顺口评价一下这个命题："这是一个重要的话题""这是一个充满希望的话题""这是一个令人沉思的话题"……

论题，可以考虑讲三步，因为篇幅短，不可能多说。虽然篇幅短，但也不能少于三步。三步表达能够做到简捷而又充实，是比较合适的结构。

➢ 第一步，破题。

● 首先要解释一下那个观点和概念，就像字典的释义那样解释一下。完全有可能比字典说得更丰满一些。

● 可以拆词一个字一个字来说明，比如：论"危机"，可以解释危机，还可说这其中包含两层意思：一个是危，有危情、危险、危害、危难、危急；一个是机，有机会、机遇、机缘、机制、机能。

● 可以比较其他有联系的概念。比如：创新与创造，创新与创业，大家与国家，大家与小家，人格与人生，人才与人生等。

这一步也是给自己争取时间思考后面的内容，也是为后面的论说定方向，搭结构。

➢ 第二步，证明。用事实证明或者用道理证明。

● 相对简单一点是讲个故事来说明论题。比如论题"诚信"。可以讲诚信的故事，时间、地点、人物、事件、结局要讲好。一个故事，两个故事，大小故事三两个。

故事应该是真实的，或者是主持人自己经历的，也可能是主持人在大量阅读中得知的，还可能是通过看报纸、听广播、看电视、浏览网络或者更多途径获得的。

故事可以是经典的，来自大家熟知的文学作品；来自民间广为流传的故事；来自近期社会的热点。有些故事还可以被改造演绎。故事可能有强烈的震撼，可能有让人叹息的象征，可能有很巧妙的比喻。比如，"三顾茅庐""小马过河""三个和尚没水吃"。

故事也可能是假设的，临场编造的，但是合乎生活规律的、可信的。

选什么故事进入论题，哪个故事最恰当？这依赖于主持人日常的积累、平时的阅读量、丰富的生活经历。是否有心储存，是否用心提炼，也很重要。

故事要讲得生动，故事要指向论题。故事中体现论题的言行要突出，其他部分要简明。故事中的人物所思、所想、所做，应该是论题的体现。

- 稍微难一点的是讲道理来说明论题。

可能是从大道理到小道理，从小道理到论题。

比如：时代的竞争是人才的竞争，人才的竞争在于教育，现今的教育有不适应创新人才成长的地方，教育改革是我们面前的重要任务。

再如：诚信的意义在于做人的基本，诚信的作用是彼此放心依赖，诚信的目的在于对人对己都有益，诚信最终达到你我他共同良性发展。

可能是从若干具体事实到论题。举出若干事实，提炼出事情的规律，从而证明论题。

比如：调查一个时间段里各地发生的危机事件，虽然事故类型不同，但都存在责任不到位、管理不落实的问题，可以得出结论，强化制度，加强管理，是防止事故发生的关键。

- 讲道理的同时要会讲数据。

比如：在少年儿童的调查中得知，1989 年肥胖儿的比例是 0.3%，1999 年肥胖儿的比例是 0.5%，2019 年肥胖儿的比例是 1.7%，就可以得出结论，肥胖儿的数量呈现上升趋势。数据揭示的道理显而易见。

> 第三步，提升。

在已经基本讲好论题的基础上，要有进一步的思想的远行，要实现思想的跨跃，建立思想的高度。

可以从全世界，从全人类，从中华民族伟大复兴……讲展望。

可以从和平，从友谊，从发展，从人间的爱，从人与自然的和谐……来升华。

可以从人的道德情感，从和谐社会，从法律，从团队，从人生……看长远。

可以从远古至今，从宇宙太空，从最宏观到最微观，从不同角度……向伟大。

> 最后，还有一句结束语。论题可能是一句有哲理的语句，可能是一句诗一般的语句，都要把论题的原话原义包含在结束语之中。

比如：因此，诚信要从我们每一个人做起，从我们手上的每一件事做起。

再如：如果我们遵循科学态度，制定行之有效的制度，严格每一天的操作，那么危机就会远离。

开场白	第一步 破题	第二步 证明	第三步 提升	结束语
重要的话题	诚信：人与人基点	成败的故事 诚信的道理/怎样做到	人间诚信/世界诚信 诚则和/不诚则毁	诚信每一天
沉思的话题	危机：危和机	危机的故事 危机的规律	危机代价/换来安全 未来科技/人是根本	魔鬼远离
希望的话题	创新—创业—创造	创新的故事 创新的挑战	人类历史/创新史 伟大目标呼唤创新	人生最大快乐

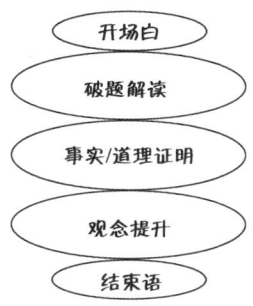

11. 统领篇章

在播音主持工作中,对要讲,要说,要播的一篇篇一段段一句句文稿,一定要有总体把握。自己对大家说的讲的播的是什么,心中要有总的统领。

一篇稿,如果按照时间顺序讲,通常称之为纵向结构,通俗地说,就是竖着讲;如果按照空间顺序讲,通常称之为横向结构,通俗地说,就是横着讲。如果不按时空顺序,而以思考的问题顺序讲,是另一个方向的横向结构。这是常见的三种基本的叙述结构,是三维方向的三条线。

实际讲话时,三条线有时单独使用,有时是时空交叉表达,有时讲过时间线接续衔接问题线,有时讲过空间线后接续问题线。

主持人要能够迅速弄清楚篇章的具体结构。一篇文稿上下分几个部分?每个部分里有几个层次,这就像观察一栋大楼,有多少层,每层有多少个窗户。

主持人还要善于提炼,能够准确而又简明地说出篇章的主要内容,即中心思想、篇章主题;还要能够准确而又简明地说出每个部分、每个层次的段落大意。这样的能力在小学、中学的语文课中都曾经多次练习,这是做文科工作的最基本的能力。主持人要强化这一能力,在这一方面的把握要比一般人更清楚、更快、更准确、更简明。

主持人工作中,要能够敏锐地分清篇章段落中的主次关系。一段话里的若干语句,绝不是同等重要的。肯定有的话更重要,有的话最重要,也有的话不太重要,有的话很不重要,有的话最不重要。主持人要时时有这种分辨能力,使之成为自觉自然的感觉。有了这样的感觉,话语说出口,也就比较容易有高低起伏、抑扬顿挫、轻重缓急。

有时主持人手中眼前有稿,有时主持人手中眼前有提纲,有时主持人腹中有稿,有时主持人即兴成稿,不论怎样,上述要求都必须做到。

播音员、主持人对自己要说的话的这些把握都要在极短的时间内完成。眼睛看过一遍文稿,或者脑子里想过一遍腹稿,那篇章的结构框架、层次脉络、思想核心、主次关系都已经了然于心,清楚明白了。当然,要能够在最短的时间里一目了然,游刃有余地统领驾驭自己将说的话,还需要有相当的经验积累。

在播报、讲述、交谈、各种类型的播音主持话语表达过程中,都同样需要统领篇章。在已经理解的基础上表达,具体的一句一句话说到哪里,知晓此话在全篇的位置,同时也就知晓此话的分量、地位和在篇中的作用。宏观掌控和微观把握相互起作用，宏观指导微观使之准确，微观步步体现和完成宏观的架构和核心的主题。

表达时统领篇章，好像自己急行快走，缓步慢进，翻山越岭，涉水过桥，奔跑跳跃，飞腾上下；在行走每一步的时候，眼前有景色，脚下有路桥，与此同时，心里有全程，胸中有总纲。

表达时统领篇章，犹如行进中观看导航的地图，行进的完整路线看得非常清楚，心里非常明白；眼前在哪个路口转弯，在哪个叉路口上坡，显示得也很具体。二者并在，谁是主导？心中都有把握。

统领，就是眼前有具体，心中有全局；话说每一句，心中有全篇。这也就像看画展，仔细看一幅画时，肯定还知道大厅里多幅画的布局。不能像黑夜里来到画展展厅，拿着手电筒看画，看到哪幅就只是哪幅，不知全展厅的情况。那样的播音主持词，肯定不成篇，也有可能不成段，就只是一句一句，单摆浮搁，句与句之间，小段与小段之间，好似互不相干。如果是那样，就是失败的表达。这里，最关键的就是不失总体统领。

当然，也不能只顾总体，忽视了结构，模糊了微观部分的关联，那也不能成功。

就像画笔作画，第一笔落下的时候，心中已经有了全篇的布局了。一笔笔画在纸上，各有色彩变化，都有准确的位置，但每落一笔的同时又都是为作品的整体形象和意境服务，都在为整幅画而作，直至最后一笔。正所谓：意在笔先。

创作者必定要兼顾局部和全篇二者，综合把握，驾驭矛盾的主导方面，最终完成播音主持讲话的主要目的，即是统领篇章。

12. 克服半句现象

有人在场上主持时，说话总是不利索、不流畅，常常是说到半句时思维就断了，夹杂着"嗯，嗯"的杂音，然后才说出后半句话。还有比这更断续的情况。就像跑步，跑几步就要休息一下，喘一会气才能再跑，不能一口气连续跑完一段路程。

为什么会这样？是把握语句长度的能力所致。一般人日常说话的句子长度不超过10个字，大多数是7个字左右。一句话超过10个字，通常就会很自然地拆成两句或者三句说出来。人们面对面聊天说话，如果说10个字以上的句子，自己都会感到有点过于文绉绉的了。

而主持人要说的话，有一部分是较长的句子。若不用10个字以上的句子，就可能表达不了某些事情、某些思想。主持人有些话要准确、完整、全面、精炼，有可能要说大量的长句。

主持人说的长句，主要是修饰语部分较长，有的是状语部分长，更多的是定语部分较长，也有一些复句，如因果复句、转折复句、让步复句等。这些话，有的是撰稿人为主持人写的，有的是主持人当时现想现说的，不论是哪一种，都有可能是主持人此前不很熟悉、不常说的句式、内容、问题。会有政治、经济、管理、军事、外交、历史等平常说得机会不多的词语。如果是看稿播音，一般不存在问题，眼睛提示下面的语句，嘴也就跟上了。不尽如人意的是有时是眼睛拉着脑子前行，产生言不由衷的现象。

但是，在现场主持，由脑子带着嘴说话，有的主持人说起来不适应了。这些主持人脑子里能够把握的句子较短，讲话的心理准备还停留在日常说话状态，头脑组织句子也就在7—10个字，习惯上呼吸的气息也只够这么长的语句使用。他们在说到7—10个字时，就不知不觉停下了，气息用尽了，大脑空白了，出现了断续，很不自然地发出了"嗯"之类的无意义的声音，在"嗯"的过程中再思考组织后面的语句，换一下气，接着往下说。这样的情况，就像充电自行车，充一次电的容量只够跑10公里，但这一路程有20公里，且还有颠簸，不得不在中途停一下，充一下电或者换一块电池，然后才能继续前行。

要克服这种半句"吭哧""嗯啊"的缺点，就需要改变掌控语句长度的习惯和能力。

首先，是明白其中的道理，即生活中说话与主持人说话的用时长短不同。

其次，要强化语文能力。主持人的语言能力不能只停留在生活化的水平，还要能够熟悉长句、复句，熟悉不同领域的词语。

再次，主持人把握的句式长度单位要大，要提高自己的造句能力。自己这个电池的续航能力不只20公里。一次造句不能只有门窗、墙壁，要一次造句就是完成一整间房屋。

与此同步，还要调整呼吸，学会并且习惯一口气能说二三十个字以上的句子。

要通过大量的练习来获得这样的能力。上面讲的，能够理解是一回事，要成为自己的能力是另一回事，只有一定的练习量才能逐渐形成一种新的能力。

看看杂技表演中的抛帽子，一个人手里只有两顶帽子，比较容易把握，但是当一个人手里有四五顶帽子，难度就大了，再加上站在他人的肩膀上还要保持自身身体的平衡，要与其他人配合，就更不容易了。这和主持人复杂的长句表达很相似。

13. 清理不当口头语

日常生活里说话，有的人嘴里常常夹杂着一些没有意义的词，或者表达意义不当的词，生活中没有人更多计较，大家能够忽略那些不当口头语，选择性地正确理解。

这些口头语如果到了主持的过程中，就显得不规范，听着不舒服。这些口头语破坏了主持人流畅、正常的表达。就像句中的"疣"，大大降低了主持人语言的水平。

应该清理和改正。

"那么"，是很多主持人口头最常见的一个词，往往出现在句首。很多主持人在每一小段话，甚至每一句话的开头都先说上两个字"那么"，"那么"成了每句话的起始语。似乎是坐在演播室里的主持人出现得更多。如果上下文之间有条件关系，哪怕是不很强的联系，说"那么"都是合乎情理的，就是"如果……那么……"的意思。但是仔细听，很多主持人嘴里说的"那么"，于上下文之间并没有什么条件关系。这种无缘无故的"那么"是不应该的，使人感到很别扭。

"然后"，也是主持人常说的口头语，常常出现在上下句之间。这个词源于小时候家长给孩子讲故事，一般家长讲故事，都会按照故事的情节不断地说"然后呢，然后"。小时候听多了，自己讲话时也就自觉不自觉地形成了"然后"的口头语。有些事物是有前后承接关系的，"然后"可说可不说。说不为过，有时不说更好。但是，有一些事物并非是前后承接关系，就不能在句与句之间夹着"然后"。比如，"这辆车是红色的，然后是去年买的。"听起来莫名其妙。

"也是""还是"，是主持人常说的不当口头语，常出现在介绍情况时。有的主持人常说"我们还是要向大家介绍""现在我们也是向大家介绍"。这样的表达最初出现在体育转播中，因为要照顾到刚刚打开收音机、电视机的听众、观众，所以主持人会反复介绍已经说过多次的情况，有这样的说法。但是，许多主持人在非特定情况下冒出"还是""也是""也还是"，这种情况出现得很普遍，其实很不妥。"还是"是一而再的意思，"也是"是一人有了之后他人又有，或者是已经有了别的情况又增加了一项的意思。这样说，或多或少有比较"次要"的意味和感觉。如果不具备这样的含义，就不应该有"还是""也是"出现。否则，不伦不类。

"可以说"是主持人评说时常常带出来的口头语。这是换一个角度，不是常规角度看问题时的表达，意思是有一点点勉强，但也能够成立。在一定程度上削弱了肯定的态度。有人还会说"也可以说"，更加勉强。也许我们会反问，难道"不可以说"吗？

"所以"和"所以说"，是主持人说明事物或说明规律时常常使用的关联词。如果其间有因果关系，就很自然。但是，有一些主持人在不具备因果关系的时候也说"所以""所以说""所以说呢"，那就不恰当了。

"等于说""就是说"这样的口头语也时常能听到，如果是同位语的表达，使用这样的关联词是正确的。但是，有时主持人并不是换个方式解释说明同一个事物，似乎是在说因果关系，在说前后承接关系，在说另外一个事情，那"等于说""就是说"怎么能说得通呢？

"但是"是表达转折意义的关联词。但是到了某些主持人嘴里，就使用成了连词，并列关系也说成"但是"。有时表达前后联系、承接关系时，也都使用"但是"。听的人的思想在随"但是"转折之后，感到并没有转折，又折回来了，听得人吃力又费解。

"反正吧""就是吧"，这样毫无意义的词语本不该出现在主持人语句中。这是大脑空白时填补空白的词语。主持人语言应当是连贯的、流畅的，但难免有瞬间的语塞，有的主持人就不自觉地用"反正吧""就是吧"来填堵思想的空白。殊不知这样更加"添堵"，形成语句理解的障碍。

"接下来"，是主持人现场常说到的，是节目或者活动要进入下一项的表达。有时不是明显的接续过程，说"接下来"就不恰当；有时"接下来"可能使用是正确的，但是用多了就显得很单调、很乏味。有一部分主持人动不动就"接下来"，而且声音响亮，很强调这三个字，显得非常突出，甚至干扰其他正常信息。换个词表达，多样化，会更好一些。

出现这些不当的口头语，主要原因是语言习惯。

人的语言学习来自听。这些口头语有可能是自己在幼年、少年学习说话的过程中，听别人这样说，自己也不知不觉地这么说了。生活里这么说，当在主持节目的环境中，即兴表达、自由发挥的时候，这些生活中的习惯就都出现了；有可能是主持人在从业之前常常听到广播电视里的前辈们这么说，自己也就不知不觉说出来了。

有的时候是大脑瞬间空白，慌不择词，急急忙忙用些意义不明甚至无意义的声音填补那空白的瞬间。

解决的途径有两个方面。

一是强化语文水平，让自己明白这些词语的确切语义，以及词语准确的使用方法。使自己不当使用这些词语的时候能够明白是错误的，能够有说错话了的强烈感觉。对错误的认识和批判能够使主持人更为自觉地纠正错误，趋向正确。

二是从心理上尽量消除紧张，在说话的过程中有思维空白的时候，要稳住神，不急不躁，在说话的过程中，短暂的空隙，别人是很难觉察的，听着也没有什么不适。

主持人大可不必紧张，就让那空隙出现没有问题，想好了接着说就是了。要忍住，不出声，不用那些不必要的词语来填空。

当然这两方面都需要练习，从一种语言习惯改变成新的语言习惯，不可能一蹴而就，要有个过程。事实是，当主持人有了认识，有了决心，有了方法，就一定能够慢慢改变，直到最后从自己的话语中清理掉那些不必要的口头语。

第四章　话语心理

话语是心理过程，语言是心理学的重要课题。

话语的心理过程很快，瞬间而过。人们忽略那其中的复杂过程，也能够把自己的话说好，说清楚。

但是，学习播音主持就不能止于这样的自然状态。播音员、主持人要深刻理解话语的心理过程，在理解的指导下，自觉完善话语的心理过程，有所强化，有所规范，实现高质量的、形象生动、情感丰富的语言表达。

话语心理的过程如下图：

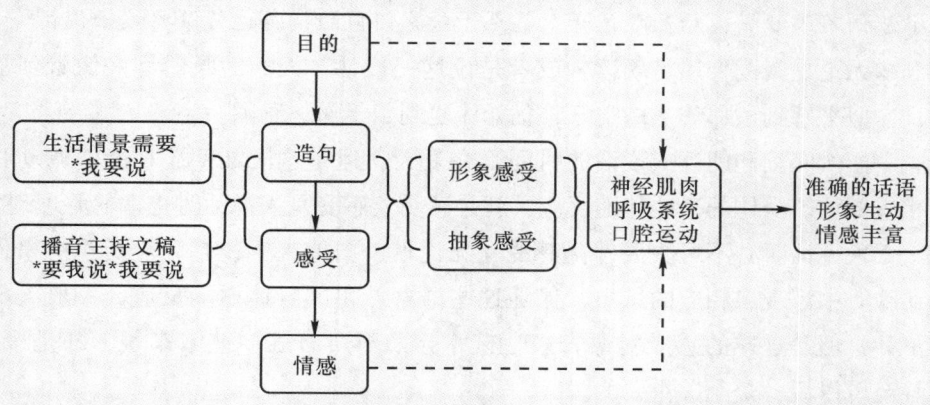

图中的造句的心理过程已经在上一章中进行了探讨，本章更进一步具体深入地探讨话语的心理过程。

1. 语言感受

感受，是由非现实的、语言的符号引起的、与现实感知相似的心理反应。

这样的心理反应是有一定能量的，这种能量会刺激大脑产生一系列自动化的过程，使说出的话有形象感，有感染力，引发情感。感受是表达的基础，也是表达的规律。

感受是十分微弱的心理活动，人在正常说话的时候都会带有，一般情况下感受微弱到可以忽略不计，绝不是没有。

比如，老舍先生关于北京三伏天的一段经典描写：

六月十五那天，天热得发了狂。太阳刚一出来，地上已像下了火，一些似云非云，似雾非雾的灰气低低的浮在空中，使人觉得憋气。……街上的柳树，像病了似的，叶子挂着层灰土在枝上打着卷；枝条一动也懒得动，无精打采地低垂着。马路上一个水点也没有，干巴巴的发着些白光。便道上尘土飞起多高，与天上的灰气联接起来，结成一片恶毒的灰沙阵，烫着行人的脸。处处干燥，处处烫手，处处憋闷，整个的老城像烧透的砖窑，使人喘不出气。狗卧在地上吐出红舌头，骡马的鼻孔张得特别的大，小贩们不敢吆喝，柏油路化开，甚至于铺户门前的铜牌也好像被晒化。

无论是阅读，还是朗读，或者是说这一段话，人们的眼前都好像看到了那炎炎夏日，似乎感到了那灼热的空气，犹如体验到了干燥、憋闷……

虽然阅读和朗读或说话的时间不在夏天，但是这段文字还是能够调动我们身体的相应部位。身体的这些伴随反应，就是感受。感受是人说话时正常的心理现象。

人说话时必不可少要伴随感受，无论谁，向他人诉说自己经历过的事件时，都会在脑海中浮现出相应的景象，伴随这些语言产生的身体微弱反应，一般人都可以忽略不计，但是这样的感受对语言表达艺术，乃至所有表演艺术来说，却是十分重要的，甚至可以说，是至关重要的。

感受与感觉，感受与知觉，有所不同。

感觉是现实中的真实身体反应。北京最热的夏天里，热，能让人热得流汗难耐，闷，能让人憋得喘不上气来，手可摸到烫手的物件，眼睛能够看到刺目的光……而感受的环境里，这一切都没有，能够让人产生感受，都来自文字和话语的描述。

知觉是感觉的综合，通过一个个单独的感觉，人能够有知觉，也是现实中身体的真实、具体的判断和反应。比如，手伸到水中，有温度的感觉，有阻力的感觉，有湿润的感觉，还看到无色透明，你能知道那是一种特殊的物质，人们叫它"水"。又比如，听到地面上的声音由远而近，能够知道有人或有什么物体过来了。再比如，看到熊熊火焰燃烧，感到热气逼近，闻到浓烟呛鼻，感到不能忍受，能够知道有危险了。而在感受时，这些也都没有了，能让人产生感受的，也都来自文字和话语。

感觉和知觉，有时被统称为感知。

感受与感知相似，而又相异。感受类似人的眼、耳、鼻、舌、身及其运动的感觉，感受也类似那丰富的知觉。感知与感受不同就在于真实的外部环境作用于人的身体与文字和话语作用于人的身体。感受相对于感知，是很微弱的心理活动。用一个不十分恰当的比喻，感知像公路上拉人载物跑的汽车，感受像汽车模型，甚至像模型的图影。

感受来源于感知，生活中曾经有过的感知，在阅读、朗读、说话时才会产生相似的感受。生活中不曾有过的感知，就不可能产生相似的感受。对哪些事物熟悉，那文字的感受就来得快，来得强，反之对不熟悉的事物，感受就会苍白、浅淡一些。不同的人感受也会有很大差异。比如，对"学校"一词的感受，人们有不同的经历，就会有既相同又各不相同的感受。

有感受的同时，就有了类似现实感知的身体的一系列小小的变化，包括血压、呼吸、肌肉力量，甚至肾上腺素的分泌……这些变化远远小于真实的感知，但也是自动协调的，是感受的活动，是感受的现象。

感受是一种能量，这种能量虽然微弱，但是极为可贵。

感受对播音主持，乃至所有的表演艺术都是起始点，是根本。无论哪种表演艺术形式，"内心的真实比什么都重要"。

文字和话语带来的感受，生活中人人时时都有，看书的时候有，说话的时候有，想象的时候有。但那是人的自然本能的反应，转瞬即逝。而表演艺术则要自觉意识到感受，并且强化这瞬间的感受，由这感受进入各类艺术的规范，使得各种表演有了真实动人的灵魂。

毫无疑问，播音主持时要有鲜明的感受。一般来说，播音主持讲话的感受与平时人说话的感受没有本质的差别。

但是，播音主持的话语感受与生活中说话的感受有一些明显的不同。

一是，播音主持的话语常常是别人写的文稿，大部分不是自己主动想说的话，感受可能就来得困难。生活语言是"我要说"，而播音主持是"要我说"。

二是，生活中说话自然，人和人面对面，互相交流，能够有很丰富的感受，但是在演播室里，在节目现场，是工作场面，讲话的环境并非生活化，交流是假设的，感受也就不很容易获得。

三是，播音主持说的话与生活不完全一致，甚至完全不一致。生活语句一般不超过 10 个字，词语围绕日常生活，词汇量很小；播音主持话语句子长，词汇量大且有很多在生活中不常说的书面词语，这样就难以及时获得丰富的感受。

四是，播音主持的感受数量大，集中快速，有可能来不及感受。

因此，作为工作状态的播音主持职业话语的感受，有一个学习训练的过程。

要让自己从内心深处认同播音主持与日常说话是同一规律。要学习对感受的敏感，要自觉地去获得感受，要强化可能的感受。从日常说话入手，逐渐体会并获得播音主持时复杂一些的感受。这是一个时间较长的训练过程。需要认真去学习体会，从中找出规律，并且成为自己的能力。

播音主持的感受获得一定是在讲话中。上一节里讲到的话语生成的造句过程是至关重要的。只有真实的话语生成过程，才有可能产生真实的感受。

即使有了已经成文的播音主持文稿，也要在自己心里还原成完整的说话造句的过程。就是"看—想—说"的过程，在这个过程中，"想"的部分要比较充分，才能产生感受。"想"的部分还包括自己有说话的愿望，有要告诉他人的动力，要把"要我说"变成"我要说"。播音主持要"想"的话语相比日常话语要复杂要难，所以会"想"得比较辛苦，当然感受得也累一些。

手持播音主持的文稿，要在自己的心里真想、真说，真想、要说，从而产生真感受。如果只是从"看稿"直接就去"念字""念句"了，失去了"想"的过程，那就很难有感受。没有"看—想—说"的过程，就不能够获得感受。

在实际工作中，看稿时能够获得感受是最初阶段。这时可能感受还不太准确，要在准备熟悉文稿的过程中逐渐让感受准确、具体、完整。当工作熟练了，这个过程可能短时间内比较迅速地完成，但是切记不能因为时间短降低感受的质量，使感受粗糙。

特别有意义的是，对聆听者，由于内模仿功能，会在听人说话的时候产生一定的共鸣似的心理反应，其实也是一种感受。说话人的感受使得听话人有了相应的感受，这其实是播音主持乃至所有语言艺术的真正目的。听话人的感受程度会受到说话人感受的影响，说话人感受得准确度和强度，能够决定听话人接受的水平。

2. 形象感受

人们常常体验到的感受就是好像浮现在眼前。就是说到什么就好似看到什么。比如，说你今天中午吃什么，眼前就会浮现出那食物，好像看到了。说到明天去游泳，也好像看到了游泳的场景。感受不仅仅是视觉的，而是身体各部位综合的。

1. 视觉的感受

播音主持时说到的事物大多数都是与视觉有关的。比如，一个人、一伙人、一个个物件、一间间房屋、一栋栋楼宇、一个场景、一山一水、一片花草、丛林、一群飞禽走兽、蓝天、白云、太阳、月亮、星星……

人们曾经看到过的事物，眼前就会浮现出它的形象；没有看到过的，也就很难在眼前浮现出它的形象。比如，鬼怪、神灵。有些没有看到过的东西，人们可以凭借曾经看到过的去构想，去猜想，去联想，去拼合，去改造，可以在已经了解的事物的基础上加工、想象。总之，话语中的大多数内容都是可以想象，并且好像在眼前浮现的。

视觉的感受还有远近高低的不同，好似电影的远景、全景、中景、近景、特景镜头，平、俯、仰的角度，正、侧、背的位置，随着所说的话而在"眼前"变化。

2. 听觉的感受

播音主持讲到曾经听到什么声音，耳畔就会再现这个声音，虽然很微弱，但确实有听觉神经的反应。比如，人的呼喊声、歌唱声、风雨声、枪炮声、流水声、林涛声、音乐声、脚步声……声音有远有近，有大有小，有长有短，若隐若现的。

除了视听这两个主要方面的感受，还有味觉、嗅觉、触觉和运动觉等各方面的感受。

3. 味觉的感受

说到嘴里曾经尝试过的酸甜苦辣咸味，嘴里会有相应的感受。说到酸，口水会从牙缝中流出，牙根都好似在被腐蚀；说到甜，唾液分泌得人想吞咽；说到苦，舌面和口腔都会有痛苦不适，口舌会有相应的抵触动作；说到辣，有人口中有隐隐的快乐的辣香，也有人的唇舌立即感到一丝被辣得略略发烧；说到咸，人们嘴里会有找水冲淡的冲动……

4. 嗅觉的感受

说到有什么味道，鼻子会有相应的感受。要说香，有花草的香味，有泥土的芬芳，也有饭菜的香味，水果的香味，茶水的香味，鼻子会有不同程度的微弱张开动作，呼吸会微微深入。说到臭，有腐烂的臭，有粪便的臭，鼻子会厌恶地抵制。说到毒气泄漏，有恶臭，有强烈怪异的味道，鼻子会极度收缩，还有戴口罩或防毒面具的想象。世界历史上曾有大城市的空气质量出现过问题，当说到雾霾出现时，我们的呼吸会显得沉重，当说到天朗气清时，我们的呼吸会非常顺畅。

5. 触觉的感受

说到身体的某一部位与物体接触，身体的感受也会油然而生。说到所接触的冷热、软硬、干湿、糙滑，还有木材、钢铁、玻璃、塑料、橡胶、液体、气流等不同材质触及的感受，以及它们的动态，身体的相应部位会有一点儿微妙的反应。此外，还有身体某个部位与物体的相互作用产生的感受。比如，春风扑面，抚摸着额头，搬动石板，刀割一样痛，头被木棍击了一下……

6. 运动的感受

说到各种动作，我们的身体虽然在说话时并没有动起来，但依然会有做动作的感受。比如，伸手、举手、抬头、转头、弯腰、俯仰、转身、踢腿、跑、跳、跃等动作，身体是静态的，仅仅是身体的某些部位的神经有很微弱的反应，如果测试肌肉电流的话，电流会有很微弱的相应的变化。再比如，说到日月升起落下，说到飞行物，说到抛掷物体，说到车船飞驰，说到看见某人的动作或某些人的活动，说到动物嬉戏，说的时候眼前有他们的形象，自己身体某些部位的肌肉也会微微收缩或者放松。又比如，说乘车、乘船、乘飞机时，人其实没有在运动的交通工具里，说话人的身体与周边空间关系并没有迅速动态变化，但是整个身体应该有空间关系变化的感受。

眼、耳、鼻、舌、身和运动的感受，再加上多重的知觉感受，就是形象感受。这各方面的感受，不是一个一个单独到来的，而有可能几方面的感受同时到来。

各种形象感受瞬间汇集，这些感受能够让人产生文稿所述的有立体感的环境，让人好似"身临其境"。

说话伴随感受的时候，人的神经系统受到感受的影响，产生一系列变化，这种变化带动人的肌肉动作，影响呼吸，特别是口腔的细微变化，使得说出的话有形象感。话说得形象生动，其实是来源于感受。当然，这会因每个人的个体差异而有所不同。

在日常言谈中，人们时时都与正想说的那人、那事、那物的感受相伴随，所以绝大多数人说话都有自己个性化的"绘声绘色"。播音主持则更需要如此，而且需要更为敏感，更为自觉，有所强化。

播音主持的形象感受还要求准确，感受要符合文稿的本意，不偏离、不远离、不脱离、不背离。

一位中年人说，当年学习朗读秦牧的散文《土地》，其中有这样几句：

我想起了二千六百多年前北方平原上的一幕情景。

一队亡命贵族，在黄土平原上仆仆奔驰。……那流亡队伍中一个王子模样的人物，走下车子来，尽量客气地向农民请求着："求你给我们弄点吃的东西吧！你总得要帮忙才好，我们已经好几天没有吃的了。"衣不蔽体、家里正在愁吃愁穿的农民望了这群不知稼穑艰难的人们一眼，一句话也没说，从田地里捧起一大块泥土，送到王子模样的人物面前，压抑着悲愤说："这个给你吧！"……于是，一幕怪剧出现了，那王子模样的人突然跪下地来，叩头谢过上苍，然后郑重地捧起土块，放到车上，一行人又策马前进了。辘辘大车过处卷起了漫天尘土……

当他把朗读录音给前辈听时，那前辈说，我怎么听着你朗读的这个王子形象，不像中国古代的皇子，好像哈姆雷特呀。顿时，如雷轰顶！朗读者说，他在朗读到"王子"时，的确！脑海里闪现的就是当时正上映的电影《哈姆雷特》的海报形象。由此可知，形象感受对话语表达的作用；亦可知，感受准确也是必须的。

形象感受的汇集，其实就是播音主持教学里常说的"情景再现"。不过情景再现不仅仅是感受的"景"或者是"境"，还有触景而生的"情"。

3. 抽象感受

　　形象感受比较容易讲明白，也比较容易获得。但是播音主持时说的话语中另一部分不是形象性的语言，更多的是抽象的词语、语句和段落。

　　表达抽象内容的时候，也同样有感受。

　　播音主持时表达抽象内容似乎更难一些。很多人不容易获得感受，是因为表达抽象内容的文稿书面语多，信息量大，似乎来不及感受。所以表达抽象内容的时候，感受特别容易被忽略。但是，感受是必须的！没有感受的话语，就是没有灵气的话语。

　　较为抽象的感受首先是时间。对时间的长短，每个人都有自己的感受。当然，感受强烈与否，也与自己是否曾经深刻体验过时间有关。比如，快乐的时间，艰难的时间，盼望的时间，某个特定的时间等。时间分为时间点和时间段。主要是感受时间的长度，离今天有多远，三十年前和五年后感受不同；还可以感受过程长短，十分钟、十个小时、十天、十个月、十年的感受不同。

　　较为抽象的感受还有空间。一般来说，较小的空间感受可以从视觉感受获得。有时空间比较广阔，就很抽象。比如，说到全市各学校的新面貌、全省各地的农业布局，全国各地过春节，世界各国的政治、军事、经济、文化，地域的空间就超越了直接的视觉，说起来要有空间的概括和抽象的认知。能不能对这样的广阔空间有准确的感受，这就要看每个人心中对地区、国家、世界这些大空间的理解了，也与个人旅行的阅历有关。在这里"读万卷书，行万里路"就极有意义。

　　还有一些形象的话语，有时也带抽象的意义，会有形象与抽象结合的感受。比如"微笑与痛哭""天使与魔鬼""蜜糖与狗血"比喻的就是善良与邪恶。再如，关于味道的话语都能演化为抽象的概念。酸意味着委屈妒忌；甜意味着美好享乐；苦意味着艰难困苦；辣意味着尖锐棘手。这些话语感受的获得，也与人的生活阅历有密切的关系。又如，不同颜色有不同的象征，就有抽象的意义了。

　　在形象感受的基础上我们很自然地能够理解和找到集合的感受。比如，学生、解放军、干部、老师；苹果、水果、食品；桌子、椅子、家具、日用品；电器、设备、经济、知识、文明行为等概念的感受。这是众多同类形象集合的感受。在表达时，集合感受要向有关的具体感受靠拢，心中要有同类的某个具体形象感受，可以是很多具体感受在瞬间的迅速组合。

还有更抽象的词语,比如,政治、经济、和平、设备、司法、教育、差异、贯彻、提高、区别……对这样的抽象词语也会有所感受。最高抽象可以是"意识"与"物质"两个概念。这两个概念也应该有感受,虽然这感受是很抽象的。

这些抽象概念的感受来自这些词语所包含的大量的具体事物的形象。这些概念包含的形象非常多,每个人经历不同,会有不同的想象。在准备稿件的时候,可能有充分的丰富的想象来呼唤抽象感受,当面对话筒和镜头说话时,那些众多的形象可能就是快速重叠地一闪而过,留下的只是感受。这样的抽象感受与每个人的经历有密切的关系,熟悉某一方面的事物,抽象的词语很容易获得充分的感受,不熟悉的事物,获得感受就会困难。实际上,这需要有比较丰富的人生阅历,没有捷径。

各种各样的数字,大到人口、领土面积、GDP,小到学校收费、投票人数、市场物价;还有各种数字关系:比较、比例、增加、减少、增幅、减幅、同比、环比、涨幅、跌幅、人均、平均……都表示抽象的统计,这些数字是多了,还是少了,是利好,还是令人担忧,是预示兴旺,还是含有危机?说到数字时,没有具体形象,但也都要有所感受。熟知了解数字的意义,感受就来了,对不怎么懂的数字,感受就困难了。

一个个单独事物或者单独概念的感受,无论是形象感受还是抽象感受,当它们在一篇讲话中凑到一起的时候,就产生了相互的关系。这样的逻辑关系,也会使说话人产生相应的感受,而这方面的感受也是十分重要,不可或缺的。

这些关系里最基本的关系是并列关系。有时能够把某些并列关系说成递进关系的感觉,则更有意味。

这些关系还有:递进、转折、因果、条件、总分、承接、解证、反正、反复等。每一关系都会产生一种感受的心理冲击能量。在播音主持的话语中还会有更大范围的多重逻辑关系。

比如,毛泽东的《为人民服务》里面的一段话,就是多层的逻辑关系。

因为我们是为人民服务的,所以,我们如果有缺点,就不怕别人批评指出。不管是什么人,谁向我们指出都行。只要你说得对,我们就改正。你说得办法对人民有好处,我们就照你的办。

这里,"因为"和"所以"构成因果关系,在"果"的下面先对"别人"做了进一步解释"不管是什么人",又展开解释了"不怕"的两个点:"你说得对"和"对人民有好处"。可以看到,这一段话有三个层级:第一层因果关系,第二层并列关系,第三层假设关系。

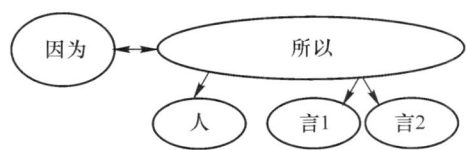

能够有逻辑关系感受，重要的是说话人要能够觉察并理解到所说的内容之间的逻辑关系，这与播音员和主持人的语文水平和逻辑能力有关。

抽象感受与形象感受的不同在于没有身体上眼耳鼻舌身的局部反应。抽象感受可能是心里的一点点舒展感、充盈感、收缩感、膨胀感、空荡感、震动感、悬空感、进退感、升降感等。

生活中说话，人人都有抽象感受，是很自然发生的。但是和形象感受相比，抽象感受更微弱，更容易被忽略不计。抽象感受还与人的知识范围有关系，与人生的经历有关系，熟知的事物感受更深切，不懂的事物则很难有什么感受，或者感受很浅，甚至会有因误解而扭曲了的感受。比如"抵御风险"能力不同的人感受差别会很大。

在播音主持的时候，抽象感受很重要。播音员、主持人要敏锐地觉察到它们的出现，强化它们，使它们产生作用，最终使说出的抽象的话语能够有那抽象事物的活跃个性，产生独特的话语力量。

4. 综合感受

感受，仅就一个词来说，是单一的。

然而，语言是由词、句、段、篇组成的，所以说话的时候感受是连续不断的，许许多多的。但是感受不仅仅是简单地连接组合。

在一篇讲话中的感受是立体多重的。说话的时候，有词的片断感受、句子的相对完整感受、段落的整体感受和全篇的总体感受。甚至，还有当时当地一段时间的背景的感受。这些感受是综合在一起的。

有这样一句话："这次我考试的成绩一定全都是优，那是不可能的。"

单独看前半句的内容，是肯定的感受。从这句话的整体来看，是否定的感受。

实际上，在表达前半句的时候，既不能单独是肯定感受，也不能单独是否定感受，一定要是综合了否定和肯定两方面感受说出来的，两句总的否定感受笼罩着前半句的肯定感受。这就是多重感受综合的表现。

实际上表达这种肯定否定的情况不多，多数情况是同类的总体感受笼罩具体的感受，大感受笼罩小感受。

只要话一出口，无论说到哪一处，这多重感受是同时存在的。能够把多重感受同时表达出来，是较高水平的表现。

我们再来用图示的方式来分析这一句：

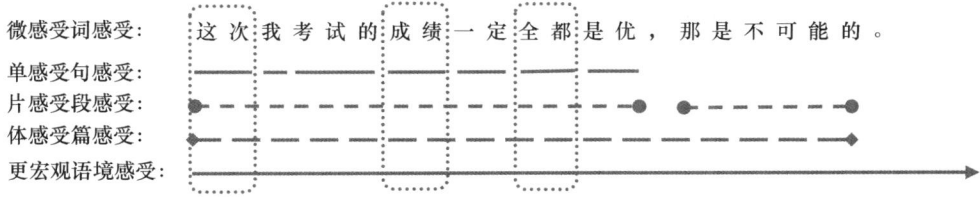

说到这句话的每一个词语时都有可能面临着四重，甚至更多的感受综合。

而且，在播音主持的话语中还有形象感受和抽象感受交替出现。一段话中有丰富的形象表达，同时也会伴有大量抽象说理和说明。

一般来说，每出口一个词语，都含有多重感受，那么，每一段呢？每一层呢？每一篇呢？似乎是多么困难！

但是生活中每个人每天不都是这样表达着吗？

每个人说话的时候，不都是同时有具体词语的感受和句子、句群的感受吗？还加上他此时此地的感受，以及他当天的总的感受，甚至是一个时期里成功与悲伤总的心境的感受。感受的特点就是微弱，所以人们并不经意就说过去了。

这还如同一个人的身体，由细胞构成，细胞形成组织，组织形成器官，器官形成系统，系统构成了人的身体。身体的整体一定影响着全身的每一处，身体的每一处都不同程度地影响着全身，也都体现着全身的整体。整个身体血压高会造成全身各处甚至毛细血管都有病变，身体的某个地方有病灶，通常要通过吃药作用全身来治疗。更何况人的心情、人际关系、生存环境都对身体和身体的每一处有影响。

生活中说话有些散乱，生活话语以句为基础单位，基本不成篇，感受综合的多重性不强，且不易被察觉。

到了播音主持时，发言稿多数是认真写作完成的，句、段、篇之间的结构严谨，逻辑关系明确，多重感受的意义就更大一些，要求就更高一些。作为语言表达的专业工作者更要自觉整体把握。

对初学者，通常先要求把握好句子的感受，适当兼顾词语和段落的感受。

有的时候，根据文稿的内容和讲话人的理解，个别词语的感受有可能在总体感受中被突出强调，这要看文稿的语境，还要看讲话人自己的理解和表达目的，以及个人的风格特点。

我们看这一段：

培田村背山而建，临水而居。青砖黛瓦，天井华堂，雕栏画栋，古色古香。从连城县城到培田，二十分钟的便利交通，并未使这里变成像其他地方一样楼房扎堆儿的村庄。相反，优美的自然环境和明清时期的民居建筑，让远道而来的都市人一来此地，恍若隔世。浓烈的乡土气息和深厚的传统文化氛围，令人感到身心舒畅。去年，培田村被评为"中国历史文化名村"、中国最美的历史文化村镇，今年又成为全国重点文物保护单位。

再看这一段：

保障好初级产品供给是一个重大战略性问题，中国人的饭碗任何时候都要牢牢端在自己手中，饭碗主要装中国粮。保证粮食安全，大家都有责任。要有合理布局，主产区、主销区、产销平衡区都要保面积、保产量。耕地保护要求要非常明确，18亿亩耕地必须实至名归，农田就是农田，而且必须是良田。

这两段话里，句子为主，细致到每个词都有鲜明的形象，概括到全段（句群）形成整体的认知，全篇都是在一定的背景下的。所有这些都是要有相应感受的，落实到播音主持的表达，必然都要有所体现。能够有多重立体的感受，话才会说得到位、准确、丰满，符合大多数人的心理。

5. 情感

播音主持时要带有感情，这是人们的共识，包括情绪和情感两个层面。

《心理学大辞典》中说："情感是人对客观事物是否满足自己的需要而产生的态度体验。"

心理学认为："情绪和情感都是人对客观事物所持的态度体验，只是情绪更倾向于个体基本需求欲望上的态度体验，而情感则更倾向于社会需求欲望上的态度体验。"

心理学认为，在行为过程中态度中的情感和情绪的区别就在于：情感是指对行为目的的生理评价反应，而情绪是指对行为过程的生理评价反应。

情感是执着的，相对稳定的，比如，爱自己的父母，恨自己的敌人。再比如，对某个事业深情地追求，对某种事物坚决地排斥。又比如，对音乐、美术的欣赏陶醉，对鸡鸣狗盗的厌恶……

情感有时更为深刻，有爱国、爱党、爱家乡、爱事业、爱人民……

情绪是身体对行为成功的可能性乃至必然性在生理反应上的评价和体验，包括喜、怒、忧、思、悲、恐、惊七种。行为在身体动作上表现得越强就说明其情绪越强，如喜会是手舞足蹈、怒会是咬牙切齿、忧会是茶饭不思、悲会是痛心疾首等就是情绪在身体动作上的反应。

以爱情来说，深爱着一个人就是情感，这个人今天让你欢笑，让你欣慰，让你着急，让你期待，就是情绪。

"人对客观事物是否满足自己的需要"实际上是价值判断。由此可得情感的哲学本质：情感就是人类主体对客观事物的价值关系的一种主观反映。

情感的定义包含了两个方面：一方面是人的价值尺度，另一方面是客观事物。不同的价值尺度对不同的事物，就会使人产生不同的情感。

播音主持时，会说到各种各样的事物，丰富多彩，领域极为广阔。对所说的事物的价值判断的结果，就是播音主持者的情感，包括情绪。对播音主持的话语来说，情感的色彩要准确，情感幅度要适当。

这有两个问题。

一是有什么评价体系？评价体系是播音员、主持人的世界观、价值观，包括人生的阅历、知识宽度和深度，包括对公共道德的意识，等等。播音员、主持人的评价体系要能够代表社会的正向潮流，与大多数人一致，让大多数人赞同。从美学的角度讲，能够在多大程度上与社会主流一致，就能够在多大程度上被社会认同接受，被认为是正确的，是美的。

二是评价什么？评价的应该是播音主持所说的事物，以及对那事物的感受。这里感受有着重要的作用。情绪和情感在很大程度上是因事物的感受引发的。无论是形象感受还是抽象感受，直至综合的感受，都要引起情感的波动。即是否使自己满足的体验。

所以，从这个意义上考虑，话语的感受是情感表现的起源。

比如，对父母、丈夫、妻子、儿女、兄弟姐妹的爱，对无辜平民被屠杀的愤慨，对恐怖分子的痛恨。

比如，对假日坚守岗位为大家服务的普通劳动者的敬重，对不爱护公共场所卫生不遵守公共秩序的少数人行为的批评。

比如，对获得成就的喜悦感，对劳动收获的快乐，对天灾人祸的无奈，对受到伤害的痛苦。

比如，对某一方案的支持，对某一事物的赞扬，对某些主张的反对，对某些事物的批评、谴责。

比如，对中华民族伟大复兴的中国梦的向往，对分裂祖国的敌对势力的痛斥。

情感的作用在于能够自动整合人体的各个方面使其协调一致。人的情感状态发生较大波动的时候，有诸多方面的反应：

- ◇ 神经系统的变化
- ◇ 血液循环的变化
- ◇ 肾上腺素分泌的变化
- ◇ 呼吸中枢的变化
- ◇ 消化系统的变化
- ◇ 体态的变化
- ◇ 面部表情的变化
- ◇ 说话声音的变化
……

这些方面是互相联系，同时出现的。不可能只有其中的一部分变化。情感变化中的各种变化都是说话声音变化的原因。所以，语言中的情感色彩是人的整体情感反应的一部分，是不可能单独存在的。只有全身心有了真正的情感反应，才能使说出的话带有真正的情感色彩。

如果饱含情感地说话、播音主持，那么与发声有关的呼吸、肌肉都在身体整体变化的条件下产生变化，就自然而然地导致了声音色彩的变化。这种综合的、协调的声音表现，是在有感受继而有情感的状态下自动完成的。打算人为地操作身体的某些部分使自己的声音色彩有准确、恰当的情感，那是不可能的。

在人际交流中，情感是一种声音色彩的表现，情感色彩是一种力量的发送。有时会很强烈，我们称之为激情。

人们的情感有共同之处，相同立场、相同态度。但具体到播音主持的过程中，情感因人而异，是个性的。一致的立场态度，在具体的情感表达时也一定有差异。

有的时候，播音主持的稿件中所说的事情离自己的生活有些距离，可能是时间距离，可能是空间距离，也可能是理解上的距离，不能一下子产生评价的体验，那就需要从多方寻找感受，寻求理解，从而点燃自己的激情。从长远看，要多了解社会发展中的大事，要多到社会生活中去，了解社会前进的步伐，增加自己对社会生活的判断和评价能力，这是准确把握播音主持时激情的最根本的途径。

如果在电视和广播里讲某些游客乱扔垃圾不文明的事情，与社会生活中的重大事件相比，评价和体验应该有所节制，说话的分量要有所收敛，情感的强度要有分寸。即使是国家民族的大事，激情的表达也要有一定的余地，正所谓"泰山崩于前而色不变"，不要因激情而失态。

播音主持需要在生活表现的基础上，自觉启动从感受到情感的过程，从而自觉启动身体的协调一致的变化，并且将情感放大、加工，使话语的情感色彩表现得更加丰富、多彩，更能感动人，更能说服人。

情感，是艺术的灵魂。在话语中有恰到好处的情感表达是每位播音员、主持人终生的追求。

6. 情感投入

谁都有看电影、电视剧"看进去"了的时候，自己的情感随着剧情起伏，替剧中的人着急，随剧中的人忧伤，为剧中的人高兴，受剧中的人鼓舞……

播音员、主持人在讲话的时候也要"进去"，就是有情感地进入，或者投入。

一、什么是播音的"进去"？要进到哪儿去？

"进去"就是让自己的注意专注于稿件内容，暂时忘却其他的一切；让自己的情感随稿件内容而起伏，时而舒畅，时而急切，时而欢乐，时而悲壮。

"进去"的目的，在于随文稿的内容产生体验，激活播音员、主持人内心相应的丰富感受，实际上是很微弱的感受，不是生活中的那种感知。即使这种感受很微弱，也能够让播音员、主持人有"情景再现"，进入自己想象的情景，进而有色彩斑斓的情感引发，这些感受带着情感引导人的神经系统导致呼吸系统不知不觉地发生丰富的变化，这样，"情景再现"的体验最终推动语言表达准确地有声有色。

二、"进不去"的原因

在播音和主持时，很多人走入不了各种感受形成的"情景"，无法"情景再现"。

原因是多方面的。可能是由于紧张，那什么都谈不上了。可能是由于语句的长短、句子的结构方式，以及用词造句都与生活中说话不同，一时不能适应，播音主持时只能应付语句，不可能再有精力来获得感受了。还可能是在播音员和主持人自己的知识结构和阅历中，关于节目中所说的内容不多，因为不了解、不理解，或者是了解、理解得不够深刻而难以获得感受。

1. 无法保持专注

"进去"的状态的关键之处在于自己要专注于所播的文稿内容，专注便会理解那些内容，体验那些内容，从而获得与文字内容相应的细致而又具体的感受和情感。

其实做什么事都是如此，不专心怎么能做好呢？

但是，说来容易做来难。

我们都有这样的经历和体会，有的时候，做事可以用一半心思，可能边开车边说话，边做饭边教训孩子；而有的时候，做事全神贯注，周围发生了什么也全然不知，这种状态有时持续时间长，有时只有短瞬，一般来说是不自觉发生的，多数情况下是被某事物吸引住了，不是自己命令自己就能做到的。

实际上，主动地而不仅是被动地被吸引，这是一种习惯和能力，有人拿到书就会聚精会神地阅读，其中有被书中内容所吸引的可能，这实际上是看到什么、听到什么就引起大脑某一部分兴奋，压抑了大脑对其他事物的注意力。许多时候有一种责任和自我的要求使然，比如学习外语、考场上写答卷的时候。

"进不去"的情况主要发生在播音的工作中，播报新闻、播讲评论、播电视片画外音，都可能在这里发生障碍。当然，不排除有的主持人语言也有这样的障碍。

有不少人有这样的体会，自己刚刚阅读这一条新闻稿的时候感到一种情感从心底往上涌，可是到正式播音时就什么感觉也没有，怎么也"进不去"了。他说的前一种情况，就是最初阅读时从不知到已知，思想很真实地专注和集中；后面情况就变了，他已经知道稿件内容，于是分神了，分出相当多的精力来"指导"自己的播音了，心中不断对播音的效果有所评价。如果不能真实地专注于稿件内容，就没有正常播音创作的可能。

主动地集中注意力于某一事物的能力，是要经过训练才能获得的。

要让自己能够一接到稿件就能集中精力，这是职业训练的结果，要有一个过程。

有了正确的认识，随着学习训练和工作经历增加，专注于稿件内容的能力会逐渐加强。一旦能够专注于稿件，就会使播音员自己有相应的真实心理反应——感受。感受也只在专注的情况下才会产生。感受带动情感，情感附着在正说出的话语声音上，才会出现声情并茂的播音。当然，感受和情感的水平是与播音员的年龄经历和学识水平有关，但这样的心理过程是真实的，是正确的创作方向。

2. 焦虑

当这种能力达不到的时候，初学者往往会处于一种焦虑的状态。

有时初学者会强烈地要求自己注意力集中，命令自己要"进入"稿件，其实结果常常是枉然，一时的自我命令是不起作用的。有人读书时、做事时就三心二意，注意力不能集中。其实播音"进不去"就是这种情况。

越是这样，有责任感的播音员就越急切，恨不得在稿子的边上写上"此处热烈点""此处要深沉"来提示自己。但是仍不能奏效。这实际上是假的，并不是真正专注于稿件，因为此时专注的不是内容本身，而是对自我的指导。文稿旁边的提示："高兴""遗憾""热情""伤感"……反倒分散了对要说的内容的关注。用这样注释的方式（也许没有写在纸上而在心中提醒）急切地呼唤自己要有什么情感是不能奏效的，只能让自己处于很笨拙、很僵硬的样子。

要训练自己静心——平心静气地集中精力专注于稿件内容。

3. 知识不够丰富

播音主持时应有的话语感受有时难以出现，或者时间上较为滞后，话说完了感受才到来，有的甚至始终找不到感觉，很可能是因对所说事物生疏而发生困难。

能够在播音主持时较好地获得感受，更深层的原因是要有丰富的感受来源。

第一，了解、熟知社会方方面面的生活，知晓播音主持讲到的那些广阔领域。比如，城镇、街道、公交、环境、红绿灯、农村、土地、耕作、老人、小孩、公司、公安、税务、医疗、商业等。还有当地社会发展的重点事物、规划、经济、制度、事件、课题等。当前重大的理论观点和对本地社会生活中的热点的看法。也要和别人进行相关的讨论，让自己在相当程度上熟悉这些事物。

第二，让自己能够习惯表达上述内容的长句，适应书面语的思维，并且从中能够有所感受。

第三，播音员、主持人还应该有意识地存储生活中比较深刻的感受，感受要比非职业者丰富，工作时才能得心应手。

播音主持时，要能够平心静气地首次阅读稿件，最容易获得初步的感受。此后阅读稿件有可能难以再获得相应感受，所以要重视首次阅读，并且努力记住那最初的感受。经过练习，要能够每次阅读都有初次阅读的那种感受，最终形成自觉的比较强的获得感受的能力和习惯。

7. 莫"陷"其境

播稿件要"沉浸"于稿件当中，播音员、主持人的情感要随稿件的内容起伏。其中有一个重要的要求，那就是播音者自己要被感动。

要求播音者自己被感动，就有可能带来一个问题，产生另一种倾向，那就是播音员、主持人刚刚有一点点感受，还没有被文稿所叙述的事物感动，而只是很理性地知道自己要感动，要有感情。于是自己引领着自己要沉于那环境之中，自己要求自己就是那人、那事、那物，努力寻找那种感动，而自己并非是那人、那事、那物，于是就产生了自我强迫。

表面上，好像自己陷进去了，感动了，有感情了。其实，此时最初的感受已经消失了。

在这种意识的强烈驱动下，播音员、主持人很希望自己能够被感动，所以或多或少有些压抑自己的状态。

这种混合的强烈的"被感动"的情况，使得内心的节奏和全身的血肉都相对比较紧张，播音主持出现一种"要感情"的腔调，听来有一种"哭腔"。这样的心理，这样的音色，影响了正常表达。一部分播音员、主持人时常陷在这样的心理环境中不能自拔。这不是好的表达，起码是不轻松的，听起来不自然。而且，无论怎么使劲，怎么用力，也达不到理想的状态，自己总觉得没有表达好。别人听着也不是那么回事，听着累。

这其实是真实感情之外的一种假感情状态。有的局外人直言不讳地提出要求，希望有"不要感情"的表达，指的就是这种情况。

有些人在少年时代参加幼儿园、小学课程之外的朗诵班、"小主持人班"，有可能被培养成这种怪怪的腔调。幼小的时候形成的话语习惯，有时很难改变，需要很长时间纠正。

是什么原因形成这样的情况呢？

这是一种心理误会。以为有感情的话语一定要深深沉浸在"被强调的感动"之中。其实不然。

如果把说话时候的感情及某些激情比作一团火焰，有人努力把自己放在了火焰之中，出现了这样一种"陷入"的状态，这样就有一种莫名其妙的"感情陷入"表达，并不真实。细细想想，好像把自己在火焰中"烧焦"了的状态，怎么能够恰当地表达情感呢？

怎样才是正确的心态呢？要从火焰中出来！站在旁边。

播音员和主持人讲话的时候，应该是处在所讲述事物的**旁边**。播音员和主持人要指着这个事物，或者指着那个事物，面向自己的听众和观众，告诉他们这一切或者那一切。这种情态可以总结成一句话："我指着这事或者那事对你说。"

我指着这事、那事对你说

一旦从那情景中出来，讲话的人立即会有一种自如的感觉、诉说的感觉。抛下负担，音色也会明朗了，自己也会觉得说得明白，讲得透彻，才有可能进一步把感情表达得淋漓尽致。

这是两种不同的体验。

前者是置身其中的体验，或可以称之为"身陷其境"。我自己成为当事人的体验，或者是要求我自己成为当事人的体验。不但"要我"，而且"我要"。有的初学者描述自己的这种心态时说，讲述救火的故事时自己有被火焰包围的那样急切的感觉。头"嗡嗡"的，心里焦躁，说话声音都是"劲劲儿的"拿腔作调。

后者是身临其境的体验，所谓身临，就是在其旁边，就是面对事物。同样讲救火的故事，但是我处在火场旁边，与在烈火中搏斗的人说话的方式会有所不同。身临其境的体验要求觉察到什么就告诉人们什么，理解到什么就说明什么。说高兴的时候当然我也愉快，但我是在说"他高兴"；说着急，我也有些急切，但我主要在说"他着急"。我作为站在事物边上的旁观者，不会也不应该把心情绷得紧紧的。这样才能有正常的感受，有正常的表达。

即便播音员、主持人在说我自己的心里话,我自己的故事,我自己的思想,也同样是在"指着我的那事对你说"。

这里好像有些矛盾,一方面强调播音时要专注于稿件,沉浸于稿件所描述的情景,而另一方面又要求"站在外面"。我们看看每天每时,人们互相交流的时候,不都是这样吗?个别时候,有人不自觉地激动地站在"火焰"中,大家不都觉得难以接受吗?

作为职业的播音员、主持人,一定要准确定位自己的话语位置,将这二者统一起来。那就是站在事物外面、旁边的专注,站在稿件描述的事物最近处的体验、表达。

还有更深一层的意义,播音和主持都是在体现媒介的功能。媒体的基本作用就是把他的事情展示给你们,让你们知道。播音员、主持人站在世间百态与听众、观众之间,"我指着这事或者那事对你说",沟通双方,正是媒体职能的体现。

所以,应该是身临其境,而不是身陷其境。试试,就能有体会,要沿着这条路走下去。

8. 要真情实感

有人说，一个优秀的语言表达工作者的能力在于，能够在自己内心没有感情的状态下，把声音控制得很有感情，打动别人。

有这种想法的人还不少。他们想，成功的语言表达要感情充分、恰当，不就是对自己语言声音的控制吗？甚至他们认为播音训练就是训练怎样控制声音的色彩，播音主持语言表达的学习就是在练习这方面的控制。

从字面上看，这样的说法似乎没有什么不对，只要是播音所需要的感情能够表现出来就达到目的了呀。至于心中有没有感情似乎不重要、不耽误什么。当然如果能够控制声音到感动人的程度，达到了说话的目的，应该算是成功的。其实这是一种错误的认识，实际上根本不可能做到。

人的情感状态，是个复杂的情况。声音的情感色彩变化是由全身的变化而来的，不能单独形成。人处于某种情感状态下，血液循环、肾上腺素分泌、呼吸中枢，都有不同的变化，与此同时，人的体态、表情和说话的声音音色也有相应的变化。声音的音色只是这复杂变化中的一部分，声音音色的变化是呼吸中枢的变化和表情的变化形成的，呼吸中枢和表情的变化是血液循环和肾上腺素分泌的变化形成的。这一系列互为因果关系的身体的变化，才能形成人的音色的变化，他们互相之间是分不开的。如果有情感变化，这一系列变化几乎同时发生，要是没有情感变化，这一系列变化都不会出现。人的情感变化时，身体内部有人的主观意识不能左右的自动的动作协调过程。

因此，心中没有感情，就注定了说话的声音里没有感情，没有色彩，装模作样、装腔作势是不能奏效的。说话的声音音色不能脱离内心的情感单独提出来单独控制。如果坚持要单独控制音色，那播音主持一定是很可笑的，不能成功。

用自己的真实情感说话的时候，人的表情都是在随话语变化的，不论是不是在话筒前被摄像，是不是在人前，都应该有相应的表情、体态，正所谓"溢于言表"。

对电视的播音和主持来说，表情应该与自己嘴里所说的语言内容、语言目的一致，不可能是单独对声音音色的控制，那样的话，任何观众都不会满意的。

有人说我是广播电台的播音主持，表情也不能被人看见，是不是可以没有表情？如果是真实的内心情感变化，不可能没有相应的表情，有可能因人的性格不同、表情不同，但不可能没有表情。掩饰得完全不表露表情，不动声色，那就应该算是另一种情感了，那语言的音色也该是另一色彩了。

一名优秀的语言表达工作者的真正能力，是能够比较迅速地引导自己进入某种真实的情感状态，还能够根据语言表达的内容，及时从一种情感状态转换到另一种情感状态，并且进一步能够在总体上把握一种多重综合的情感状态。这一切的内心都是真实的。

可以说一切表演艺术都具有这样的规律，内心的真实是最重要的。一旦失去内心的真实，所有的艺术手段都将失去光彩和魅力。无论是初学者，还是有了一定水平的人，永远都要内心真实，要有真情实感的强烈追求。

对同一事物的叙述，由于每个人的生活经历不同，所产生的想象和感受就不会相同。虽然大家都生活在同一社会环境中，在同一文化大背景中，大都对事物的认识趋于一致，但是由于各自的个性差异、知识结构不同、审美情趣不同，感受还是会有所不同。播音主持的语言表达不是只停止在感受阶段，感受之后还有判断、评价等进一步的情感变化。

一名中学生和一位艺术家、一位哲学家共同讲述一段他们都赞同的哲理，其语言效果有可能是三种样子：稚嫩、形象、深思。一名少女，一位画家和一位农学家，看到金黄的麦田，各自的感叹也会有所不同。

"心到嘴到"。只要内心有了，声音自然就有了，只要心到了，表达上就可以了。心到口到，是针对没有感受的情况而言的。有一定道理，并不全面。

有的播音员和主持人说话的时候，内心没有感受，而是在字音上用力、使劲。由于没有内心的感受，表达出的话自己也觉得不够尽意，于是就更加在字音上用力、使劲。这样的循环就会破坏表情达意的效果。可是，不在字音上用力，又不能找到好办法。

在这种情况下，要强调"心到口到"，反对在字音上"下功夫"，可能会有效果。

为真正做到"心到口到"，就要求"心"走在"嘴"的前面，也就是正常人说话的心态。这种"心到口到"不能有假，也不可能有假。假的心态出不来那相应的语音色彩。能够做到说话的同时心中不空白，那就一定能够实现"心到口到"。也许这种"心到口到"的语音还没有让说话人自己感到十分满意，但是毕竟是正确的说话的心态和正确的音色。

"心到口到"这个口号的缺点在于，它不是表达能力的全部。在"心到口到"的基础上，还要适度改善语言的形态——发声、吐字、轻重、快慢、强弱、虚实、节奏等，要学会很多声音的技巧。没有技巧，那只是非专业的表现。有些艺术更明显些，比如歌唱，没有真情实感一定唱不好，但是没有技巧也是不能唱好的。

训练，是分别进行的；真情实感一定要在前面。播音主持的时候，先有感受和情感，然后推动语言的形态技巧。不能颠倒了这个顺序。

9. 话语目的

现实生活中，每个人说的每句话都有目的。

有人说，说话的目的不就是告知吗？那为何告知呢？这就是进一步的目的了。

告诉他人一个信息，可能目的就是信息告知本身；更可能还有进一步的目的，那就是影响他人的情感和行为，或令其高兴，或使其悲伤，或者让他受到鼓舞激励，或者对他进行欺骗敲诈。

有人会说，我说话漫无目的。在很多电视剧里都有这样的台词："我只是随便说说"，"我就是随便问问。"可是观众都知道这些话并非是无目地"随便"说出来的。

此外，即使是貌似无目的的自言自语，其实是心中积郁宣泄，也是一种目的。

既然生活中说的话都不是没有目的的，那么播音中说的话、主持节目时说的话更不是没有目的的了。

播音主持的话语两个目的并存："告知"是直接目的，"为何告知"是跟进目的。

"告知"有两层：一是让你听明白直接的意思，二是让你理解没有完全说尽的话。

"为何告知"也有两层：一是影响你的立场态度，二是促使你有所行动。

理解每篇话语的目的，并且把目的在语言表达过程中体现出来。才能算是成功的语言表达。才能算是完成了播音和主持的工作任务。生活中说话的目的是指向自己对面的人，而广播电视中播音主持所说的话，目的是要对广大听众和观众产生作用。

播音主持的目的有两个层面共四点，是渐进的顺序。

1. 明白与复现

这是说话的基本目的。也就是让听的人能够听懂说的是什么。听话人听到的不只是一串串声音，而是表达的意思，或是告知形象，或是说明道理。如果是听不懂的外语，还可以从说话人的表情和手势中理解一部分。总之，说话起码的目的是让人听懂说了什么；如果说的是具体事物，要让对方的头脑中浮现出所说的形象——即复现。如果说的是抽象的概念、道理，要让对方理解、明白。

2. 表达话中话

说出的话只让人听懂了最表面的意思还是不够的。有的时候，很多话是藏在心里没有直接说出来，可是那意思却又在已经说出的话中夹带出来了。这种话中话的情况生活中也很多见，比如，说自己伤全好了，就是为了要上前线参加战斗；说生活困难，实际上是在争取住房补贴。播音主持说话不具有这样个人的具体的目的，但是有更广阔、更深远的目的。比如，讲某个地区的变化，其实是说中国特色社会主义道路的成功。再如，报道洪水的具体水位，是在说明灾害的严重程度及呼唤社会重视。又如，说当前纠正曾经的冤案错案，意在表明中国法制建设的重大进步。这样的语义并没有直接表白，但是说话人自己心里要有，要有所体现。

3. 思想认同

说话更进一步的目的在于让人信服。不但是听懂了表面的话，听懂了更深的含义，还要让对方相信所说的话，并且被说服。如果原来听话人与说话人的观点一致或者接近，那么听过之后就会更加明确这些观点，更加坚定原有的立场。如果原来听话人的观点与说话人的观点有些相左，甚至对立，那么在听过之后听话人的观点应该有所改变，立场有所松动，当然最好是完全被说服，彻底改变立场。如果听话人原本对某事物没有认识，就要让他在听过之后，认同说话人所讲的，建立他自己的与说话人一致的新观点。

4. 影响行动

说服人的最终目的是让人们行动起来，是在劝说、影响、号召、动员、呼唤。如果是选举演讲，最终的目的在于使选举人投自己一票。如果是推销，最终目的是要把商品卖出去。有些话是要求即刻行动的，比如告诉人们上课的时间到了，于是大家立即就在教室里各自的座位坐好了。有些话是影响人们长远行动的，比如说，对国家民族的爱和忠诚，对社会的贡献。

不同的话有不同层次递进的目的。简表如下：

目的顺序	作用于对方的目的	目的层次
一	明白与复现	表层目的
二	表达话中话	（表达出来）
三	思想认同	深层目的
四	影响行动	（产生效果）

比如，说这样一个简单的短句："下雨了。"就会带有各层次目的：

● 可能是简单地告诉另一人下雨这样的信息。

● 可能是发泄自己对又下雨的厌烦，还有可能两人为会不会下雨打赌，现在告诉对方自己赢了。

● 也可能是提醒让某人准备雨伞、雨衣。

● 再有可能是在号召大家要去抢救可能因下雨被毁坏的财产。

● 又有可能是以下雨为开始，发出立即行动的口令。

同样是"下雨了"三个字，说话目的不同，表达样式就不同。一句话，一段话，一篇话更是如此。
　　由此可见，话语目的与说话的背景有关。
　　播音员、主持人与观众、听众交流，是人与人之间的交流，是相互之间精神往来，这种关系的基本原则是：以利相交，利尽则散；以势相交，势去则倾；以权相交，权失则弃；唯以心相交，方成其久远。
　　播音员、主持人在节目中讲话的目的应该是高尚的总目的，为了国家的兴旺，为了人民的利益，为了中华民族的伟大复兴，为了广大群众安居乐业的生活，为了听众、观众的健康欢乐，为了社会的繁荣与发展，为了人类的和平与进步，为了人与自然的和谐。
　　在这样的总目的下，具体到每一次节目，每一段话，每一句话，又分别有不同的具体目的。
　　播音员、主持人的话语会有许许多多具体的目的，需要播音员、主持人细致体会把握，但是必须在道义、正义的基础上。这样才能句句被广大观众、听众接受，赞同，才能引起共鸣。
　　目的是没有说出来的话，怎么表达呢？
　　在于说话的腔调、神态。相信我们内心有目的了，就能在相当程度上自然表达出来。明确的目的再加上娴熟的表达技巧，能够使话语表达得更鲜明、生动。
　　有时，能从表达的结果反观说话人心中的目的。目的模糊的话语指向性不强，话不达意，有可能让人听不明白。目的不正，目的不纯，也有可能被人听出来。

10. 表面语后面的内存语

人说话的时候，表面上说出来的话的后面，可能还有些话没有说出口。说出口的话要能够把没有说出口的意思表达出来，就是"话中有话"。

没有说出口，而一定要表达出来的话，我们称之为"内在语"。内在语之所以被称为"内在"，是相对于表面语而言的。内在语埋藏在说出来的话语里面，并不说出口，却能影响说出来的话，有时会产生很微妙的表情达意的效果。

不同情况下，有不同作用的内在语。

1. 表现目的的内在语

文稿中没有把所有的内容都写出来，然而在作者心中有相当一部分意思包含在字里行间，如果只是把稿件最表面的话说出来是不够的，一定要看懂、看明白隐藏在表面语言文字后面的内在意思，也就是上一节讲到的话语目的。

播音主持的话语要把这隐藏的意思通过表面语的声音色彩表现出来。内在语可以使语言目的传递，使话语的含义更丰富。

一篇文稿的目的就是其主题和中心思想。比如，赵忠祥在《岁月随想》一书中谈到他在《动物世界》播音时曾经说："我开始有了一种对动物的理解，想到我解说过的动物所面临的越来越恶劣的生存环境，就似乎有了责任。动物们也要生存、要繁衍、要发展，它们为了能在自然界占有自己应有的一席之地，要奋斗、要竞争、要拼搏，而且要有忍耐的性格。"他的这些意思虽然在节目中没有直接说出来，正因为他心里有，就能够通过表面语的语气色彩的变化充分地表达出来了。

一句话、一个段落的目的更为具体。内在语更多作用于语句的表达。

比如："从小我就听到过关于黑土地的故事，把筷子插在土里，就能长出嫩绿嫩绿的幼芽……"这不只是在讲神奇的故事，内在语的意思是黑土地肥沃，以及自己对黑土地的热爱。

再比如："这没啥，咱们的老同志都能做到。"这一句，一般理解语句目的是表示谦虚，但在引导带领年轻人的时候，语句目的也可能是表达对年轻人的期盼和要求。

每句话的语言目的各不相同，决定了不同的内在语。播音员、主持人要能够对语言目的的理解到位，真正挖掘出内在语。心里有了实在的内在语，播音主持的话语立即就有了落实感和到位感。

2. 表达逻辑关系的内在语

在语言表达的过程中，句子之间有各种各样的逻辑关系。需要将这些关系细细地理清。有些表面语的句子之间需要用内在语把前后的语句更贴切、更紧密地衔接。

比如："我基础不好，我要加倍努力。"不太用心的话，有可能表达为并列关系。如果在心里加上内在语表达，就会强调出因果关系了：

（因为）我基础不好，（所以）我要加倍努力。

这里，"因为""所以"没有说出口，只是在心里说的内在语，但是由于有其引导，就能引导并且强化这两个短句的因果关系的感受，因而也就能把因果关系表达得生动、深刻。这样的逻辑关系在播音主持文稿中大量存在，比比皆是，很容易被人们忽视。比如"不但……而且""如果……那么""只要……就""只有……才""可以……不过""不能……但是""尽管……""不然……"等。

内心没有这些逻辑关系，那说出口的语句连接就会显得平淡无味，（所以）需要播音员、主持人对文稿用心挖掘。——请看，这里的"所以"可以作为内在语不写出来。

很多文稿并不写出语句之间的逻辑关联词，都需要播音员、主持人自己体会。这样，才能够把前后句子之间的关系表达得更清楚明白。这里的关键是说话人要自觉地意识到什么地方应该由内在语补充。要做到这一点，在事先准备稿件时要特别认真细致。

播报新闻的时候，导语说完之后，在下一自然段继续讲述新闻的主体时，播音的语气有所降低，有的人只知降低调门，却不知怎样正确把握。实际上，在导语之后心里要有一个转换的逻辑内在语："欲知详情，请听我继续往下说。"在这样的内心提示下，语句的表达就会从导语的醒目色彩转换成主体部分从头说起的意味。如果没有这样的内在语，那在这个转换之处要么就会没有语气变化；要么就会生硬降调，变化得很不自然。

需要注意的是，说话时句与句之间的时间空隙是有限的，不可能容得在心中默念那么长的一句内在语。怎么办？要将内在语转化成一种意思，即感受，在心中快速掠过。

3. 引导内在语

有些祈使句的句子短；还有些词组只有几个字。这些话意思厚重，表达要求高，不容易把握，很难一下说好，有的人甚至找不到音，不知怎样起调了。

这时，内在语可以帮忙。由心中的内在语引导，将这样的句子表达好。

比如，广告语中只要求说出"××空调"这样孤立的四个字一个词组。类似这样的情况，就要借助内在语，心中在"××空调"四个字前面加上"这就是""我喜欢""我赞美""我向大家推荐"这样的内在语。引导自己把"××空调"单独的几个字说得内涵充实，意味丰富。当然，内心还要有关于这个产品的质量、服务的充分理解和信任，才能表达好。

再比如，专题片的解说有时与画面配合，突然出现一句解说词，前后都是空白，这样的句子也需要有类似的内在语引导，更容易表达好。

4. 提示内在语

有的时候内在语是提醒和调整自己内心，使语句表达有更充分的依据，虽然这依据不需要让听的人完全明白，但至少要让听的人能感觉到其中有丰富的内涵，而不是空洞的、泛泛的。

比如，长诗《雷锋之歌》中有这样三个相同的短句："敲起来吧！敲起来吧！敲起来吧！"有人就会一声比一声高地呼喊，这样也算是有一定的理解，但是简单地一句比一句高地提高声调，只会显得虚张声势，空洞地吼叫。可以这样利用内在语提示自己：第一声"敲起来吧"是自我命令，第二声"敲起来吧"是向眼前的朋友呼唤，第三声"敲起来吧"是号召大家、呼唤周围所有的人都走向前去。在这样的内在语提示下，朗读的声音就会出现一种力度，而不至于空飘。

比如，评论中的句子："什么是我们的中国梦呢？那就是实现中华民族的伟大复兴。"有的播音员、主持人没有想法，更没有考虑内在语，往往表达得比较随意。如果内在语是"你不知道吧，我来告诉你"。就有可能说成教训人的语气，有高高在上的感觉。如果将内在语改为："正如您和我所共知的。"就能不失评论的力度，却没有了对听众、观众耳提面命的意味。

5. 唤醒内在语

社会上有人接受采访时，面对话筒和镜头主动说明自己的情况和想法，会一时语塞；而当回答别人提问时，则有了反应，对答如流，侃侃而谈了。

对播音员、主持人来说，有些话，有时主动说出来可能会有一点点心理障碍，缺少感受，不知怎么说，或者不知怎样说得更好。可以采用提问的方式来进行心理刺激，呼唤主动表达的欲望。

用内在语提问，可以唤醒和激活内心的话语动力，使说话人有说话的冲动。

比如，《舌尖上的中国》第一集的解说词：

（中国有什么奇特的事物？）中国拥有世界上最富戏剧性的自然景观，（哪些景观呢？）高原、山林、湖泊、海岸线。（这种地貌有什么作用？）这种地理跨度有助于物种的形成和保存，（还有什么特点呢？）任何一个国家都没有这样多潜在的食物原材料。（人们在干什么？）为了得到这份自然的馈赠，人们采集，捡拾，挖掘，捕捞。

（什么地方？）香格里拉，（看见什么了？）松树和栎树自然杂交林中，（谁？干什么？）卓玛寻找着一种精灵般的食物——松茸。（松茸怎样？）松茸保鲜期只有短短的两天，（又有谁？干什么？）商人们以最快的速度对松茸进行精致的加工，（结果呢？）这样一只松茸24小时之后就会出现在东京的市场中。

试着以回答这些内在语问题的心理讲好文稿的内容，那话语会产生一种活力。

6. 增补内在语

有时候，内容表达需要上下前后衔接，而作者写得却比较简约、连贯、流畅，省略了一些关联词，还有承前省、蒙后省、对话省①的情况。省略情况下的语义在写作者的心里是完整的。在阅读时，视野里能够浏览到上下文，所以对缺省部分的理解一般不成问题。然而，在话语表达时，如果没有把省略的意思呈现出来，有可能使得内容有不丰满感，甚至让人费解，不能明白。

需要有内在语来补足省略的部分，话语虽然没有做任何文字的添加，但是能够充分完满地表现篇章的整体意境。

我们看这一小段散文。"几颗星星"后面有4个分句，既并列又递进，很难把握。加上适当的内在语，就不慌不忙地完成这个复杂单句的表达。

向窗外望去，几颗星星像缀在夜幕上的宝石，一闪一闪却更似那一双双求知的眼睛，（这些星星）点亮（了）我心中求知的灯，（那些眼睛）在漫漫路上为我指引通向光明的方向。

这里，内在语"这些星星"或者"那些眼睛"可以二选一。内在语"了"非常重要，若没有这个"了"的完成感，后面指引力量就显得有些不足。

7. 反向内在语

内在语大多数是同方向的，与表面语的意思总体上是一致的，在同方向上加强丰富话语。

还有一种内在语是异向的。文字表面是一种意思，而实际上的含义是相反或者相异的。人们常说的指桑骂槐就是这种情况。

比如：电影《平原游击队》里的老人愤怒地向鬼子、汉奸说："皇军好，皇军不杀人，不抢粮食，不烧房子！"实际上是痛斥。

再比如：京剧《智取威虎山》中杨子荣对匪首座山雕说："有了这张联络图，牡丹江一带就是我们的了。"这话表面的意思是让土匪们得意，而在观众听来是属于人民。

播音主持的时候，也会有一些这样的情况。比如，反映拥军爱民的小故事《中计》中，张大爷想知道是哪个战士为他家做的好事，就故意板着脸吓唬小战士们，说要找部队领导告状，而后又心疼地拉着战士的手说："孩子你中计了。"这里的"中计"就有反话的意味。

---

① 承前省：上文已经出现，或者前面有所交代，下文即可将有关词语省去。
蒙后省：后文将会出现，前面先不写出。
对话省：省略对话中能意会的部分。

11. 我对你讲

我们在生活中说话，都是对别人讲的。即使是自言自语，也是对一个人——自己说话。

播音员、主持人是面对观众、听众，"我对你讲"。

但是，许多人在镜头前和话筒前却丢失了对人说话的感觉。

这有两方面的原因：一是词汇，二是句式。

1. 大词多

我们日常生活中所说的话里小词占多数，政治、经济、文化、社会、军事方面的大词很少，而广播电视中的语言，这种专业词语则很多，有的词或者词组的字数也比较多。比如：

执政的宗旨信念、重大基础设施建设、安全风险叠加交织、任务繁重而又艰巨、制定并且执行落实新的规划、干部选拔任用工作监督管理、中华人民共和国特命全权大使、北京春季居民贷款购房展示交易会。

2. 句子长，句型复杂，逻辑多重

生活中一般一句话不超过10个字，而播音主持时说的长句的字数远远超过了。比如：

谋小康之业、扬改革之帆、行法治之道、筑执政之基，这是一场艰苦的奋斗，也是一次豪迈的进军。

联合国难民署及其合作伙伴已在这些流离失所家庭抵达巴格达时对他们的需求进行了面对面的评估。

生活中说话都是单句，或是简单复句。播音主持的文稿有时会有复杂单句，或者多重复句，逻辑也是多重。比如：

面对复杂多变的国际环境和艰巨繁重的国内发展改革稳定任务，党中央、国务院团结带领全国各族人民，牢牢把握国内外发展大势，坚持稳中求进工作总基调，全力推进改革开放，着力创新宏观调控，奋力激发市场活力，努力培育创新动力，国民经济在新常态下平稳运行，结构调整出现积极变化，发展质量不断提高，民生事业持续改善，实现了经济社会持续稳定发展。

3. 情景多样

生活中的话语所描述的一般都是自己看到的场景事物。描述形象也就三两句，像三笔五笔勾勒而出。而播音主持时所说的是极为众多的场景事物，包括古今中外、天南地北、各行各业，甚至神话故事，许多事物都是播音员、主持人个人生活中未曾经历过的。有的文稿描写人物形象、场面环境，都是大段的文字，有细腻的刻画，有宏大的场面，像巨幅画面，色彩层次丰富。

生活中人际交流的时候很少说的相当一部分语句和语段，只是在播音主持的时候才说，特别是新闻播音中常见。如果日常对这些事物关注不够，就免不了有些生疏的感觉。如果不受专门的训练，就不习惯这样的表达方式，就不容易说好这些长句、复句、多重复句，还有那复杂的逻辑关系和极多的事物场景。生疏，不习惯，就会大大削弱对人说话的指向，嘴里就不熟悉，当然就只能一念了事。驾驭长句都有些吃力，哪还顾得上指向对方"对你讲"的感觉。

针对这样的情况，可以从以下三个方面着手解决，寻找对人说的感觉。

◇ 练习在播音中努力寻找、还原生活中对人说话的样子，把话说到人们耳朵里，说进人们的心中。

◇ 播音员和主持人要熟悉社会政治、经济、文化、法律等各个方面的语言表达的方式、具体的用词造句、论说的逻辑等。把这些话变成自己熟悉的话语。

◇ 面对长句，要学会语气放大，把说短句的语气扩展到长句里，用短句的语气笼罩住长句。要加强训练，会自如完整地说好复杂长句和复杂语段。

广播电视里的话语是对众人说的，那面对"多少人"说话合适呢？当然不能是对千百人的呼喊状态。

通常是以面对三四个人为宜，这就是一个家庭的人数。这样的设想可以让"对你讲"的音量大小正常。把听的人设想得过多，把场面设想得过大，会使话语过于用力而失去常态；但如果音量过小，语言表达中那些丰富的情感、细腻的语气也难以表现出来。

设想面对三四个人，也会让自己播音的语气转换更加自然。可以设想这几句话是对甲说，那几句话是对乙说，另外几句话是对丙说。分别对甲、对乙、对丙说，也不排斥其他人共同收听，这符合人们说话时的常态。

在特殊的条件下，可能会改变说话所面对的"人数"。比如，夜间广播的节目主持，要考虑到收听的特殊心理状况，可以是悄声地面对一个人说。

在话筒和镜头前讲话，要加强对听话人反应的想象，这是呼唤自己心中有对象感、呼唤播讲积极愿望的重要手段。

要努力想象对方对自己所说的每句话的具体反应。这样的想象应当比较丰富，对面的人不是简单地听，或是简单地期待。不同的语句会引起听话人不同的反应，要设想听自己说话的人可能产生的兴趣、理解、注意、期待、疑问、惊奇，以及相应的喜怒哀乐等。不同反应可以激起说话人自己不同的心态，继续说出下面的话。

电视屏幕上或者广播栏目里，常常会播放一小段节目的片断，然后主持人露脸对观众说话，或者主持人出声对听众说话。这时主持人要想象刚刚和观众、听众一起看、一起听的过程，带有与"你们"会意和共鸣的感觉。

显而易见，这方面的想象越丰富，越贴切，对播音对象感的激发越有利，也能使表达更加准确。这样的想象，应建立在对生活的了解上。平时注意观察生活中人们交谈时的各种反应，有助于这方面的想象积累，使对象感习惯成自然。

在镜头前和话筒前找回对人说话的感觉，并不是一下子就能行的，需要一段时间的练习。从不熟练到习惯成自然，最终做到一开口就有对人说的那种强烈的指向性。

一开始上岗工作的时候，由于心情紧张，能不把文稿说错就满足了，顾不上别的，可能会失去对人说话的感觉。随着对工作越来越熟悉，最初的紧张感消失了，可是因紧张形成的没有对象感的语言表达习惯却没有改变。

这时要及时训练自己的对象感。

可以邀请朋友坐在面前，实际对他播讲。

可以在对面放一张人物画片，对着画面中的人物讲述。

可以请朋友在演播室外的音箱面前，监听自己对人说的感觉是否得体。

可以用提示内在语的方式呼唤自己的对象感。

可以在文稿的语句之间注明听众、观众可能的反应，提示自己对人说的感觉。

可以自己模仿广播电视中成功者对人说的感觉。

反复练习尝试，直到能够抛开所有的提示，找到感觉，无论什么样的话语，习惯成自然地将每句话都往听众、观众的心里送，张口即是"我对你讲"。

12. 克服紧张

初学者在镜头前、话筒前紧张是不可避免的。

即使是经过一定锻炼的人，初次在广播电视中讲话，也免不了紧张。

对播音主持工作和其他许多工作来说，紧张来自过多地注意别人对自己的注意。也因为对语言的特殊环境不适应。

一想到别人都在看着我，全社会都在听着我说话呢，他们怎么看我呢，学习播音主持时关于"对象感"的感觉被强化、放大了，就会十分紧张。

平时说话的环境很生活化、很自然，初进演播室，或者初次来到主持现场，肯定与平时讲话的环境不一样，有明亮的灯光，有众人的关注，有话筒和摄像机正面对着自己，这些因素都会让播音员、主持人突然陷入很不适应的紧张状态。

紧张时身体会发抖，可能是全身发抖，可能是局部发抖。同时，大脑出现空白，思维能力受到阻碍，一般只能按既定的程序机械地做动作，失去了机敏的反应和逻辑推理的过程。严重的可能会说不出话来，出现失误。

怎样克服紧张状态呢？一般的方法是转移注意力。

可以采用关注内心的方法消除紧张。可以梳理自己的思维顺序，比如，要讲述的事情的起因？目的？哪一环节与哪一环节衔接？……以此来呼唤自己正常的思维状态。

可以采用漠视外界的方法消除紧张。可以想象，大家都很支持我、爱护我，所有的人都是抱着友好和鼓励的态度的；面对的都只是设备、镜头，无人注视自己，甚至可以想象面对的是水平远远低于自己的人们。

可以做一些动作来消除紧张。比如，全身收紧然后放松，双手握拳再放松，进行深呼吸，认真做一节体操，等等。

如果能够采用更积极的方法，追求表达目的和与他人交流的真实心态，效果也许会更好。说话的时候，追求的是别人是否听懂了自己说的是什么，是否被自己的话感动了，是否产生了兴趣、疑问、思考。一旦思维的重点放在这一方面，紧张就会立即消失。

要自信一些，你要相信自己的能力，自己已经做过的充分准备！

所有这些，取决于一种自制力，也就是对自己的控制力量。这要靠自己的意志坚强。有了这样的自制力，有时你的紧张别人竟然没有看出来！

以上都是对消除紧张可能有帮助的方法，并不是对所有的人都有效。

消除紧张，根本的解决办法是练习，是实践，是经验。

消除紧张，寄希望于10次练习之后，50次练习之后！

消除紧张，在于工作一段时间，积累了一定的工作经验之后！

紧张的现象一般出现在最初上节目的时候，如果这一类节目录制或者直播多次了，一切都熟悉了，就不会紧张了。所以消除紧张，要在有条件的情况下进行多次练习，一定要有相当的练习量！

有的节目可能是一次性的大型节目，那么就应该事先到达现场，多次认真地进行模拟练习。自我熟练是增强信心消除紧张极为重要的因素。

有少数人的紧张，在于某一个点上，有人只是一个字音发不好，一个拗口的句子过不去，凡到那个地方就紧张，甚至就是开头的那个字竟然不容易发出音来！怎么办？一是不要把那一点看得太重，二是经过一小段时间认真地、专门地、以特定方法地练习就会解决的。不能就自我认定"我不行"了，要相信自己一定能克服的！

要小心的是，不能让紧张状态一直持续，以至于很长时间都不能缓解，长时间不能正常工作。个别人对某个字紧张，一到那个字就出现心理障碍，可能需要特殊的解决方案了，比如请心理医生介入解决。不过，这种情况只是极个别的，绝大多数播音员、主持人都不会这样。

播音主持工作中要适度兴奋，也要适度紧张。如果没有兴奋中的适度紧张，精神是懈怠的，发声器官是松弛的，神态是无精打采的，也不行。适度紧张下的精神饱满，兴奋从容，机智敏锐，热情洋溢，才是正常的。

克服了紧张，在播音主持时就会自如起来。最终达到主动控制自己，控制场面，还能应对突然出现的状况。

工作一段时间后，随着工作日益熟练，最初的紧张阶段慢慢过去了，自信也会渐渐到来。这时要防止自满得意带来的松懈。以为工作也就那么回事，不用怎么用心就能应付，甚至不太努力也能获得成功。其实不然，多少人就是因为这样不太认真的心态导致播音主持时犯低级错误，出现让人痛心的事故。

还有人主持重要大型活动时，认真做过准备，谨慎驾驭，就要成功时，自己突然得意起来，一阵飘飘然，由于自恋而分神，突然就出现失误，要么播音结巴、发音跑调，要么出现口误，甚至刹那忘词，大脑瞬间空白。有人说这是"心魔"，的确！

所以，无论是否紧张，无论是否熟练，都要有脚踏实地的精神。认真做事，不浮躁，不轻率，不以个人得失而失衡，更不以个人得失而忘形。

第五章　话语形态

物理学告诉我们，声音有音色的差别，还有音高、音强、音长三种基本测定方式。在人类的语言当中，声音的这三个特性形成了语句形态的千变万化。

未经训练，可能语言表达的方式比较单调。听起来使人感到乏味，也可能说话总是不觉尽意，甚至表达不贴切、不准确。

这一章的训练，主要是话语的声音形式的规律和技巧，通过学习来丰富自己头脑中的表达形式的"仓库"。头脑中各种表达的形式储存多了，用起来也就得心应手了，甚至可能即兴创造。究竟应该什么地方使用什么技法，那还是要靠对"仓库"的熟悉和对内容的理解，以及对语言内容和目的的准确把握，还有自己表达时的某些个性。

1. 主次关系

一篇文字在书写的时候，字一般都写得同样大小。特别是打印的文稿更是如此。

任何一段话在说出来的时候，都不能说得字字同样分量，同样意味。一定要表达得有主有次。也就是有轻有重、有强有弱。

在同样大小、同样字体的一篇文字里，主次关系已经蕴含在其中。词和词之间，词组和词组之间，句子和句子之间，段落和段落之间都有相对的主次关系。

我们必须清醒地认识到，无论是说、讲、播，都要把这主次关系表现出来。

主次关系在表现时，要有轻有重，主要的部分要强调，要着意表现；次要的部分要削弱，要淡化表现。

"文似看山不喜平。"要想说出打动别人的话更应该如此。

然而，在播音主持过程中，说别人写的文稿，加之速度很快，就容易失去主次关系的把握，把话说得太平。有的老师说某播音员、主持人说话是在那儿"摆"——一句一句单摆浮搁，好像互不关联。就是因为说得没有主次关系。

常有这样一些内容形成主次关系：

◇ **并列关系形成主次**。在自然科学中，严格的并列关系应该是不分主次的，但在话语中，并列关系中也往往有主次之分，比如，分析一个事物有若干条、若干点，排列的顺序可能是递进关系，也可能是递减关系，这已经有主次了。还有，在选择关系中也有可能是一方是主一方是次，其表面语或者内在语可以是"或者，或者"。

◇ **矛盾关系形成主次**。播音主持中常常会说到二元的矛盾关系。一般文稿里的矛盾关系，生活中有正确与错误的矛盾，战场上我军与敌人的矛盾，经营上有甲方与乙方的矛盾，工作中有上级与下级的矛盾，商场里有买方和卖方的矛盾，医院里有医患之间的矛盾……矛盾关系一般都是二元结构——双方矛盾，在这些关系中通常有一方重要一些，一方次要一些。有时也会有三方或者多方的矛盾，那也会有一方为主，其他方为次。其表面语或者内在语可以是"一方面，另一方面"。

◇ **递进关系形成主次**。在一层意义上更进一层的表达。通常是后面一层意义的内容为主，前面一层意义的内容为次。其表面语或者内在语可以是"不但，而且"。

◇ **转折关系形成主次**。前面提出某种事实或情况，后面并不与前面意义一致，而是相反或相对的意思。转折关系中后面的内容为主，前面的内容为次。其表面语或者内在语可以是"虽然，但是"。

◇ **因果关系形成主次**。在因果关系中，有时因为主，果为次；有时果为主，因为次。有时一因多果，有时一果多因，还有多因多果的情况。谁主谁次？要分析思考，有所心得时有所表现。其表面语或者内在语可以是"因为，所以"。

◇ **条件关系形成主次**。条件关系有两种：充分条件和必要条件。充分条件是某条件能够独立导致某一结果，比如，燃烧产生热，摩擦产生热，电能产生热，燃烧、摩擦、电能分别能够独立产生热，这三个条件就分别是产生热的充分条件。其表面语或者内在语可以是"如果，那么""只要，就"。必要条件是要和其他条件一起导致某一结果，比如，水对种庄稼，水对人的生命，水对洗衣服，水都是要与其他条件一起才能成功，水对这三者就分别是必要条件。其表面语或者内在语可以是"只有，才""没有，没有"。

◇ **让步关系形成主次**。前面内容相对于后面内容，程度有所降低或约束，后面内容仍然得到肯定。一般来说，让步内容为次，让步之后的内容为主。其表面语或者内在语有两种，表达现实的可以用"尽管""哪怕"，表达假设的可以用"即使"。

◇ **图底关系形成主次**。图底理论是格式塔心理学在城市设计理论的一种应用。在话语中，一个事物和环境的关系，就产生了图底关系，一般情况下讲述事物主体为主，讲述环境为次。讲述事物本身为主，具体解释辅助说明的部分为次。

◇ **推理关系形成主次**。推理的论说，有演绎和归纳两个基本形式，以及大量在这基础上的变化形式，其他常见的还有证明、假设等。在推理过程中，有论点、论据，在论证过程中，一般来说论点的表达为主，论据的表达为次，当然不排除可能要求论据为主。

◇ **文稿中还有许多主次关系，需要分析上下语境来确定。**

心里明白了主次关系，就会在表达时自觉不自觉地体现，从而使讲出口的话语生动、深刻。当然从专业角度，要有更自觉的从内心活动到声音形式的主次关系的表现。这与前面讲的逻辑感受相关。

表现文稿中内容的主要部分，要有这样一些努力：

★ **形象感受强化**。对文稿讲述的主要部分的事物形象感受要更强烈一些，眼前好像看到那事物和情景，近在咫尺，色彩更醒目，看得更清楚。

★ **抽象感受鲜明**。对文稿中主要部分的抽象的概念、观点、道理，要赋予更丰富的感受，对表达关系的关联词，不论是表面语还是内在语，要给予更深切的感受。

★ **情感强化**。讲述到主要部分时，讲述者的表情要更深情，赞扬美好的事物要更加满面春风；批判丑恶的事物，表情要更严厉。眼神有时更为深邃，有时闪出更热情的光芒，有时更加专注，有时更加清朗。

★ **声音强化**。讲述到主要部分时，讲述者的音量会加大，音调会提高，速度会放慢，总体上会更用力。更进一步，还能体会到呼吸的气息量加大，话语声音的情味更浓。

当然，在表现次要部分时，是相反努力的。也就是形象感受淡化，抽象感受弱化，目光表情收敛，声音和呼吸减力。

主次关系并非只有两个层级。在一篇文稿中可能有些部分重要，有些更重要，有些部分最重要，相反有些部分次要些，有些更次要。

这样，就形成了多层级的主次关系。自觉把握好主次关系，播音主持时就会主题思想突出，层次表达清晰，逻辑展示明确，情感抒发尽意。

2. 重音

语句中词或者词组的轻重、快慢、高低不同。声音形式的变化主要是根据他们在句子中的相互关系和作用。

词和词组之间的关系变化是非常丰富的。它们在语句表达时有的重要些，有的次要些。那些重要的、需要被强调的词，称为"重音"。

◇ **体现句子核心意思的词或词组是语句的重音。**

能不能正确地表达重音，关系到能不能准确地表达一句话，或者几句话的意思。

比如这样一个短句：我手里拿着一本书。

这句话如果只是说明一种总体的状态、一个简单的情境，就只是在这句的最后一个字轻轻地加重一点。

然而，同样是这个句子，句中重音的位置不同，就会表现出不同的语句含意，这样的重音就是逻辑重音。

<u>我</u>手里拿着一本书——谁？

我<u>手里</u>拿着一本书——部位？

我手里<u>拿</u>着一本书——方式？

我手里拿着<u>一</u>本书——数？

我手里拿着一<u>本</u>书——量？

我手里拿着一本<u>书</u>——拿什么？

可能原话一个字没变，但是重音不同，语意就不同。

由此看来，体现句子核心意思的词或词组应该是语句的重音。

生活中，说话人认为应该强调哪个词就强调哪个，不多想，很自然，表达得都很准确，就是自己心里的意思，用不着刻意去找重音。

然而，在播音主持的时候，句子会长，句式会比较复杂，准确贴切地把握重音就成了播音员、主持人学习的课题和理解表达的能力，要能够根据稿件的上下文来确认句子的含义，确认重音，并且准确表达。

一般的方法就是在理解语句时确认最能表达某句话或者某几句话目的的词语。或者是陈述事实的主要词语，或者是主要的说明、修饰词语，或者是表示判断的关键词语,或者是主要的数量词。有一定文化水平的人,都能够比较准确地理解并且表达好重音。

确认重音还有以下一些方法：

◇ **并列和对比的词语可能是语句的重音。**

比如：当时面临的情况是,一无资金,二无材料,三无厂房,四无设备。

这一句中"资金""材料""厂房""设备"应为重音。

再如：要结合我们的工作实践……要结合我们的生活实际……要结合我们地区的变化……要结合我们的区域经济特点……

这其中并列的"工作实践""生活实际""地区的变化"是重音。

要特别注意的是,在并列和对比的内容中重复的部分不能成为重音。上例中,"要结合我们的"这几个字在第二次及后面重复讲到的时候,就一定不能是重音。

在词组并列时,有对比区别的部分会很自然地形成重音。

比如：山西省、陕西省；湖北省、河北省；河北省、河南省；江苏省、江西省；山东省、山西省；湖北省、湖南省；河南省、海南省。

再如：中国传媒大学、中国政法大学、中国科技大学、中国地质大学、中国民航大学……

这样的并列,第一个词或词组正常表达,第二个词或词组及后面的词或词组就会在对比中突出有差异的部分,形成重音。

◇ **在稿件内容的发展脉络上前后呼应的词语可能是语句的重音。**

前因后果之间互相关联勾挂,如果将这些重音列出来,就像数学的函数和轨迹,能够表现出文稿内容的关联和线索。

比如：船舶的质量直接关系到船员和乘船者的生命安全。

这一句中,"质量"和"安全"为前后呼应重音。

再如：高考结束后,学校将派出面试专家组,依就近原则到多个面试地点对考生进行面试。面试合格者在今年高考文化课成绩达到哈工大录取线下60分,并且不低于当地一本线、专业服从调剂,即予录取。

这一句中,"专家组""面试""合格者""60分""一本线""调剂""录取"等重音,就像一个个车站,形成了思维的脉络线索。这样就能表达得清楚,让人听得明白。

◇ **关键词可能成为重音。**

比喻语句中有关喻体的词语可能是重音。

描述语句的象声词可能是重音。

在特定环境中的"是""有""在""不""没"这些表示肯定、否定的词语可能是重音。

⋄ **特别强调之处可能成为重音。**

有时，有可能在语句目的正确的情况下，尝试调整重音位置。

比如：如果把 13 亿换成 60 亿。这一句，通常是 13 和 60 两个数字作为前后呼应的重音，但是也可以特别强调"换成"，以此为重音。这就看你心里究竟想表达什么了。

再如：上海市昨天在人才大厦举行注册税务师协会、人才服务行业协会、财才网战略合作新闻发布会暨上海市薪税服务地方行业标准起草说明会。这一句的主语是"上海市"，如果是电视新闻播报，可以不是重音，观众可以从屏幕上看到上海市貌，理解不是问题。但是在广播新闻中，"上海市"这三个字要作为重音来表达，才不至于使人一下子忽略了地名这个主语，尽可能争取主语和谓语之间的平衡。

⋄ **个别地方重音可以灵活调整。**

比如"为什么"，可以"为"字作为重音表达，也可以"什么"作为重音表达。再如，"你怎么就不能快点走呢！"这一句里，可以"怎么"，可以"不能"，也可以"快点走"为重音，在上下文中语义并无多大区别。

⋄ **综合判断重音。**

应该注意，要在两三句话中，在一个小的句群里寻找、判断重音，从综合的语义中体会，而不要总是局限于一句话中。

要防止重音太多。有人觉得句子里哪个词都重要，哪个词都想强调，哪个词都放不下，这样势必产生重音过多的现象。重音多了就不能说明语句的主要意图。处处使劲就等于没有对比，没有突出。结果就不能让人听出语句的主要意思究竟是什么。

重音的表达主要有三种手法：

一是延长字音。二是提高声调。三是加大音量。通常是前两种方式结合使用，或者三种方式共同使用。加大音量很少单独使用。

通过延长字音和提高声调表现重音，在语句中听起来很像字音在"翻跟头"，也就是重音词语音节声音拖长，吐字的颗粒较大，有向上翻滚的感觉。相比之下，句子中的非重音的表达就显得"短、平、直"了，具体表现为字音紧凑，吐字颗粒较小。由此可见，重音是在对比之中显现的。

需要注意的是，重音在对比中的原则是"水落石出"，而不能"水涨船高"。也就是说，需要强调的重音应该是在前后较低、较轻、较弱的环境中突出，而不是在高调门之上的更高的调门。

有时，重音的表达还有音色的变化，多数是声音偏实、偏亮。少数情况下，声音变虚、减弱也是吸引人注意的一种形式。

有时，在要强调突出的重音词之前之后有所停顿，也是表达重音的一种方式。

重音和非重音的词和词组的关系，不只是南和北两极，实际上有多重层次。可能有重音、次重音、非重音，但是，一般情况下不宜在句中有意识地划分这么细。当明确了主要的重音，其他的词语轻重可以顺其自然。只有长复句时，需要对个别位置的次重音有所注意。在技巧熟练了以后，有可能更成熟地掌握更多层次的词语间的轻重，形成更细腻、丰富的表达。

重音与非重音之间的关系实际上是突出和衬托的关系。重音与句子的关系，有两种主要的表现方式。

★ 重音在语调的高峰之处。在重音之前的语句要"爬坡"，方法是重音前的句子音调逐渐提高和加强。直到作为重音的词语在最为强调之处。在重音之后的内容还要逐渐"落坡"。新闻中大多数的重音表达都采用这样的方法。

★ 在非重音与重音邻接时，重音陡然突出，音量加大，字音延长，给人以奇峰突起的感觉。讲故事、专题片解说等描述、抒情类的稿件中有一部分重音的表达采用此法。谈话类和一般主持有时也会用到这种表达手法。

从全篇着眼，段落中的句子之间，篇章中的段落之间的主次关系也决定着其中的重音的表达，重音要随着语句和段落在篇章中的地位处理。

处于核心段落里的语句重音，要用比较强调的方式来表达；但是处于次要的句、段中的重音，不能过于强调；相反，虽然处于主要的句、段，其中的非重音也应该给予相应的削弱表达。这就好像高海拔的地区山峰低谷与低海拔地区的山峰低谷之间的关系，高峰区里有高也有低（虽然不太低），低峰区里也有高（虽然不太高）有低。

我们既不能没有山峰和低谷的重音与非重音之分，也不能没有高原地区、丘陵地带、平原区域的层次，要有段落之间更宏观一些的主次关系的把握。

3. 停顿

说话的时候是向外呼气，振动声带发出声音。人当然不能只呼不吸，所以，在说话时一定要停顿一下吸气。这就是话语间停顿的基本状态。

话语中的停顿还有更多的表情达意的作用。播音员、主持人处理好每个句子中间和句子之间的停顿，能够准确并且巧妙地讲好自己的话。

停顿与语义的正确表达有关系。

一、停顿的分类

1. 表明语义的停顿

有的时候，播音一字不差，由于停顿位置不同，会产生不同的语义。要根据上下文来认定停顿的位置。这个例句就有可能因停顿位置不同产生两种理解：

（1）最艰难的一次∧夜行军一百公里以上。

（2）最艰难的∧一次夜行军一百公里以上。

（1）只是说最艰难的那一次；（2）是说最艰难的一类，可能有好几次。这就需要从上下文中判定怎样停顿是正确的。

在有的长句中，播音停顿的位置错误会使人听来费解，不知所云。如：

大会听取了市政府关于《抓住机遇创造条件发展旅游经济迎接新世纪》的工作报告。

很多人在这句话中习惯在"市政府"后停顿，是错误的。因为"听取了"的不是政府，而是报告。

这个长句本不必停顿，假如有人呼吸不够，需要有一个停顿位置，那只能在谓语"听取了"之后稍停。其后的内容一般不能停顿。如果实在因呼吸问题还要停歇一下，位置在前书名号处为宜，也只能是很短的似停非停的停顿。这样的长句要事先设计停顿位置。拿过来就念，呼吸不能支撑了就任意停一下是不负责任的表现。

如果句中核心谓语动词"管辖"的宾语部分是主谓结构，这宾语部分内部的主谓之间不能有停顿，要连贯表达。特别是否定语句的宾语中的主谓结构的宾语是动宾结构，那么这个宾语部分更是不能停顿的，必须连贯。请看这句：

我们坚决反对∧某些不法企业鼓励员工偷工减料以次充好。——**正确**

我们坚决反对某些不法企业∧鼓励员工偷工减料以次充好。——错误

因为"长"字是多音多义字,所以"武汉市长江以南"这一句中很可能被错误地理解为"市长"名叫"江以南",断句停顿在"长"后面。这种语言情况在各省、市、州、县、乡都可能出现,因此播音员、主持人要格外小心对待,避免这一类错误。

还有,如果判断有误,就可能出现"内塔尼亚∧胡说"这样的停顿错误。(注:<u>内塔尼亚胡是以色列前任总理</u>。)

再看下面的语句,如果分两行断句,下边那句的语义听起来就是错误的。这句标语里"毒品违法犯罪"词组中一定不能有停顿。

断句与语义的关系,民间有一个非常典型的例句:"下雨天留客天留我不留。"不同的断句会产生不同的语义。

一是:"下雨,天留客;天留,我不留。"

二是:"下雨天,留客?天留,我不留。"

三是:"下雨天,留客天,留我不留?"

四是:"下雨天,留客天,留?我不留!"

五是:"下雨天,留客天,留我不?留。"

一般播音员、主持人都能够正确理解和表达,但是要防止在不经意的地方对个别不常见的句型粗心大意产生疏漏,有可能酿成可笑也可怕的低级错误。

2. 划分层次的停顿

在我们说话和播音的时候,停顿能够帮助表现内容层次的划分。这一部分说完了,要适当停顿再说下一部分。大的层次划分停顿要长一些,小的层次划分停顿要短一点。这样的间隔可以使人听出不同的层级关系。

停顿还有更多表情达意的作用。

3. 表现过程的停顿

表现事物发展过程的停顿。生活中,事物发展的过程可能需要较长的时间。在播音主持时,需要表现这些过程,就要使用一定长度的停顿。

比如:一晃。∧十年过去了。这里的停顿,表现十年变迁的过程。

再如:他敲了敲门。∧怎么没有人答应?这里稍长一点的停顿,表现了等待的过程。

又如:战斗一直打得十分激烈。直到拂晓的时候,∧枪声才渐渐停了下来。这里的停顿是在表现枪声停止的过程。

显然，表现过程的停顿不能与真实的过程有同样的时间长度。必须是缩得非常短的象征意义的停顿时间，只要能让人领会即可，这当中与播音员、主持人心中的时间感受和形象感受有密切关系。

如果说话人不打算表现过程，意在指向结果，就没有必要使用这样的停顿手法。

4. 表现心理活动的停顿

当讲到人物的心理活动时，需要表现其心理活动过程，也可以用一定的停顿长度来表现。播音主持时的停顿要比真实的停顿短，能够示意即可。

比如：他呆呆地愣了好一会儿，∧不明白眼前发生的事情。

又如：他想∧我这到底是怎么啦？

再如：话都到了嘴边，可她∧却始终没有勇气说出来。

在表现心理活动的停顿时，讲述人的心中也要有与人物一致的心理活动过程，即相应的感受。无声的过程中，自己就像是替那个人物在思考着。没有这样的思维过程，停顿会失去表现的意义，前后也不能衔接得自然得体。

当然，如果不想表现心理过程，只是说明思考的结果，就不必在这些位置停顿。

5. 情感延续和蓄积的停顿

在语段中，上一句情感的延续，下一句情感的蓄蕴，都需要停顿。

话说完了，可是意犹未尽，这时就需要无言的停顿时间将说话时凝聚的情感延续，直至其逐渐消失。如同歌手演唱，不能在歌声刚一停止的时候就一下子将情感也同时快速止住。不能还差一两个字音没说完就已经神散了。

下一句话说出来之前，也需要时间将情感蓄积。人们常说，未成曲调先有情。情感饱满到一定程度，话语出口才有感染力。这都需要一些时间。

有人的播音速度过快，慢不下来，这有多方面原因，其中之一就是这样情感升温降温的内心活动太少，没有这些停顿的时间，就很难慢下来。内心活动充分了，停顿的时间自然加长，速度也就舒缓了。

6. 制造悬念的停顿

有的时候，为了吸引别人，话说到关键地方停顿一下，在人们期待的地方停住，便会造成一种悬念，产生强烈的效果。

比如：就在这个时候，∧……

再如：我们的产品质量问题，现在已经到了∧非下狠心抓不可的时候了（或：更上一层楼的时候了）。

这样的地方设置停顿有一种吸引力，无论下面说什么都会让人听进去，效果强烈。在有悬念的地方如果不停住，连续地说下去，效果就比较平淡。

要注意的是，设置悬念停顿之后的语言速度要稍稍快点，尽快满足人们刚刚被唤起的心理期待。只有这样一次次使人期待，又尽快使人得到满足，才能使人们连续不断听下去。如果设置了悬念之后还是不紧不慢地,那听的人就会感到拖沓,不解渴,进而不爱听、不想听了。

7. 强调性停顿

在需要强调的词语之前或之后有所停顿,就能达到强调它的目的。

任意位置的停顿都有可能达到这样的效果,但是这样的停顿不能任意使用。强调性停顿应该用在确实比较重要的地方,或是与主题密切相关,或是事物发展的关键之处。

比如:榜上怎么会有∧他的名字?

再如:钱∧能帮助人,也能害人。

二、扬停与落停

话语间的停顿怎么停?不都是刀砍斧剁那样就停住了。

停顿时的句尾状态主要可以分为"扬停"和"落停"两种。

"扬停"一般是话没有说完的停顿,句子是扬起的,话好像抛出的球飞向半空,或在空中平稳飞行的途中。话说到一半的停顿,带着对后面内容的预示。具有一定的悬念性。

"扬停"有时也表现结束感,是高亢结句的方式,好似用力向上抛出的物体落到了高台之上。不过,这样的方式不常用到。

"落停"则是表现一种段落的结束感。句子是落下的,抛出的物体已经落在实处。一个相对完整的意思说清楚了。落停有一种解决感,说得自己与听话人都有完成的沟通的意味。如果以音乐来比喻的话,像唱完一段的结句。

当然,在这两大类停顿中还有着无数的细微的区别。比较难把握的是既是一个小段落的结束,又是大段落中部的位置,这里的停顿似兼有"落停"与"扬停"。可以试着在落之后又扬起一点来表达,但是不宜成为僵化的模式。

在停顿的过程中,人心里的语义是不停的。声音停顿的时候,思想情感逻辑脉络没有中断,是连贯的。就像传球,一个人传给另一个人,可能有两个人之间有空位,虽然距离远,但是球没有掉到地上,而是继续传过去了。正所谓,停而不断。

停顿的过程中,心中必然要保持连续的、相应的形象感受和逻辑感受。

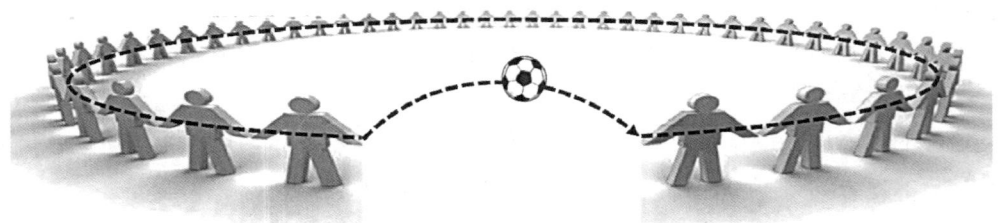

三、停顿的时长

既然是停顿，就要有休止的时间。应该停多长时间呢？

有的停顿，是完全停下来，下一步重启再说，好像走路到了一站，观察一下再走。章节层次之间往往是这样的。

有的停顿，是声音停住了，语义未停，深呼吸一下继续前行。好像走到上下台阶之时稍稍调整一下的预备状态。心理表现的停顿常常如此。

有的停顿，说话过程中有个气口，语句是连贯的，好像走路脚步快慢变化之间的那个空当，行进的惯性没有止住。大量的句中表达语义的停顿是这样的。也是人们常常说的补气的需要。

有的停顿，仅仅是前后之间稍稍有一点点错开，好似一个裂纹。这里需要有"偷气"的技巧。这样的停顿内行人能听得出来，一般听众就注意不到了。

有的几乎不能称为停顿，只是在连续语音之间的某处，后面那个词的字音有一点点（只有一点点）加重，形成貌似停顿的感觉。其实，这是舍弃逗号的一种表达。这样似停非停的状态，大概只有自己知道，别人不是特别注意都不会有感觉。新闻播报时密集快速的长句处理，散文朗读时慢速的长句处理，都有可能这样。

停顿的时间长短，最根本的是取决于说话人打算让听话人怎样理解，理解到什么程度；也取决于听的人是否听懂了，听明白了，是否已经开始对下面内容有期待。因为停顿是一种表达，是有目的的表达，要根据说和听的需要采取适当的停顿。不能是某种硬性的规定。

有人曾经测算，逗号的位置停几秒，句号的位置停几秒，段落之间的停顿要停几秒。这可能是一种经验，但是生动活泼、丰富多彩的话语怎么能这样僵化地计时呢？再说，播音主持过程中还能来得及精确计算"秒"吗？

文稿中的标点符号是作者标示的语句停顿，是作者写作的呼吸感觉。播音员、主持人要以标点符号为基础，将其当作参考提示，但还是要以自己对文稿的理解和表达的感觉来处理停顿的位置和停顿的长短，播音和主持时的停顿不能完全受文稿标点符号的局限。

更何况，每一位播音员、主持人都有自己的风格特点！①

---

① 就是这一句话，在"更何况"之后的逗号处，表达时停顿都是可有可无的。

4. 粘连

讲话的时候要有停顿，但是有的位置可以不停顿，或者不明显地停顿，有的位置不能停顿。相对于停顿来说，不需要停顿的位置要紧凑地粘连在一起。停顿或粘连都要根据表情达意的需要而定。

粘连的情况不同，表达的方式也不同。

1. 可停可不停

前面讲到，停顿表现行为的过程和心理的过程。但是如果不打算表达这样的过程，只想直接说出结果，就没有必要使用这样的停顿手法，当然可以不停顿，紧凑地讲出来。

这里就有描述和叙述的区别了。描述，就很细致，要表现过程，让听的人随话语的停顿有"体验"，有"观察"。叙述，就很直接，不想刻画过程，让听的人知道结果。

比如："轰"，一团火球冲出来。

这一句可以在象声词"轰"的后面有充分的停顿，让听的人似乎先听到一声巨大的声响，强化这里的听觉感受，然后才看到了一团火球冲出来。这一句也可以不设停顿，"轰"与后面的那句话连续讲下来，不让听的人有两个感受过程，直接知道冲出一团火球。

再如：我们一直走到天黑，才看到一个小客栈。

这一句可以在"天黑"后面有个较充分的停顿，表现艰苦行走和寻找的过程，也可以不要这个停顿，前后句粘连，直接说下来，只告诉人们已经"看到客栈"的结果。

2. 似停非停

在长句中，有的位置从语义来看可以停顿，从播音上看也需要略微做心理调整，但是真要停顿，就会破坏长句的节奏和完整性，影响整体的理解。这样的位置必须要连贯，不能停顿。在这些地方，可以采取非常短的瞬间的顿歇，并不是真正意义上的停顿。新闻播音中这样似停非停的地方很多。

这样的顿歇，像完整的表面上出现的细细的裂痕，或者光滑的表面上有一条线的突出，只有播音者自己知道，听的人不是特别注意就不会理会，只会觉得比较连贯。然而，这样没有真的停下来的地方也的确需要有一种缓冲，一种皱褶，一种聚集，一种波动，只是听起来好似接连不断地说下去。虽然说话时没有停没有顿，但这样似停非停的处理实现了整理、蓄积的心理调整，在连贯的语句中起到了隔开而又不割断的作用。

表达的方法是，话语速度基本不变，句子中某一位置的前一词组末尾声音稍弱，后一词组开头稍强，弱与强之间有一丝连自己都不易察觉的时间缝隙。这样就能够达到预期的效果。

如果句子过长，在这样的位置需要呼吸，也只能稍稍补一点点气息。

比如：

要坚持协同发展、重点突破、深化改革、有序推进。要严控增量、疏解存量、疏堵结合调控北京市人口规模。要在京津冀交通一体化、生态环境保护、产业升级转移等重点领域率先取得突破。要大力促进创新驱动发展，增强资源能源保障能力，统筹社会事业发展，扩大对内对外开放。要加快破除体制机制障碍，推动要素市场一体化，构建京津冀协同发展的体制机制，加快公共服务一体化改革。要抓紧开展试点示范，打造若干先行先试平台。

请尝试，怎样表达好似停非停的表达，以求既明确逻辑关系，又能更连贯、更通顺地把文稿的语义表达清晰。

千万别把似停非停变成实实在在的停顿！

◇ **应该停顿而不停顿，或者不明显停顿。**

句群之间的关系，应该是一个思想片断的结束，另一个思想片断的开始。很规矩的表达应该有停顿。但是，在这样的位置，不停的情况很多。这样的处理，显得紧凑，表现出来的气氛积极、热情。在京剧中有一种叫"顶着小节线"的唱法，就是这样。有些乐队指挥处理交响乐时也有下一乐句顶着上一乐句的情况。

电视新闻播音时，常常会这样处理，广播播音中这样的方式用得较少。不过，由于广播传输信号质量的提高和接收的个性化，广播中也渐渐有更多这样的表达方式了。

◇ **表现紧急的粘连。**

粘连还有表现急切、急促、紧急的特殊功能。

表现时间和情势的紧迫、紧急需要加快语速，但是，句子内部语速加快是有限的，说得太急、太快，人们听不清楚，字音叠加在一起，效果不佳，反倒失去了表达的意图。

如果把上句的句尾与下一句的句首粘连在一起，句子之间没有停顿，就能显出紧急的气氛。其实句子内部没有太快，仅粘连上三四句，紧张的气氛就出来了。

◇ **用粘连调节速度和容量。**

如果句子之间有从容不迫的停顿，就会产生舒缓的气氛。

用"粘连+停顿"的方法，对字数较多而又要求限时播完的稿件很有帮助。在既定时间内要把文字较多的一段话说完,可以把几个句子粘连在一起一口气说下来,然后在句群之间停顿得比较充分,仍然会产生从容不迫的感觉,并不使人感到急促。这样的新闻播音,一次节目做下来,似乎不紧不慢,却能够比正常速度多播一两条消息。

反之,文字量少时间充分,那就可以不过于放慢句子,只是合情合理地舒展句间的停顿,能够不显拖沓并填充了时间。

在纪录片、专题片解说时,常常遇到字多字少的情况,用这样的方法可以较好地解决困难。

◇ **停顿粘连与标点符号的关系**

不是所有的标点符号位置都要停顿,也不是没有标点符号的位置就不能停顿。停顿与粘连要根据口头表达的感觉处理。一切为了让人听明白,能够确切理解,能够轻松理解。

5. 语句色彩

讲话的语句，句句都在表情达意，句句声音都有色彩，五光十色，色彩斑斓，有鲜亮，有灰暗，有浓墨重彩，有冷峻平淡。语句声音的色彩，就是我们说的语气。

语句声音的色彩是看不见，摸不着的，但是我们是能够辨认和感觉到的。

比如，有人问这张照片发不发到网上？回答一个字"发"，可能有不同的表达。可能是"发？"也可能是"发。"还可能是"发！"也许会是"发……"人们能够听到，同一个字音，都是 fā，第一声阴平。但是，不同的心态，不同的想法，不同的语义，就有不同的调门，不同的尾音微妙变化，不同的呼吸状态，不同的声音力度，不同的音量大小，不同的虚实表现……这就是语气色彩。

有一位表演艺术家说，"山"这个字，直白地说是一种说法。如果这座山很险峻；如果这座山很平缓；如果这座山摔死过人；如果这座山有人捡到过金子……那么这个"山"字的声音色彩就会说得各不相同，差异很大。

一个字尚且如此，那数个字、十数字、数十字组成的语句则更是如此。

生活中人们交流，语句声音的色彩是自然而然的，但也不是十分讲究的。而作为播音员、主持人，则要更为自觉、更为贴切、更为准确、更为丰富地表现语句声音的色彩。

天下没有两片相同的树叶，大家口中的语句声音的色彩更是多种多样。

怎样来掌握和表现语句声音的色彩呢？

各种各样数不尽的声音色彩，可以归纳为数量不多的类型。

我们播音界的前辈泰斗张颂教授所著的《朗读学》一书中对语气有这样的总结：

爱的语气一般是"气徐声柔"

憎的语气一般是"气足声硬"

悲的语气一般是"气沉声缓"

喜的语气一般是"气满声高"

惧的语气一般是"气提声凝"

欲的语气一般是"气多声放"

急的语气一般是"气短声促"

冷的语气一般是"气少声平"

怒的语气一般是"气粗声重"

疑的语气一般是"气细声黏"

张颂教授认为，语句声音的色彩关键是呼吸起作用，呼吸的变化导致了语气的变化。

请大家从每一位优秀的播音员和主持人的表达中体会这些语句声音色彩中的呼吸状态。看看他们如何在呼吸的变化中表情达意。

特别要提醒的是，造成语气变化的呼吸变化来源于真实情感的变化。当我们呼唤语气色彩时，不要忘记它的前端——自己内心的真情实感，呼吸是由情感推动的。而真情实感更早一步的本源则是感受——形象感受、抽象感受、综合感受。

然而，有了这些感受，如果没有丰富的语气形态技巧能力，这些感受也难以充分表现出来。内心感受与声音技巧是前赴后继、相辅相成的。

张颂教授列出的是语气的大致归类。当然，语句声音的色彩不只是以上这十类，还可以总结更多。比如，诚恳的语气、感慨的语气、赞美的语气等。需要我们大家进一步探索语气色彩的种类和扩展。

其实，在播音主持的表达过程中有无穷无尽、多种多样的语气。

即使同一个内容，同一类表达，我们每个人自己每一次语气也不太一样，随时随地变化。若是不同的内容，哪怕有细微的差别，语气也会有变化。

播音员、主持人要让自己的语句声音丰富多彩，并且准确，恰到好处。

有一位著名的播音员在讲课时曾经讲过，外交新闻中常常有不同的措辞，都需要有不同的语气表达。

双方进行了亲切友好的谈话

双方进行了热情真挚的谈话

双方进行了建设性的谈话

双方进行了积极的谈话

双方进行了轻松的谈话

双方进行了认真的谈话

双方进行了务实的谈话

双方进行了坦诚的谈话

双方进行了坦率的谈话

……

把握好这其中的分寸，要有充分的理解和精准的语气。没有理解不行，有了理解没有能力也不行。

怎样获得这方面的能力呢？

◇ 最初是模仿。向与自己条件相似的成功者学习、模仿。别人怎样表达，我就怎样。不是照猫画虎，照葫芦画瓢，而是精细地模仿，以求最初的入门和理解。

◇ 进而是体验。有了相关的知识后，自己时时处处要体验内心的感受和情感与语句声音色彩之间的关系，力求尽可能形成一致。并且，要求自己深刻记住这些体验。

◇ 更多要积累。要在生活中积累，生活中观察到谁的话色彩特异，要模仿一下，记住。要向周围的同仁学习，谁有好的语气，拿来记住。要从各种艺术中借鉴，曲艺、戏曲、声乐、话剧、电影、朗诵等都有可以借鉴的技法，要善于"化"入自己的嘴里。

◇ 最终要创新。在大量学习实践的基础上，要逐渐形成自己的语句色彩系统。创新的系统，是丰满的、多彩的。这是长远的目标，但在今天自己就要确立。

色彩在绘画中有浓有淡，有明有暗。语句的声音色彩虽然看不见摸不着，但是实际上也有强弱、刚柔、浓淡、虚实等。

同一句话，同一种语句声音的色彩，其色彩的强弱、刚柔，伴随浓淡、虚实，可以有多种情况。可以按不同的情况来分级练习。

初学的练习可以暂时分为 3 个等级，练习各种不同情感的不同级别的语气。要以 3 级为正常的语气，向下减弱，向上加强，反复进行练习。低级别语气是很弱的，高级别语气十分强烈。

例如：美丽的春天来了。

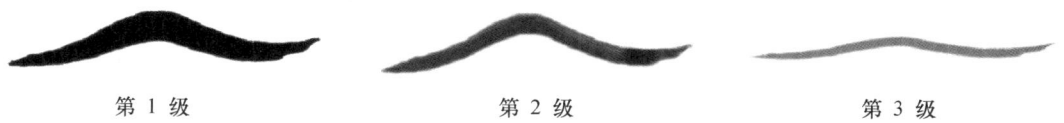

第 1 级　　　　　　　　　　第 2 级　　　　　　　　　　第 3 级

当大量语句以 3 个级别的练习熟练之后，可以进行更细的分级练习。练习 6 个级别，乃至更多的级别。

这一练习也是一种存储，当我们不同程度的语气存储多了，就可以在不同的语境中随心所欲地调用，以最恰当的程度表达出内心丰富感受所需要的无尽的语句声音色彩。

6. 语句波形

　　人们说话，是依一字一字先后顺序说出来的，一字字连起来就形成一条条的线，这些线不是直线，总是高高低低地变化，形成了一种起伏的波形。不管说话人是否自觉，这样的波形都是存在着的。说出的话千差万别。由话语而形成的波形也是千差万别的。

　　波形，就是人说话时声音频率高低形成的曲线，像波的形状。波形线条的起伏，主要显示语句的音高音低的延伸变化，歌唱的旋律能够形成歌唱的波形。但是，一方面说话比歌唱复杂，另一方面说话也不要求有歌唱那样精准的频率形成的12音律。

　　波形与重音的表达有一定的关系。重音的地方往往是波形的高峰处，非重音的地方常常是波形的低谷，然而，这并不绝对。况且重音与重音的情况也不尽相同，波形变化也就千差万别了。波形还与停顿时的"扬停"和"落停"有关。

　　伴随波形的变化还应该有声音的强弱轻重变化。单线的波形容易表示音的高低，但是用线条表示语句声音的大小、刚柔、虚实、明暗就有一定的困难。如果一定要表现的话，就要把线条画成有浓有淡的样子，有粗有细的模式，还要有厚薄变化中的起落、有虚实相间里的宽窄、有细柔地飘过、有凝重地顿住、有尖巧地甩出……这其实是很困难的事情，即使线条画成那个样子，也不一定能完全表示明白声音的波形及多种形式。所以，集中解决波形的问题，是一个单独的课题，其他相关联方面的话语技巧可以在学习另外的课题时解决。

　　虽然我们从小的时候每天说的话都有波形，但是，有一部分人的话语波形不明显，有的人的话语几乎就是一条平直的线。这可能与地域方言有关，也可能与学习普通话时的过程有关。无论原来的基础怎样，播音员、主持人都要努力学习训练，让自己的表达有更丰富多样且恰如其分的波形变化。

　　虽然波形多种多样，但是归纳起来我们可以把它看作两个基本走向，即上升和下降。多种多样的上升和下降的组合，就构成了形态各异的波形。

　　播音学导师张颂教授描述语句波形时提出了一个规律，即相邻的两个句子有"三忌"：

　　句首忌同一起点——两句开头不能是同样音高起调。

句尾忌同一落点——两句的结尾不能落在同样音高。
句中忌同一波形——句中的波形不能相同相似。

可以先从"句首不是同一起点"开始练习。练习时可以先尝试分高、中、低三个音高。在若干句话中反复进行变化练习，实现以上"三忌"：

第一句——中音起调（或者低音起调，或者高音起调）
第二句——低音起调（或者高音起调，或者中音起调）
第三句——高音起调（或者中音起调，或者低音起调）
第四句——中音起调（或者低音起调，或者高音起调）

反复多次进行练习，改变每句句首的音高，用不了多久，就能形成随时变化相邻句的句首音高的习惯。然后，在此基础上，采用同样的方法，练习相邻句的"句尾不在同一落点"。句首和句尾有了音高变化，句中的波形自然就不会相同了。比如：上面关于人才的四句话，它们的句首音高的起点和句尾的落点分别是：

（中音句首）寻觅人才求贤若渴，（低音句尾）
（高音句首）发现人才如获至宝，（中音句尾）
（低音句首）举荐人才不拘一格，（高音句尾）
（中音句首）使用人才各尽其能。（中音句尾）

这样句中的波形必然是各不相同的。

其实，如果做到上面的其中一个方面的"忌"，就可以做到邻句之间的波形不同。

波形的这个"三忌"要求，避免了播音员、主持人的话语声音在音的高低方面的单调乏味，实现了这"三忌"，语句的表达就错落有致，就会让人们爱听，听起来有韵律感。

我回来看你了，我那年迈的老妈妈。你真的老了。

当一棵树不再炫耀自己叶繁枝茂，而是深深扎根泥土时，它才真正地拥有深度；

当一棵树不再攀比自己与天空的距离，而是强大自己的内径时，它才真正地拥有高度。

寻觅人才求贤若渴，发现人才如获至宝，举荐人才不拘一格，使用人才各尽其能。

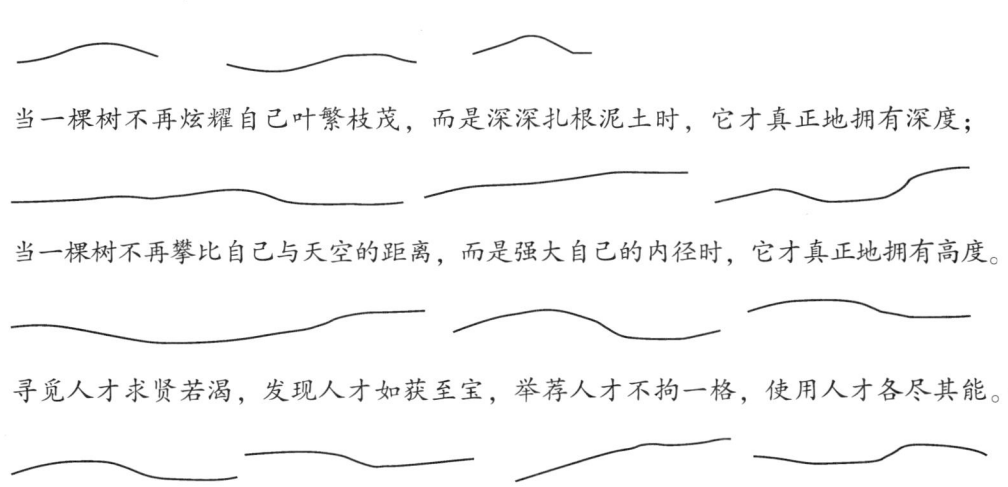

试着以播音主持的方式讲述这些话，体会它们的波形。当然，上面的波形只是多

样中的一种示意，那不是固定的，更不是唯一的。每个人的表达各有千秋，不能是僵化的固定格式。学习的过程，可能要从笨拙地设计波形开始，按照设计吃力地表达，经过实践，再经过设计，再经过实践；积累心得，最终到达理想自如的境界，能够使脱口而出的话语都有这样的变化。

  初学时可能感到不熟练，练习一段时间之后会逐渐地习惯成自然。最终的目的，是要让自己存储多种多样的语调波形，到用的时候就能够自如地呼之而出。

7. 节奏

节奏，是物质运动变化周期的标志。自然界或人文艺术界在包括高度、宽度、深度、时间等多维空间内的有规律或无规律的阶段性变化简称节奏。

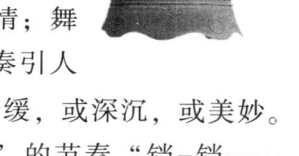

生活中时时处处有节奏。一天中有三顿饭，有白天黑夜之分；放眼望去，远处的山野高高低低，城市街道的建筑错落起伏。

在艺术领域，节奏更是十分明显，音乐中的节奏令人动情；舞蹈中的节奏让人跃然；诗歌中的节奏使人陶醉；文章中的节奏引人入胜；就连绘画、雕塑、书法中也包含着节奏，或紧张，或舒缓，或深沉，或美妙。甚至敲钟，也有"沉浸"的节奏"铛——铛——"和"昂扬"的节奏"铛-铛——铛-铛——"的区分。

单调乏味的节奏使人厌烦。生动多样的节奏才使人愉悦。

在播音和主持节目时，语言的节奏主要表现为：

声音的高低变化——抑扬，

声音的大小变化——轻重，

声音的速度变化——快慢。

高低、大小、快慢，播音和主持的语言节奏是这些要素不断变化重复形成的。

播音和主持的语言总体节奏是就全篇情况来说的。一篇话语总体上为一种节奏类型。或是深沉，或是轻快，或是急切，或是舒缓，或是高亢，或是婉约……这由具体内容决定，也是与其他文稿的节奏区别而言的。

在一篇文稿内部，节奏的变化是在对比中显现的。对比是艺术的基本规律。一场晚会，要有歌唱、舞蹈、小品节目的交替对比；一场戏剧要有热情、冷漠和冲突的交替对比；一幅画作要有色彩的交替对比。高调摄影作品中白色、淡色中一定要有最黑的某个点，低调摄影作品中一定要有最亮、最白的某处。

一段话，在总体节奏的基础上要有对比呈现。

在播音和主持时，在把握住总体节奏的基础上，还一定要强调对比形成的内部节奏：

欲扬先抑，欲抑先扬；

欲轻先重，欲重先轻；

欲快先慢，欲慢先快；

欲实先虚，欲虚先实。

总体深沉昂扬的节奏，一定需要有相对明快、轻盈的地方；总体舒缓、淡雅的节奏，一定需要有相对跳跃活泼的地方。反之亦然。

没有对比变化的节奏是不可取的。只有对比，才能使总体节奏更加突出。

怎样设计节奏的对比呢？

主要是根据文稿内容变化来安排。一定要在全篇之中找到节奏松弛之处，也一定要找到节奏紧张之处；一定要找到高亢昂扬之处，也一定要找到低回委婉之处。

◇ **可以依层次之间的情感色彩形成节奏。**

语言引起的感受使我们体验到文稿各部分中含有的情感分量、色彩不同。例如，平静的生活激起了波澜；紧急的情况化险为夷，转危为安。从心旷神怡到热情洋溢，从欢乐激昂到情意绵绵……要说的话里总是有多种多样的情感色彩，并且有差异变化。

由不同的感受引起情感的变化，从而使表达产生不同的起伏，不同的色彩，不同的速度，不同的分量，必然构成节奏转换和对比。

◇ **可以依篇章的主次关系形成节奏。**

一定要弄清楚篇章里面的主次关系。既然有主次关系，在表达上就要有由此产生的层次之间、语句之间的对比变化。由主次关系的变化引起的语句的轻重变化、抑扬变化构成了节奏。主次关系不只是两个层次，可能会有最主要的、主要的、一般主要的，还有次要的、更次要的、最次要的……最要加以强调的最重要的内容是最突出的地方，是"群山"中的主峰，其余是主峰俯瞰下的错落起伏的群峰，高高低低、远远近近形成了节奏。"主"和"次"在播音或主持的篇章中出现的机会不同，位置不同，频率也不同，话语的强度也就不同，于是就构成了较为丰富的节奏变化。

◇ **可以依层次之间的时空转换形成节奏。**

你如果向别人讲述不同时间、不同空间发生的事情，就会因情景不同、空间距离不同、时间远近不同从而使此时此地与彼时彼地的氛围不同，心境不同。

比如，白天喧闹的街市和夜晚宁静的房间，深山探险队宿营与游乐场的碰碰车场，5年前紧张的初试和今天的论文答辩，小时候的理想和明天即将启程远航等。有时，好似处在同一时空里的双方、三方，也会在讲述过程中有不同的方位角度。为了要表现好鲜明的时间空间交替转换，节奏的变化也就显现出来了。

◇ **可以依人物、事物形象之间的差别形成节奏。**

人物和人物的形象、行为、思想、言论，是播音和主持节目时所要讲到的最大量的内容。不同的人物有不同的特征。英姿飒爽的战士与欢乐嬉戏的幼儿园孩子，学生与科学家，煤矿工人与出租车司机，母亲与儿女，教师与地质勘探队员，领导干部与交通民警，外企职员与田里的农民等。即使同一岗位的人，也会因性格不同、经历不同而有差异。

除了人物形象，还可能会有事物的形象，其差异也是明显的。

要能够觉察到各个形象之间特征的差异，并且认真地在表达时区别它们。包括动作、举止、说话的腔调、神态；包括事物的形状、颜色、质地、大小、轻重等。

还有人物、事物所在环境光线明暗、空间宽窄、温度冷暖，也都产生了构成节奏的多重变化。

◇ **播音员、主持人的血肉之躯形成节奏。**

语音的高低、大小、快慢不能只在嘴上，那样很难形成真正的节奏。话语的声音节奏要由播音员、主持人全部身心的活动来共同表现。

语言是由人说出的，说话的节奏变化与人的全身血肉张弛的变化是一致的，语言节奏实际上是人身体的筋骨紧张和松弛运动的声音表现。话语的节奏依赖身体的松松紧紧，身体是节奏的根本。所以，在表现节奏的时候，我们要让全身心的张弛与语言的节奏一致。

可以尝试全身绷紧说一段话，再全身放松说同一段话，体会身体收紧与放松产生的节奏效果。然后，练习以身体不同的张弛状态说不同节奏特点的话语。

少量的时候，在说到某一段落的时候，我们说话人的内部节奏可能与外在的语言节奏不一致。有内心节奏紧迫而外在语句节奏迟缓的情况，戏剧界对此有个说法："紧拉慢唱。"也有内心节奏舒展而外在节奏快捷的情况。这看似矛盾的节奏表现，实际上是用相反相成的手法表达内心的节奏。

8. 句子的节拍

音乐是有节拍的，节拍是乐曲中表示固定单位时值和强弱规律的组织形式。节拍是衡量节奏的单位。在音乐中，有一定强弱分别的一系列拍子每隔一定时间重复出现。如 2/4 拍、4/4 拍、3/4 拍等。每小节中强拍和弱拍的循环称二拍子；强拍、弱拍、弱拍的循环称三拍子；强拍、弱拍、次强拍、弱拍的循环称四拍子。

我国传统音乐称节拍为"板眼"，"板"相当于强拍，"眼"相当于弱拍。民族音乐和戏曲中的节拍，每小节中最强的拍子叫"板"，其余的拍子叫"眼"。如一板三眼（四拍子）、一板一眼（二拍子）。

语言中的节拍没有音乐中那样严格的规定，但也是有一定规律可循的。

◇ 句首第一个字说出，有两种方式：一是强拍起说出，二是后半拍起说出、弱拍起说出。

歌曲演唱常有这样的情况：

《今天是你的生日》句句都是在强拍起唱的。中国传媒大学的校歌《年轻的白杨》句句都是在强拍起唱的。大多数歌曲都是这样的。

《义勇军进行曲》前三句是后半拍起唱的，到了第四句开始在强拍起唱。

《歌唱祖国》的前六句都是弱拍起唱的，后面才转为强拍起唱。

《一个美丽的传说》主歌部分六句都是后半拍起唱。

强拍起唱也被称为"顶板"，弱拍起唱也被称为"闪板"。

讲话时，后半拍起、弱拍起的方式用得较少。

比如，电视片解说词，"在大山的脚下……"这一句第一个字"在"可以以较强拍说出，也可以在音乐声中为了不显突兀而有淡入渐进的艺术处理，选择弱拍说出。还可以选择更短促的弱拍说出，相反，也可以更加意味深长地说出。不同的方式都要掌握，根据具体表达的需要熟练运用。

× O | × ×. × | × × |
在　　大 山 的 脚 下 ……

O × | × ×. × | × × |
　　在 大 山 的 脚 下 ……

○ × | × × . × | × × |
　在　大　山　的　脚　下 ……

× － | × × . × | × × |
在　　大　山　的　脚　下 ……

还有弱拍起说出的情况：

○ . × × | × 　× . × | ○ . × × | × 　× . × | ○ × × × | × 　× . × | × × × 　× × |
　我们 听 到 了　　我们 看 到 了　　这里的 一 切　　是 那么地 美 好

◆ 句中要有节拍的变换。这一点说话比音乐灵活得多。

比如：山西省太原市六味斋酱肉店柳巷门市部。

在这句话中有6个词，每个词单独说，人们可能习惯用大约2/4的节拍说出来。但是在这句话中如果6个词都说成2/4的节拍，听起来就很不舒服，显得单调乏味。

× × × | × × × | × × × | × × × | × 　× | × × × |
山西省　太原市　六味斋　酱肉店　柳　巷　门市部。

如果根据文义，第三个词"六味斋"三个字用3/4的节拍说出来，就能改变单调的感觉。

× × × | × × × | **× × ×** | × × × | × 　× | × × × |
山西省　太原市　六味斋　酱肉店　柳　巷　门市部。

这样的节拍变化合理运用于播音和主持的语言中，将会增添语言的美感。

◆ 在句中，类似2/4的拍子和类似4/4、3/4的拍子常常交替出现。松松紧紧，这样的多种变化会有听觉的美感。

比如：

× . × | × 　× | × × × × × | × × ○ |
他　就　这 样　匆匆忙忙地　走 了。

× × | × . × | × × × × | × × × | × ○ × | × × × × | × 　× . × | × ○ × × | × × $\overset{3}{\overbrace{× × ×}}$ |
中国 梦 是 中国人民　共同的 梦，是 中华民族 久远 的 梦，也是 每个 中国人

× × | × 　× . × | × ○ |
现 世　今 生 的 梦。

还有更多情况，比如：切分、更灵活的休止，等等。

× × × × | × 　× 　× | × × 　× × × |
这是一个　惊　人　的　举世 无双的 ……

我们还注意到在电视剧《宰相刘罗锅》里，演员在塑造人物时设计了人物的个性

213

语言形象，其中的节拍的特征很微妙，耐人寻味，值得借鉴。

比如：李保田塑造的刘罗锅的语句节拍特点就是带附点：

× ． × | × × ○ | × ． × × |
何　大　人哪，　何　　大　人！

× ． × | × ． × | × × ○ |
臣　我　还　　有 一　本。

再如：王刚塑造的何珅的语句节拍特点就是6/8拍：

× × ○　× × × | × × ×　× × × |
皇上，　您真是　有道的　明君哪！

以上挂一漏万举例，目的是想说明，话语是有节拍规律的，松紧疏密，长短断续，强弱起伏，需要播音员、主持人更自觉地学习，让自己的话语有多种多样的形态，且能熟练自如地掌握运用。

戏曲和曲艺在语言的基础上总结、积累形成了丰富多样、变化重叠的"板、眼"节拍形式，这些节拍形式反过来对播音主持话语表达极有借鉴意义。[1][2]

有人说，讲话能够像唱歌那样打着拍子讲吗？那样不是太刻板了吗？

其实，用曲谱形式描述，只是把语句的节拍变化记录下来的纸上的形式，以供学习和研究，并非要人们都那样严格按节拍说话，相反，节拍的灵活正是语句区别于音乐的特点，所以话语中的节拍一定是更多变、更活泼的。在随意自由的话语中，灵活地表现这些规律，熟练地运用这些规律，能使语言更悦耳，更有魅力，即节拍藏在变化多端的语句中。

---

[1] 京剧音乐有导板、快三眼、顶板、快板、散板……
[2] 快板书有顶板、闪板、让板、抢板、踩板……

9. 长句处理

生活中人说话一般10个字一句话，如果内容多，都会拆成两三句表达。日常说话都是短句。

新闻播音的长句很多。主持人的主持词里有时也有长句。播好长句，说好长句，是播音员、主持人的基本功。

有些长句，是由若干单句组成的，虽然语句意思是连贯完整的，但是播讲起来还是以一个单句来把握的，并不是很困难，只是要注意各单句之间的逻辑关系和主次关系，将各个单句组合成完整的思想。

而有些长句是一句一个语义，主语与后面的谓语动词，主语与后面的核心宾语，主语与后面应该呼应的部分相隔较远，播讲起来有一定困难。

有人常常"半句思维半句断"，话说到七八个字时，无缘无故地停一下，缓半口气再接着说后半句。有的还在停的瞬间会有意无意地冒出一个"嗯"。这是因为开口时只有短句的心理准备，说完前半句，才想后半句是什么。心里没有完整长句的句意，呼吸没有相应地调整到长句表达的准备状态，这样势必会说到一半就卡，把话说成半截子了。久而久之就成了"不良习惯"，难以完整地表达语义，使句子语义破碎断裂，不能让人顺畅理解，甚至不能让人听明白，产生误解。

解决这方面的问题，从心理方面来说，播讲长句要学会将短句的语气放大，呼吸的心理准备要适应长句的需要。

比如：

中国女子排球队今天在日本代代木体育馆以3：2的比分战胜美国队，获得本届世界杯排球锦标赛女子冠军。

这一长句在口语中就是：

女排得冠军了。

或者：中国女排得冠军了。

但是，在播音主持中有时需要端庄的修辞，正式地表达，要说长句。

一下子把握这样的长句的确很困难。有人说得断断续续，前后不搭，不是一句话的语气，甚至不能让人听明白句子的意思，有人呼吸气口不对，自己陷入混乱。

说好长句可以采用逐步放大的方法练习。先把句子简缩到口语那样短，让自己能够自如把握，表达的语气正常，然后逐渐增加句子成分，一步一步体会把短句的语气放大，放大后还是不丢失原来短句的感觉，仍然能够正常表达。这样逐渐放大，逐渐适应，最终能够驾驭长句，把长句表达得像短句那样清楚明白、自然流畅、语义完整。

可以这样以短带长，一步步体会、感觉，直到能够自如地说好长句：

中国女排得冠军了。

中国女子排球队获得世界杯赛冠军。

中国女子排球队今天战胜美国队，获得世界杯赛冠军。

中国女子排球队今天以3:2的比分战胜美国队，获得本届世界杯赛冠军。

中国女子排球队今天在日本代代木体育馆以3:2的比分战胜美国队，获得本届世界杯赛冠军。

中国女子排球队今天在日本代代木体育馆以3:2的比分战胜美国队，获得本届世界杯排球锦标赛女子冠军。

再看一个长句：

全国人大常委会第五次会议表决通过了全国人大常委会代表资格审查委员会关于个别代表的代表资格的报告、关于修改个人所得税法的决定等。

可以这样逐渐体会、感觉长句的语气：

表决通过了报告、决定。

全国人大常委会表决通过了关于个别代表的代表资格的报告、关于修改个人所得税法的决定等。

全国人大常委会第五次会议表决通过了全国人大常委会代表资格审查委员会关于个别代表的代表资格的报告、关于修改个人所得税法的决定等。

再看这个长句：

云存储是在云计算概念上延伸和发展出来的一个新的概念，是指通过集群应用、网格技术或分布式文件系统等功能，将网络中大量各种不同类型的存储设备通过应用软件集合起来协同工作，共同对外提供数据存储和业务访问功能的一个系统。

这一长句里有两个分句，可以这样分别逐渐找到感觉：

云存储是一个新的概念，是一个系统。

云存储是在云计算概念上的一个新的概念，是共同对外提供数据存储和业务访问功能的一个系统。

云存储是在云计算概念上延伸和发展出来的一个新的概念，是指通过应用软件集合起来协同工作，共同对外提供数据存储和业务访问功能的一个系统。

云存储是在云计算概念上延伸和发展出来的一个新的概念，是将网络中大量各种不同类型的存储设备通过应用软件集合起来协同工作，共同对外提供数据存储和业务访问功能的一个系统。

　　云存储是在云计算概念上延伸和发展出来的一个新的概念，是指通过集群应用、网格技术或分布式文件系统等功能，将网络中大量各种不同类型的存储设备通过应用软件集合起来协同工作，共同对外提供数据存储和业务访问功能的一个系统。

　　这两个分句，前后是并列关系，也是递进关系。通过这样逐渐加长的方法，要将这100个字的长句讲成一个整体，一个完整的语义。

　　人深呼吸一口气，正常表达能说20个字左右，因男女不同，也因人的个体差异而不同，或多或少。

　　长句的字数比较多，当不能一口气说下来时，就要考虑设计呼吸的气口，安排长句停顿的位置。要根据对语句内容的理解来划分好停顿的位置，包括稍长的停顿、短暂的停顿和别人不易觉察的停顿，做到心中有数，不慌不乱。

　　比如下面例句中的停顿位置可以这样安排：

　　中国女子排球队∧今天在日本代代木体育馆/以3∶2的比分战胜美国队/获得本届世界杯排球锦标赛女子冠军。

　　全国人大常委会第五次会议∧表决通过了∧全国人大常委会代表资格审查委员会/关于个别代表的代表资格的报告、/关于修改个人所得税法的决定/等。

　　云存储∧是在云计算概念上延伸和发展出来的一个新的概念，∧是指通过集群应用、网格技术/或分布式文件系统等功能，/将网络中大量各种不同类型的存储设备/通过应用软件集合起来协同工作，∧共同对外提供数据存储/和业务访问功能的/一个系统。

　　以上符号，∧表示较为充分的停顿，/表示短暂的停顿，应该补气，/表示"似停非停"很短的瞬间，可能偷气，也可能不必。"似停非停"的方法是：前面的两三个字根据语义，声音的力度稍稍弱一点，后面的第一、二个字的力度稍稍大一点，语句中稍有一点点"裂痕"，速度几乎不变。停顿符号仅仅是机械地标注，实际播音时，心中对语义的正确理解是根本，完整表达意思是追求，停顿的设计仅仅是行进中的大小"驿站"。

　　有少量的长句，宾语部分很长，对停顿的位置有严格的要求。播音员、主持人的意识里，一定要让谓语动词"管住"很长的宾语部分，直到最后一个字。

　　注意下面这句：

　　教育部门∧坚决反对∧一部分幼儿园和家长/主张提前对幼儿进行小学化的训练。

　　这一句里，"反对"这个动词后面带的宾语部分很长，应该在此有个停顿。后面主谓结构组成的宾语部分的内部不能有停顿，特别是不能在"家长"后面停顿，最多是"似停非停"状态。否则，就有可能被理解为教育部门"反对幼儿园和家长"，而"主张进行小学化训练"，那就完全错了。

　　多词长句是播音中的难题。

语句中的名词排列过多，说起来很费事，有时越播心中越不安。对待这样的情况，可以试着把它们分组说出来，5个以上的词排列，可以分为两组，每2—3个词一组，7个词以上按同样的原则分3组或更多的组。分组以后，自己的心里就有底，不慌不乱。

比如：

这条广告曾经分别刊载在《北京青年报》《戏剧电影报》《生活时报》《青年参考报》《电脑教育报》《购物导报》《科技生活报》《精品购物指南》《城市晚报》上。

再如：

参加会议的有，高建成、伍大增、赵剑雄、潘龙芳、江进、许先琼、金军民、倪天波、孙钢志、张剑松、王小菊、张素敏、张书银、金玲、周龙泽、刘志林、张乐翔、高中天、贾栋、谢贵荣、方新建、赵仕超、缪荣兰、杨再远、吴浪勇、张序正、沈翠余、倪天成、汪宗乔、项炎兵、聂其桃、郑皓文、龚开伦、方月英、高瞻、黄建英、张火耿、黄艳晓、陈进文、魏桂峰、胡慧芳、刘忠明、罗东峰……①

应当注意，分组是为自己表达心理所需，不要让听众、观众听出来明显的分组间隔。

这些名词排列虽然多，却只是句子中的一个成分，要说得相对完整。排列在最后的那个词要有相应的结束感。

长句中的复句，虽然层次多，但是一般每个句子都不长。需要播音员能够明白复句结构，把整体的语义讲清楚。

这一复句，从"在中国"开始，140多个字，4个分句是一个整体，说明美学原理要讲的内容。全句中每个分句里又有分句，且句子很长。

请试试，怎样放大语气？怎样设计停顿？怎样播讲得清楚？让人们听得明白？

作为一本美学原理，应该讲哪些内容呢？在中国，按目前的学科体系，美学的内容至少被分割在四个学科群里面：一是放在哲学一级学科下面的二级学科的美学；二是艺术学下面的四个一级学科，包括艺术理论、美术与设计学、戏剧与影视艺术学、音乐与舞蹈学；三是一级学科中国语言文学下面关于文学的诸学科和一级学科外国语言文学下面的各国文学；四是一级学科建筑学下面与建筑艺术相关的学科和林学下面的园林植物和观赏园艺。

---

① 此名单为化名，请勿对号入座。

10. 词和词组的表达

　　词、词组是语句中的一个单位，无论词和词组在句子中处于什么样的地位，重要或不重要，词和词组内部的各个字之间的轻重关系是固定的，一般是不改变的。
　　这就是词语的格式。词格在讲轻声时已经讲了一部分，这里从词的表达方面进一步说明。
　　下面分别说明：
　　两字词中多数是"中重"格式。即后面一个字比前面那个字说得稍微重一点。如：电视、胜利、民族、海洋。如图示意：○○
　　两字的人名属"中重"格式。
　　两字词中还有一部分是"重中"格式。即后面一个字比前面那个字说得稍微轻一点。如：丈夫、母亲、粮食、顾虑。如图示意：○○
　　两字词中另一部分是"重轻"格式。即后面一个字要发得又轻又短。但要注意不要模糊吃字。如：桌子、石头、早上、什么。如图示意：○○
　　三字词中多数是"中中重"格式。即最后一个字比前面两个字说得稍微重一点。如：播音员、主持人、天安门、研究所、推土机、巧克力。如图示意：○○○
　　三字的人名也属"中中重"格式。比如：毛泽东、刘胡兰、黄继光、白居易、文天祥。
　　三字词中还有一部分是"中重轻"格式。如：枪杆子、小姑娘、明摆着、硬骨头。如图示意：○○○
　　三字词中另一部分是"中轻重"格式。如：对不起、冷不防、走不动、说得对、打得好。如图示意：○○○
　　四字词的基本格式为"中中中重"，即最后一个字比前几个字说得稍微重一点。前三个字当中还有很微小的轻重变化，可以顺其语义而变。如：万象更新、五光十色、年富力强、风平浪静、前赴后继。如图示意：○○○○
　　四字的人名也属"中中中重"格式。如：司马相如、上官云珠、欧阳山尊、端木蕻良。
　　社会主义、资本主义，可能是"重中中中"格式。

多个名词连接组合成一个名词，在播音语言中是常见的情况。

这样的组合名词，不论有多少字，都应为"中中中……中重"格式。

如："中华人民共和国全国人民代表大会常务委员会通过的决议有三项"，这里的主语比较长，谓语部分只有 3 个字。讲到主语部分时，只能是最后一个字"议"比前面的字说得稍微重一点，并且略有一点不明显的停顿。中间部分的字都不能明显加重，这个组合词里的第一个"国"字、第一个"会"字和第二个"会"字都不能加重表达。这几个名词间也不宜有停顿。否则，就会让人感到说的是两个或三个单位，那就不是这个主语组合词原本的意思了。

在文稿中，有些词或者词组常常有引号和括号。

引号是表示直接引语部分的标号，有时引号是表示强调某事物的。一般情况下，表示直接引语的内容不一定要加强语气；而作为句中成分在引号里的内容都是要特别强调的，语气要相对加强一些。

比如：从某种意义上说，"说"就是做。

再如：散文的重要特点是"形散而神不散"。所谓"形散"，主要指散文的取材广泛自由，不受时间和空间的限制。所谓"神不散"，主要是从散文的立意方面说的，即它所要表达的中心意思，必须明确而集中。

有时引号里的内容是反意，要有所体现，明确表现出"倒腔倒调"。

比如：有的人不在正确的方向坚持努力，总是在投机取巧上下功夫，这样的"聪明人"还是少一点的好。

括号是表示文中的注释部分的标号。一般情况下，括号中的内容要表达得相对弱一些。使人能听得出来是注解性质的语句。

比如：参加会议的有李永年、王广琴（女）、张成林、柳玉敏、李桂云（女）、杨谦、吴新宇、万国英、贾居良、郑欣和。

再如：猿人是最早能用双手制造工具的人，他和那种只能本能地使用自然工具（石块、木棒）的一般南方古猿，有了本质的区别。

此外，一般情况下，破折号后面的内容也需要加强一些语气。

比如：文中指出了战前的政治准备——取信于民，叙述了利于转入反攻的阵地——长勺，叙述了利于开始反攻的时机——彼竭我盈之时，叙述了追击开始的时机——辙乱旗靡之时。

第六章　话语生动

播音主持的话语，要有鲜活的形象，要有积极的力量，充满活力。话语生动有多种多样，探讨这个领域，以对比的方式考察，或许更便于领悟。

我们生活在对比之中。有白天黑夜的对比，有男女老少的对比，有前后左右的对比，有天上地下的对比，有内外远近的对比，大小多少的对比，粗细长短的对比，等等。

对比，是所有艺术的基本规律。

艺术表现生活，表现自然，表现人生的规律，自然也就形成各种各样的对比。对比在艺术表现中处处显现，对比在播音主持的话语中也比比皆是。

本章讨论的话语生动，在形形色色的对比中认知。换言之，生动能够在对比中显现。话语中，有两端的对比，三维的对比，还有更多层次之间的对比。

话语中这诸多方面的立体对比，会形成多样的声音形象，会形成丰富的表达韵味，会形成多样的风格体系，会形成每个人的鲜明个性。

1. 声音形象

在物理学上，声音表现为三种性质：音长、音强、音高。人发出的声音也不例外。然而人发出的声音不能单纯从物理学领域来考察，在实际播音和主持的时候，在声音三个性质的基础上又派生出了无穷的声音形象。

生活中人们说话的时候，声音形象随着所说的内容不断变化。播音主持语言表达技巧的一个重要方面，就是要能够根据说话的内容规范地、熟练地、准确地、丰富地、具有美感地变化声音形象。在话语心理运动的基础上，声音形象的修饰技巧需要独立练习，熟练掌握。

同样一个声音、一个字音、一句话、一段话，由同一个人说出来，可能有各种声音形象。同样内容的话语，以不同的声音形象说出，会形成不同的表达效果。声音形象，也是发声吐字的技巧的一部分，要自觉地与语义表达结合，才能求得最佳的表达效果。

声音的形象往往是相对比而出现的，没有对比难以说明单一事物究竟是什么性质，如同烛光在黑夜可能是明灯，而在阳光下则显得暗淡无光。实际使用时，相对的声音形象是互相对照的。

所以声音形象的练习也要在对比和互动中进行。这样的对比是一种"图底关系"，对应的声音形象是在对比中互为背景衬托对方的。在对比练习中，可能更能体会什么是"水落石出"，什么是"水涨船高"。

图底关系

高—低

高，指的是音高。声音在高音区运行。

低，指的是低音。声音在低音区运行。

每个人声音的音域是不一样的，有人是高音，有人是中音，少数人是低音。一个人说话的高低是相对的，所以会有多个高低层次的对比。如同唱歌，旋律总是从高音唱到低音，再从低音唱到高音，形成了表情达意的意境和美感。

两段话对比练习，前一段话在高音区说出，另一段话在低音区说出。

两句话对比练习，前一句在高音区说出，后一句在低音区说出。

同一句话对比练习，前半句在高音区说出，后半句在低音区说出。

练习时，要在不同音高的范围内寻找不同的高低对比。

也希望通过练习让自己的高低音域有所扩展，音色也能有所改进。

要寻找在文稿中哪些内容适合高音区说出，哪些内容适合低音区说出。

一般说来，位置在高处的事物要用高音区说；位置在低处的事物要用低音区说。以此类推，明亮尖锐的事物适合用高音区，粗大笨重的事物适合用低音区。

快—慢

快，就是说得速度快，句子中重音少，较为流畅。

慢，就是说得速度慢，句子中有较多的短暂的停顿，比较缓慢。有时有少量慢说的字音要稍稍拖延一点。

快慢和一个人说话的习惯、风格有关，也和年龄有关，通常年轻人说话快些，中老年人说话慢些。同一个人说话也有相对快慢之分。快慢之间有示意，有韵味，也有语言个性。

同一段话，快说一遍，慢说一遍。同一句话，慢说一遍，快说一遍。

同一段话，前半段慢说，后半段快说；然后，前半段快说，后半段慢说。

同一段话，一句快说，一句慢说，交替进行。

同一段话，从慢说逐渐说得较快，从快说逐渐说得较慢。

同一句话，中间某个部分突然快说，或者突然慢说。

快说，需要吐字清楚，要有较好的吐字能力，不吃字、不含糊。

一般情况下，说到动作快和有快感的事物时要说得快些，说到动作慢的事物时就要慢说，当然也不绝对。这个练习项目主要是要熟悉和掌握快说和慢说的技巧。

松—紧

松，就是说得轻松，声音放松，词与词之间的距离相对大一点。

紧，就是说得紧凑，声音收紧，字与字之间紧密，字间距离小。

松紧的表达与重音的表达相伴，与主次的表达相随，与前后呼应相关。

要注意的是，松的表达不等于松懈的心态，更不是松垮，紧的表达不一定都是紧张的心态，也可能是一串光润的珍珠。

比如"社会主义和谐"这样一个偏正词组的表达，无论说快说慢，我们都习惯于前四个字紧，后两个字松，说前四个字的时间和说后两个字的时间差不多。有时一个定语很长的句子，要一口气连贯地说出，句子长字数多时，中间不重要的部分就要紧说，以求句子表达得完整平衡。

有时需要在固定时间里说完一段话，就要调整字间距的疏密。时间少话多，就要说得紧，时间多话少，就要说得松。

同一段话，紧说一遍，松说一遍。

同一段话，能够把握住语句里的什么地方松，什么地方紧；松说几句，紧说几句。

同一句话，松说一遍，紧说一遍。

作为练习，可以将松紧夸张一点表达，有了一些心得之后再还原为正常。

松要松得自然，紧要紧得合理，松紧的衔接也要自然。有人在说"自治区"这类三字词时突然紧得像一个字的速度，听来就十分不舒服。

急—缓

急，就是急躁、紧迫，心情急，话说得急，说得冲，说得有压力。

缓，就是缓和、安然，身体感觉舒适，心情放松、安逸，话说得自由自在。

急缓的表达和说话人的心情有很大的关系。紧急、危险、严重的事物要说得急切，平和、安详、宁静的事物要说得平缓。

急缓表达的区别有点像急性子和慢性子，又不完全一样。

急的时候，人的内心紧张，说话短促，甚至有可能有点口吃，显得有点干巴。

缓的时候，人的内心平静，说话舒缓，温和中带有湿润周围的张力。

练习一段急的话语，练习一段缓的话语。练习从缓到急的内容，练习从急到缓的内容。

两人练习一急一缓的对话，然后换位再练习。

注意急的话语中，也有相对稍缓的词语，如急迫中的思考分析；缓的话语也不全是一池静水，其中也有相对的跳跃和抖动。

大—小

大，是大声说，声音响亮。

小，是小声说，声音弱小。

有人天生"大嗓门"，有人天生说话声音不大。要在自己声音音量的范围内声音有大小的相对变化，在一定语境的声音范围之内有大小的变化。这样的变化是说话吸引人的重要因素。

同一段话，从小声渐渐到大声；然后再说一遍，从大声到小声。

同一段话中，句群之间交替大小声音说出。同一句话中，某几个字大声说，某几个字小声说。

正常情况下，重要的内容声音要大一些，不重要的内容声音要小一些；讲述大事物声音要大一些，讲述小事物声音要小一些。但是，有时说到重要的而又神秘的事物声音要小一些。

说话声音无论大小，都要让观众、听众听清楚，都是为了表情达意，所以，除了个别故意渲染，不能声大到喊叫；有时主持人之间"耳语"的小声，也要有一定的音量。

注意，无论大小声音都要吐字清晰，不含糊。

轻—重

轻，就是说出的话轻巧、轻快，说得较弱。

重，就是说话用力、使劲，说得较硬。

说话轻重，不是简单的声音大小，而是一种力度。

强硬的话、坚决的话、反抗的话，要说得重，即使低声说，也有力量在其中。

不重要的话、失望的话，要说得轻，即使说得声音较大，也让人感到没有什么分量。

轻重在一段话中总是对比出现的，再重的话语中也有较轻的部分，再轻的话语中也有稍重一些的句子，互为衬托。轻重在一段话中绝不是只有两个层次，而是多个层次。

硬话重说，弱话轻说。重话轻说，弱中有硬；弱话朗声，朗中含轻。

在段落篇章中找到轻重的对比，重话间或有轻说，轻话中偶有重说。

轻重与重音的表达有密切的关系。重音表达的手段之一就是重说，加重强调某个词语。当然重音的表达还与更多的手段相联系、相配合。

浓—淡

浓，就是浓墨重彩的话语，言之韵味十足，像红花鲜艳绽放。

淡，就是轻描淡写的话语，说在不经意间，像绿叶左右衬托。

浓地表达时，语气加重，呼吸加重，感受强烈，句子起伏的弧线角度大，也就是曲度大。淡地表达时，语气轻，呼吸量小，感受平淡，句子的起伏的弧线角度小，也就是曲度小。

强调表达时意味要浓重，削弱表达时要相反。浓淡有不同级别。

浓有时表现在重点段落，一个段落都很浓郁，有时表现在重点句子上。浓还有时表现在重点词上，是重音表达的一种方式，具有浓厚的意味。淡有时表现在段落，有时表现在句子。

同一句话，浓说一遍，淡说一遍。同一段话，浓说一遍，淡说一遍。

同一句话，从淡到浓，说出三五个等级，再从浓到淡说回来。

在同一句话里，改换浓郁色彩的词语位置，尝试不同的表情达意的效果。

在同一段话里，根据语境语意，设计哪些句子浓说，哪些句子淡说。

浓淡的练习要特别注意依赖内心感受的牵引。

明—暗

明，就是声音明亮，口腔共鸣响亮，表达意境明亮。

暗，就是声音光泽度弱，口腔共鸣不那么响亮，表达不明亮或低沉事或往事类的意境。

明暗主要表现在声音光泽，是一种口腔控制的声音技巧，明暗技巧练习的前提是能够发出明亮的声音。有发声吐字的功夫，明暗能够运行自如；没有一定的发声吐字能力，控制起来有点困难。但是，即使是一个沙哑嗓子，也会有沙哑的明暗之分，也许这方面效果会逊色一点。

明亮的声音有穿透力，通过电路放大更显明亮。在大场面时，有很好的效果，能够突破噪声送达每人的耳朵。

同一段话，明亮的声音说一遍，偏暗的声音说一遍，交互进行。

不同的语段，根据内容明亮的声音说一段，偏暗的声音说一段。

尝试高亢明亮的声音穿透杂音噪声。

明暗的控制与内心的感受应该是一致的。心中感受明亮，声音应该明亮，心情愉快，声音应该明亮；感觉有层次，声音的明亮度就要有层次，感觉有反差，明暗就出现了。没有明暗对比的播音主持，还是处于愚钝状态的表达。

张—弛

张，是声带拉紧，声音听起来有张力，有力量，有坚实感，有人们工作、学习时的动力感，更紧一些的声音有努力前行的聚力感。

弛，是声带松弛，声音听起来轻松、省力，无负重感，无压力感，有重力释放的舒适感，相对而言，松弛的声音语速偏慢一些。

声音的张弛，是控制声带的肌肉组力量变化形成的，与人们讲话的习惯有关，更是经过训练获得的。

声音的张弛，有个人风格特点，对内容表情达意的效果有强化的作用，对听众的感染、影响非常明显。

不同场合、不同节目对声音张弛的需要也不同。主持新闻节目的声音要比较有张力，有激情地朗诵必然要求声音张力较强；而夜间节目中诉说生活话题的时候声音要松弛温柔，对历史文化风貌的描述用松弛的声音更能够把人带入意境。

从实际情况来看，比较有张力的声音容易获得，学习播音主持时，从练声到朗读、朗诵诗词短文到新闻播报，从晚会现场的高扬音色到娱乐节目的欢声笑语，大量饱含热情、激情的语句用到的都是比较有张力的声音，况且年轻人青春洋溢的声音也都是坚而有力的。

然而，松弛的声音的获得与控制，对很多人来说比较困难。

体会松弛地表达，可以试着想象病弱之躯的无力之语，发声的气流很弱也很慢，勉强能振动出松弛的声音来。从一个词、词组，到一句话、一段话，这样练习或许能够逐渐找到声音松弛的感觉。不过，声音松弛不是病态，松弛的声音也用来表达愉悦和兴致勃勃。

声音松弛的练习，要有较好的呼吸控制的能力，气慢而平稳，声缓而饱满。要做到松弛而气不抖，松弛而气不噎，松弛而声不破，松弛而声不颤。

声音松弛状态下要有好的口腔共鸣。松弛的声音基本上是中低音区，在中低音区的松弛的声音也有抑扬的起伏。

声音松弛同样有多维的表达，有深思和感悟，有趣味和欣赏，也蕴含着坚韧和力量，充满达观和愉悦。

播音员、主持人工作时声音要能够多样化。会用有张力的、坚实响亮的声音凝聚人心，也应该能够用松弛悠长的声音引人入胜。张弛之间有不同的强弱力度，要能做到随心所用。

同一句话，同一段话，张弛各说一遍，体会声音如何做到从张到弛。

同一篇诗文，正常有张力地朗读一遍，松弛下来朗读一遍，寻找不同的意境。

同一个故事，正常有张力地讲一遍，松弛沉稳地讲一遍，体验不同的效果。

虚—实

虚，就是声音共鸣弱，音中有气，声音略显沙感，像海绵、丝网团。

实，就是声音共鸣强，声音结实，像实心的木材、砖瓦、钢铁。

实音的运用，需要学习者有一定的吐字发声的功夫，实声不一定十分明亮，却是实在的。

实声要表达充实、内涵丰富的话语，但不尽然。

虚声与感受、思索、怀疑、感叹、抒怀、深情等相联系。

新闻消息的播报基本上都是实声的，庆典礼仪性的话语也以实声为主，宏观论说性的表达也多为实声。细致的描述，交互的探讨，情理交融的说服，散文诗歌的朗读，都会用到虚声。

有自始至终都用实声表达的，没有从头到尾用虚声说话的。

同一句话，实声说一遍，虚声说一遍，目的在于体会虚声，体会不同的虚声。

同一句话，实声说一遍，虚实相间说若干遍，目的在于体会不同的虚声位置，不同的虚实比例。

同一段话，实声说一遍，虚实相间说一遍。

同一段话，实声说一遍，虚实相间说若干遍，体会不同的虚实比例的不同效果。

虚实的表达与说话的语境有关，与说话人的风格也有关，千变万化。

动—静

动,就是话语中有动作感,有跃跃欲试的动态感,具有活力和弹性。

静,就是话语中显平静,给人以平心静气的感觉,能使人从躁动不安中平静下来。

话语中有许多关于动作的表现,说到主要动词的时候,要有相应的动感,有力度,有强烈的形象性。

话语中还有号召和鼓动的内容,要让话语有推动感,有点燃他人的热情,有感染力。

有许多话语需要平静地说,比如远眺山川原野,比如小桥流水人家,比如对重病之人的安慰,说这些话的时候,要表现事物本身的静态,要说得心平气和。

平静的话语首先是内心的平静,动态的话语要先有动作的体验和感受。

练习描述各种动作的语句,充满动态,鼓动号召的语句,给人震撼和力量。

练习平静话语,使人在静态中沉浸,平静表达,使人安宁地接受。

有时需要相反相成的效果。即用动态方式说静物,用静态方式说动作。

练习动感话语静态说,练习静态的话说出动感。从中体会话语的动静之间。

在同一段话中,找到相对动态的语句,找到相对静态的语句,合情合理地连续表达。

竖—横

竖,是吐字字音竖立的感觉,即说出的字音为竖立的椭圆形。这在吐字发声练习的过程中已经有过严格的训练。

横,是吐字字音扁横的感觉,没有经过训练的一部分人有这样的吐字现象。这样的声音在相当一部分北方中年女性中多见。

一般来说,在吐字发声阶段有所训练,横竖的问题已经基本解决。可是不能误解为说话时字音全都是一种模式的竖立椭圆形。这里学习的目标在于,学习椭圆形字音在语句中的变化。

通常在语句中椭圆形的字音是大大小小、高高低低出现的。作为重音词的字音椭圆形要大一点,在口腔中竖立得要高一些;而不重要的词语的字音椭圆形要小一点,更次要的词语字音甚至会更小;不重要的词语的字音椭圆形高宽比要小,甚至有的接近小圆形。正所谓:强调的椭圆要高而竖,不强调的椭圆要小而圆。

个别时候声音还可以根据需要是"横"的或者"扁"的,即声音在口中是横向的椭圆形。

练习,根据内容感觉大椭圆形的表达。根据内容感觉小椭圆形的表达。根据内容感觉更小的椭圆形或者小圆形的表达。合理组织"竖与横"的自如表达。练习个别"扁横"的字音表现。

需要注意的是,这个练习是为了把话说得语流自然通畅,在自然的通畅中更具感染力。绝不是相反,不能破坏语流的自然和完整。

2. 表达色彩

色彩，在前面已经讨论过。就是播音主持时话语总的表达基调。或者是一篇中的某一段的表达基调。

美术中的色彩有赤橙黄绿青蓝紫，以及由此产生的千变万化的美术世界。

播音主持的色彩，是呼吸状态形成的声音的情感形态。每一句有每一句的色彩，每一段有每一段的色彩。一句一句的色彩，犹如美术创作一笔一笔的色彩，最终形成了一幅有鲜明特点的作品，形成了一段话语整体表情达意的基调。

美术的色彩中有冷暖、浓淡、明暗、对比、变化、搭配。播音主持的声音色彩也同样有对比、变化、搭配。

新鲜

新鲜是播音主持最常见的话语色彩。播音主持常常会讲到新鲜的感觉、事物。

新鲜，是新颖、新异、新奇、崭新的感觉，是春风吹拂鲜花芳草时的扑面感，是品尝新鲜果品时美美的口感，是对新事物的敏锐，是新的感觉引起的兴奋。

声音明亮，有热情，还可能有跳动感，语速多是相对较快的。

多在中高音区，往往情绪高声音也偏高，容易吸引他人。

还在句子中的重音处加以强调表现，找准这样的位置突出新鲜，整段的新鲜感就涌现出来了。

表达新鲜的时候，人的状态也得是"新鲜"的，脸上要有笑容，眼睛要睁得大点，嘴巴要向上翘起，甚至口中要有"新鲜食品"带来的湿润。

两人主持时，这种新鲜感容易在竞争中体验，你说此地此时此人发生的此事，我说彼地彼时彼人发生的彼事，你又说此，我又说彼，涨涨落落，一番又一番。

愉悦

愉悦，是喜滋滋喜气盈盈，心里充满了阳光的感觉。是明亮度较高的多样暖色彩。

播音主持大多情况下是愉悦地说话，满面春风，自信自如地诉说着。虽然没有笑出来，脸上已经浮现笑容，是人生乐观态度的体现。

呼吸比较顺畅，气息感觉自然深入，用之有余。因而发出的声音比较饱满明亮。声音多在中高音区。语句的表达上扬较多。愉悦并不急切，而是相对平稳地声声道来。

愉悦不是高亢。对声音要有控制，注意声音不要"冒"，男声不要过于高调，女声小心别冲到假声区。要注意语句不能扬而又扬，要在起伏中显现愉悦感。

热情

热情的话语色彩，让人听来就有一种高于体温的感觉，让人心中产生一种特别的冲动。特别像冬天里红红旺旺的火，寒冷中扑面而来的热。

热情地说话，呼气大于吸气。

声音以实为主，虚实相间，有时气裹着字音说出来。

声区有高有低，高中低三个音区都会用到。

多为上扬的语调。

热情的句子相连构成热情的句群。热情的句群连接时，速度常常有点加速感，但绝不能变成慌张和急促，加速的过程中也有疾有缓，加速之后还要能够及时回到原速。

热情的前提是说话人自己的内心要热情，要有一种特别积极的状态。热情地表达脸上一定是挂满笑容的。

明快

明快，就是明朗、明亮、快捷、快感。说话声音要明朗，语速稍快，显出敏捷之感。

明快的话语没有较大幅度的大起大落，没有过于凸显的声音上扬或者低落，但在核心词语的前后，语调和情绪都有较明显的缓缓攀升和缓缓降下。

明快的话语有一种通畅、自信前行的感觉。

多用实声，少有虚声，声音要有一定的光泽感。

气息通畅、口腔共鸣好则更显明快。

明快的话语要伴随比较愉快的心情说出，说出的时候表情是放松、愉悦的，眼睛是明亮的。

明快适用于新闻播音中讲述比较乐观的消息。

流畅

流畅，就是语句的流动感、畅快感。说出的话语速稍快，停顿少，连接多，听来有连续贯通之感。从技术的角度来说，流畅的语段中逗号的停顿要在合理的情况下减少，尽可能少停。在一个句群说完时才有较充分的、深呼吸的停顿。

流畅的话语没有大幅度的起落，更像奔流不息的小溪流水，重音的强调方式多为轻巧表达。

流畅不等于简单快速抢着说话。流畅中也有快慢之间的对比，有的地方更快些，有的地方要相对放慢些，根据内容而定。

流畅需要有较好的、轻巧的吐字能力，流畅中仍然吐字清晰。但是吐字清晰不成为流畅的障碍，不能因吐字清晰影响了流畅，也不能只有流畅而导致字音模糊或者字音脱落，也就是常说的"吃字"。

流畅源于思想简明，思维敏捷，心情畅快。

流畅，在电视的消息类新闻播音中出现较多，大型晚会的主持词有时也会有这种类型的表达。

娓娓

娓娓道来是一种很有特色的女性表达的话语色彩。娓娓道来的结果是娓娓动听。

娓娓道来常常是在心情宁静、不慌不忙的状态下说话，往往说的是闲话，即使是重要的话，也是当作闲话，当作久远的事情、别人的事情来说的。

声音不能大，话语要轻柔。所以娓娓道来时的呼吸也是柔和平缓的。

语速是缓慢的，语句之间的停顿是充分的，但偶有个别地方几个字轻轻地快速飘过。

语调起伏不大，语句平缓，句尾多为上扬。但是，娓娓道来之中小的波澜比较多，在不大的幅度范围内，细声慢气之间色彩鲜艳，变化频繁。

娓娓道来时人眉宇间要有神采，娓娓道来要在举止间显现个人深邃的魅力。

跃动

跃动就像一个活泼的孩子蹦蹦跳跳地跑来，更像一只翻山跳涧的老虎。话语在前行的过程中不时有突起，很有弹性。

跃动是在明快的基础上出现的，跃动的前提已经是明快的了，但与明快不同的是，跃动更有动感，如果说明快是跑步，而跃动就是跑中还要"跨栏"。

跃动的语句不那么流畅，时时有点不明显的断续感，重音的表达多为快速翻跳的感觉，听起来有一种活力。跃动的表达不是均匀的，而是隔三岔五，或者三七、四六、二八的样子，随所说内容变化，所以是交错产生的动感，是一种错落有致的现象。

跃动表达的内心感受或许更强烈一些。在与所说的话语内容一致的同时，跃动还与变化幅度稍大些的表情相呼应。

说话人活泼的性格形象，都可以产生和使用跃动的色彩。

新闻播报人、主持人追求语言风格的跃动，可以使自己的语言形象更富有动感。

轻盈

轻盈，是语言表达时的一种欢快的跳跃感。像一只乒乓球跳着过来，又像小溪一路跑来，不时有水花弹起。

要说那些分量轻、轻便、轻巧的事物。

要有清晰的吐字，字的颗粒不大，但要粒粒分明，同时还要流畅连贯。句子偶有些不大的翻跳和抖动。

轻盈的话语与娓娓道来的话语相比，多了一些棱角，少了一些柔韧。

轻盈与跃动相似，有些内容，男性表达为跃动的话语，女性可能表达为轻盈的话语；而有些内容，男性也可以表现为轻盈。表现为轻盈时，男女要有所不同。区别在于男性的轻盈是粗线条的，大手掌把玩小物件，可能会抛起后又迅即抓住，而女性的轻盈是精细的，细手指抚摸指点宝石花纹，一处又一处。

轻盈地表达和一闪一闪的眼神、一动一动的嘴角相呼应。

昂扬

昂扬，使人振奋，给人以力量，给人以鼓舞。号召、强烈反响、宣誓、大声疾呼，都会昂扬。昂扬的力量，首先来自自己心中的信心和热情，以此来推动语调和音量。

声音是明亮的声音，是实声，几乎没有虚声，音量也较大。

主要在中高音区，偶在低音区。由于昂扬的声音有可能显得单薄，所以在高音区时更要注意用好胸腔共鸣，作为补充。

速度中常，总体感觉不快不慢，但在相对运动中一定是有快慢对比的。

所谓昂扬，并不是从头到尾都在高调中。一定是有高有低的，正所谓：欲扬先抑，水落石出。

句子或者句群是呈上弧线的。句尾也常常是向上扬起的。

需要呼吸有深度，保持响亮的声音和句尾的力度。

大方

大方，是落落大方，是光明磊落。有金字塔三角形的支撑，有敞亮通透的内心，有宽大的眼界格局，又有一步一步踏石留印，且错落有序。

声音是以实声为主的，呼吸顺畅，声音朗朗，不很大，但是很清楚。

语速中等，总体感觉不快不慢，而各语句相比还是快慢相间的。

语调起伏是平稳的，没有忽高忽低的情况。大方时，高则明亮宽广，低则深厚有根。

大方还有严谨的一面，也就是逻辑关系得当，表达逻辑关系时，顺势而不刻意。

大方的同时，可能是热情的，也可能是不卑不亢的。

大方的神态和心态都是端庄的，不是大大咧咧的、放纵的。

大方不刻意雕琢，是顺势而为，自然呈现。

大方常常和稳健相伴相随。

稳健

稳健，是语句的稳重感、镇定感，也有一定的郑重感。分寸更为准确，态度更为认真。稳健有一种不慌不忙、从容镇定的感觉，有一种时间充分，心里踏实，从头说起，而且要说深说透的心理准备。

呼吸平稳，停顿的位置得当，停顿时间适当充分，不急也不拖。

声音朗朗，基本上都是使用实声。声音以中音区为主，兼有高音区和低音区上行下行。

讲述的时候，重音的表现多数为缓高，即渐渐"爬坡"到达重音，在重音强调之后，再渐渐"落坡"。

节奏是平稳的，听起来像匀速行驶的车辆，但实际上也要根据内容，有快慢、高低、强弱多种变化。变化是在总体平稳之中的。

在播报重大新闻的时候，在表达重要文告的时候，在知识竞赛讲解规则的时候，都要稳健地表达。

凝重

凝重，是庄严郑重地强调，发人深省地表达，相对于平稳而言。

语速稍慢，重音稍多，停顿处也稍多。重音的表达是稍稍拉长字音，字音有翻跟头的感觉。当然要注意，并非字字都是重音。

声音厚重坚实，但不一定明亮，可以是高调的凝重，也可以是中低调的凝重，中低音调为多。加大一点胸腔共鸣效果可能更好一些。

表达的常常是一段话中最重要的段落，要人们重视、注意、警醒的内容，字字句句内涵充实。有时是对严峻、艰苦、困难、危险环境的交代，是表现与此同时人的判断、关注、沉着和不屈不挠的坚韧；有时是一种强调，是语重心长，但并不很急切。

表达时一定是心情在先，话语在后，表情相随，不可能也不应该使语言脱离内心感受。

开阔

开阔，就是话语中有一种宽广的感觉。纵横千里有遐想，话语展示大场面，天地之间放眼望，指点江山说古今，都离不开语言表达时的开阔色彩。重大新闻，包括国内新闻和国际新闻的播报都需要这样的色彩；主持大型晚会，关于重大主题的论说，也都需要这样的色彩。

说话时要把嘴张得大一些，呼吸要深长一些，说话的音量也在自己正常说话的基础上稍稍加大一点儿。音量的加大主要在感觉，而不在于高腔、高调地呼喊。

句子中的停顿要充分，有众人多重传递的过程，语言的速度也要稍慢一些。

句子有大起大落，像远远山梁的起伏。

话说开阔，或者自己面前有开阔的场面，或者自己心里有广阔的想象。真实的现场，比较容易使主持人产生开阔感，如果只是坐在演播室里，面对的只是摄像机和话筒，那自己的内心要充分地想象，甚至要有对面远山产生山谷回音的感觉，以此来呼唤自己话语的开阔感。

义正词严

义正词严在播音主持时用得不多，在批判丑恶行为时、在敌对斗争中常常需要义正词严地表达。

呼吸要饱满，气要稳，要均。

语句是端正的。声音处在中高音区、中音区为主，时有高音的重音表达。

句子速度听来不快不慢，中速行驶，实际上是有快有慢的，要有根据内容的主次关系变化。

句尾多以降调出现，但要注意不是每句都降，降调要有分寸，有的时候，句尾也会上扬，或者平出。

表达时自己内心要有一种庄严感、正义感，要有邪不压正的力量，但在表达时追求的是重道理，不重势力，是以理服人，而不是以势压人。更要注意的是不要张狂，不要声嘶力竭地叫喊。高屋建瓴有时反倒不一定用很大声音表达。

紧拉慢唱

紧拉慢唱，是戏曲的术语，指的是伴奏的胡琴快速拉动，声音一声接一声十分急切，而演唱却是唱一个缓缓的长腔。演员悠长地唱一句，伴奏的琴弓要在胡琴上拉动多个来回。好似快马加鞭时的悠扬歌唱，以此来表现人物表面平缓而内心激动的心情。

播音主持有的时候也会表面的声音色彩与内心的情感处于相反的状态，而语言要表达出这二者的关系。

比如，平和掩盖下的激烈；热情背后有冷淡；含着眼泪说高兴；含笑掩饰痛苦；紧急时的沉稳镇定，慌张时的故作轻松；大事时轻描淡写、若无其事，小事时故弄玄虚、煞有介事。

再比如，近看是湍急的浪涛，远看是缓慢的水流。有时需要站在高山之巅说湍急，有时是站在激流岸边说长河。

还比如，近看是马群狂奔，远看是原野上蠕动的巨兽。有时在白云深处说那万马奔腾的激越，有时在铁蹄激扬中感知历史长河的悠久。

这些也都有紧拉慢唱的色彩。这样的对比表达，是内心与外表的矛盾。一种表达的色彩后面总是伴有相反的东西。表达时，声音的表面色彩受到相反的内心感受的冲击，声音是一种节奏，呼吸和内心是另一种节奏。

平和

平和，是比较平静而又温和的一种色彩。环境相对安稳，事物运动、人物心情平静，事物不十分重要的时候，可以平和地表达。比如朗读宁静温馨的散文，说明一种慢性病的病因和治疗方法，讲述夜深人静时的花前月下等。长者对晚辈的爱怜，要平和地说；领袖对人民的关切，要平和地说。

声音不能太大，中等音量即可，甚至还有一部分语句可以再弱一些。

呼吸一定是平静的、均匀的，吐字是和缓的、轻柔的。

速度是较慢的，但要注意的是，慢中要有稍稍加快之处，加快之处是轻巧的快，以衬托慢中的平和。

停顿较多，但停顿要轻，停顿的前后要有"淡出"和"淡入"的感觉。

说话的人自己的内心同时是要平静的，但不是沉郁的，是明亮的、精神饱满的。

结束感

话语的结束感似乎不是很难的事情，但有时初学者总也说不好，需要专门做一项目来练习。

表达时要降调，同时要放慢速度。好像一件物品稳当地放在了桌上或者地上。

降调降在什么位置？有音乐知识的人可以告诉他，要落到主音上。什么是主音？举例来说，唱歌唱到结束时最后一个音，拖长结束时的那个音就是歌曲的主音，唱到那个音就有结束感。说话也同样，根据前后说话的音高关系，最后的字音要落到哪一音高呢？要类似歌曲的主音。结束感需要有一定的音乐感觉。不一定要学乐理知识，而是爱听、爱唱。

多数结束语都是降调，少数结束语是上扬的。

3. 情感类型

　　任何人说话都不会没有感情地说,说话时必然要带出喜、怒、哀、乐、忧、思、惧的情感。播音主持时不但要有情感,还要有较为鲜明,更为准确的情感,话怎么说出,还有一个加工的环节,还有相当的技巧。要让感情到位,要使色彩更为鲜明,要能够更深地打动人心,还需要话语精加工。这是播音员和主持人的基本功。

　　心理学认为,情感是人的需求是否得到满足的评价的体验。播音员和主持人的情感来自对要说的内容的评价的体验,也就是感受。在感受的同时,作用于呼吸系统,使得呼吸产生多种多样的变化,呼吸的变化,以及相应的口腔形状变化,形成了声音的变化。在这一前后作用的链环末端,是声音的表现力。

　　不能单纯认为情感表达仅仅是在声音上下功夫就行了。必须强调情感表达来自"内心—呼吸—口腔—声音"这样一个过程,这个链中每一环节都还有各自独到的领域。

　　然而,最终声音发出的表现也是相对独立的,也就是说,在经过了前面的情感阶段之后,还要认识和掌握声音表现的情感类型。

　　以数学坐标的方式来观察,完全客观的情感就是零点的情感态度,零点的情感态度也是一种情感状态。从零点出发,横坐标轴的正向情感是愉悦兴奋;负向情感是悲伤愤怒。纵坐标轴的上方情感是严肃认真,下方情感是潇洒和随意。第三个纵深坐标轴前面的情感是确定的肯定否定,后面的情感是疑惑惊讶。

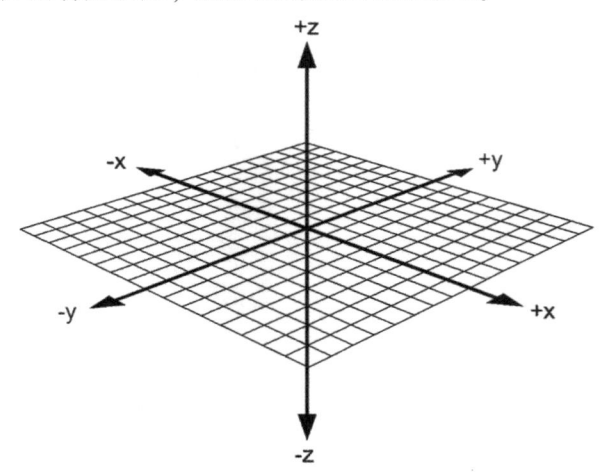

平静客观地说

平静客观地说话，是最基本的情感状态。平静客观的情感也是一切情感的起始点。不是没有感情态度地说话，只是没有其他感情色彩那样浓，那样强，那样有特点，相对平静，相对客观。

平静客观地说话，也有高低起伏、快慢轻重的变化，只是幅度不大。口腔在积极的前提下比较放松。心平则气和。首先内心要平静，态度要冷静，从而呼吸也是平和的，话语节奏也是平稳的。

轻松愉快地说

声音轻巧，语流畅达，速度较快。呼吸是顺畅的。以中高音区为主，口腔处于灵活的状态，声音也显年轻。语调多为上扬。

轻松愉快地说，不只是声音的变化，人的心里没有负担，精神爽快愉悦，全身上下都是轻快的。

笑着说

笑着说话有两大特点。一是脸上满面春风，整个口腔上提，包括面部肌肉和口腔内的软腭、小舌都有向上的动作。笑着的口腔形状构成了笑着说的声音变化。二是呼吸向外冲气，研究表明，笑是突发的动作，收敛笑容是缓慢的。突发的笑必然有一股外冲的气流，笑着话语是随着这样的气流说出的。

笑着说的时候，字音有一少部分要在嘴外边，就好像嘴咬一个乒乓球，有三分之二在嘴里边，有三分之一在嘴外边。这和一般吐字的情况不大一样。可是，这样的吐字还得要清楚，有点不容易。其实就是笑得合不拢嘴地说话。

还有一种笑着说，是在笑与说之间进行。笑时不说，说时不笑，不影响吐字清楚，两不耽误。不过，二者要衔接得紧密自然。

笑的程度有不同，有微笑着说，有兴高采烈地说。可以有多层次的练习。

严肃地说

严肃地说，往往事关重大，事情严重。首先内心要重视，有正面正视、认真负责的心态，神情也要随之严肃。

口腔张开，吐字端正，通常音量较大，多为实声，语速稳健中有变化。

是在思考理解判断的过程中说话，不能只有严肃而失掉思想。严肃不等于刻板，不等于教训人，要防止不近人情的生硬的"严肃"。

思索着说

想到多少说多少，边想边说，人的大脑同时做两件事，说话的速度就会放慢。当然不是全慢，有的句子想得明白了，就说得快点、连贯点，有的句子还需要似有组织语言的过程，就要说得慢点，停顿要充分，甚至有时会有少量的断续现象。

在话语说出口之前，有或轻或重，或不很明显的吸气过程，一般中低音区的表达较多。说重要的事情声音要更为郑重些，说不重要的事情声音轻松些。

当进入抗辩状态的思索时，有可能比对方的声音高。而当高到一定程度时，又会自然地降下来，比对方的声音低而重。

虽然播音主持的内容已经在心中有预案，但一定要还原真实的思索过程。没有这样的思索过程，单纯注意声音的变化，是难以表达好的。

理解地说

理解地说，其中有明白，有赞同，还有一种心理相通的审美愉悦在其中。

带有真诚，中音区为主，气往下沉，声音实在。语调平稳，重音鲜明，语句稳重。目光深重，眼睛努力在帮助嘴说话。

有一种理解地说，是彼此会意。双方有一种不谋而合引起的趣味感，这种感觉会在眉宇之间有表现，由此引起语句的弧线感觉。

充满希望地说

希望是人前进的动力。带着希望，向往理想，是播音主持的重要部分。

声音在中高音区，音色明亮，有时声音饱满，有时会有虚声气音；有深呼吸的感觉，呼吸量大，口腔不紧不松，张弛有度；声调多为上扬，句尾平出，或者高出。

语重心长地说

有两重意义：一是事情重要，二是感情深厚。

往往在中低音区，也说得比较慢。话是气托音说出的，口腔里面的口腔壁比较用力。

说时目光凝重，目光和话语同时在说话。话说出口的时候，要动真情才有感染力。

赞美地说

赞美，是正面的评价。有一般地认同，有夸奖表扬，也有歌颂。赞美要有热情，要有肯定的感觉。

语调多为上扬，口腔是要张大一些的，声音是爽朗的。

赞美地说，一定是有所指的。语气要与所指的事物影响一致，态度要与所指的事物大小一致。防止小事大赞美，大事小赞美。把握不准确，就有可能有不真诚、不情愿赞美的感觉，还有可能过犹不及，有"过奖"和谄媚的感觉。

批评地说

批评是一种负面的评价。心理的位置在局外，有时有居高临下的感觉。注意不要"居得太高"。被批评的事物有多严重，危害有多大，决定了批评的力度。

播音主持时的批评，有时是劝说提醒，有时是重锤响鼓，有时是严厉批评。批评的语调多为下降，严厉的语调降得更陡。

播音主持的批评声音要留有余地。批评不是要色厉内荏地大喊大叫，也不是板着脸教训人。即使是严厉地批评也要做到说理大于造势。批评者要有更宽阔的胸怀，在思想的空间里，批评者要使自己处在对被批评者的掌控态势中。

惊讶地说

惊讶地说，人会把眼睛睁得大一些，有一种倒吸气的感觉。

多在高音区，口腔可能张得比较大。话语多为跃动的，一部分吐字有冲击感。

要有分寸。惊讶，要看值不值得。惊讶到什么程度，与年龄、性别、身份和现场的气氛都有关，惊讶有相应的表现，不能小题大做，大惊小怪，更别成为惊恐不安。反之，也不要什么事都以不以为然的面目出现。当然，可以处变不惊，举重若轻，但不要麻木。

惊讶的主要句子说完之后，要能够或尽快或渐渐回到正常状态。

急切地说

心情很紧张，呼吸会急促，语句会急促，甚至会结巴。

一般认为，急切的语速一定要快，但是作为话语技巧，是不能与心情一样的。如若说话速度快到人们都听不清楚了，那就失去表达的意义了。而且一味地快说，会产生单调乏味的感觉。

急切的快速表达技巧在于，前句的句尾与后句的句首连接，之间不留或者少留停顿时间，几句过后再有一个相对从容的停顿，这样紧急的感觉就强烈地表达出来了。

现实生活中急切地说，话语中句句是紧的，而播音主持时着急地说，语句要时紧时松。在句子里面有些因着急而不知怎样说产生的断续，就更显着急了。实际上，急切地说，就是正常说话时应该断句处却连接起来说，在句中不该断的地方却突然断一下。还可以高一声、低一声，显示说话人因着急出现的思绪不连贯。

猜测地说

如果说，怀疑有眯起眼睛的感觉，猜测就有睁大眼睛的感觉。

可以是自己猜测，也可以呼唤他人猜测。

声调向上翻转，声音在中高音区，口腔往往会张大。

猜测时，人处在寻觅状态，很有兴致，呼吸是畅快的。

遗憾惋惜地说

美好的事物被毁坏的时候，人们无不遗憾惋惜，在某种意义上，就是叹息地说。

呼吸有点像皮球一下泄了气，语调常常是下行的，语气往往比较浓重，句尾的呼吸量较大。

遗憾惋惜也有层次、轻重之分，要注意适度，避免廉价的故作姿态。

强烈的遗憾惋惜就会痛心疾首。痛心疾首时，腹部要收紧，声音较大，好似痛断肝肠，话语像从肚子里冒出来的。

肯定、坚定、否定

肯定地说，声音稳重，呼吸下沉。口腔力度适中，主要词语吐字时字头的力度稍加强一点，语调总体呈降调。

坚定是肯定的进一步加强，是一种更为主动的态势。句子比肯定地说更有力度，语调要高昂一步。吐字时口腔壁肌肉力度加强，字头的力度更强一些，但要注意不能过分。

否定也是一种肯定，是相反方向的肯定，语调略低沉。否定比肯定更有力量，因为在别人已经肯定的基础上再否定，要更费点劲，主要词语做否定强调时更有翻转感。

询问、设问、反问

询问是正常提问，是对事物的时间、地点、人物、事件过程、原因、方法在未知情况下的提问，是了解情况的起始。询问一般语调平和，句尾语调上扬，可能是要求，可能是请求。

设问是设置悬念的手法。设问在于引起对方的注意，所以设问的语调稍高一些，句尾要有所强调，要甩起来。但要注意，设问是针对既定内容的提问，内心的指向要明确。

有一种明知故问，有时是欲擒故纵，有思辨的理趣，有时是带有娱乐性质，充满游戏乐趣，略带夸张。无论哪种情况都要用夸张的语调来表达。句子的弧线角度大，表情要有明显的配合。

反问的本意是变被动为主动，有两种情况。一是后发制人，以反问争取主动，也就是你问我，我还要反问你呢。所以调门要高于前一句，有时那前一句是在心里"虚拟"的，未曾说出。二是质问，这样的反问实际上说的不是问号，而是叹号的感觉。质问式的反问句尾，可能是上扬的，也可能是降调的。质问时要有正义在心。质问式的反问，不要大呼小叫，要略有收敛，有时轻蔑比痛斥更有力量。

悲痛地说

悲痛地说，伤感地说，沉重地说，都很相近。播音中最多见的悲痛是播讣告。

要说得慢，停顿较多，但不一定要断断续续。

呼吸有向下坠的感觉，句子开头因悲痛气力不足而鼓足气力说出。常常是前强后弱，前句声音大，后句声音小。多在中低音区，句子表现为前高后低，口腔开度也是前大后小。最悲痛的时候，句尾有咽下泪水的感觉。

悲痛地说，是在表达自己和大家都有的悲痛，是要让听的人受到感染，产生感动。内心要真的有悲痛，内心没有悲痛，只是憋着嗓子，压着声音，那声音听起来不仅不会让人受到感染，还会让人有忍不住发笑的感觉。

哭着说

哭着说，是悲痛的另一种表达形式。戏剧表演常有哭着说，播音主持不可能哭着说，但要学会这样的技巧，可以有所借鉴。

哭着说，实际上是两个动作：一个是哭，一个是说。这两个动作是交替进行的。现实生活中，真哭的人是在哭声中说话，所以很难听清楚说的是什么。

艺术表达的哭着说，哭是哭，说是说。哭的时候不说，说的时候不哭。说的时候要口齿清楚，说得明白。要注意哭声与说要衔接自然，哭与说要互为衬托，成为一体。

哭着说话时，口腔要有哭的形状，说出的话才能有哭的色彩。

以上若干种话语的情感色彩，在播音主持时不都是以单一形式出现的。许多时候是层叠出现的，相互烘托，相互作用。一般是以一种为主，其他辅助。甚至有的时候是相反的情感类型出现在一句、一段话中，由一种主要的情感笼罩着。当说到某一句的时候，既有本句的情感，又不违背全句或全段的情感。

要打好基础，练好各个单独的情感，组合起来后，才能把多层次的情感色彩表达得丰富、细腻。

4. 三维构建

"三",是人类自然生活中最小的稳定结构、完整结构。

有相声戏说《三国演义》中带"三"字的事物多,事实上,不仅是《三国演义》,在现实生活中与"三"有关的事物实在是太多了。

"三"在现实生活中非常微妙。我们生存的是三维空间,三角形稳定是数学的基础知识。生活中有许许多多的"三"存在着。一生二,二生三,三生万物;事不过三;重要的事说三遍。男女青年结婚,男方父母一家,女方父母一家,年轻人组成一个小家,就形成了三方的家庭关系,当小家里生了小孩,这个家庭关系就是大三结构套着小三结构。三边关系,三角关系,三方关系,比比皆是。三套三,三连三……

从格局的角度来看,"三"能稳定支撑,"三"能构建公正,"三"能相互制约。

从认知的角度来看,"三"便于观察理解,"三"易于参照判断,"三"利于把握掌控。

从艺术的角度来看,"三"意味着简约,"三"意味着层叠反复,"三"意味着一定的基础数量。

播音主持表达的技巧充满着三边关系。如果从三入手,感受到这些三维的构建,表达出三维的立体感,然后再逐渐扩展,就比较容易掌握。

正方形、长方形、平行四边形、菱形、梯形、多角形等多种图形中都含有大大小小的不同的三角形。一个大三角形中可以分解出很多小三角形,一个复杂图形中含有若干个基本的三角形。

学习播音主持,掌握语言表达的技巧,如果能有一个较好的单独三维构建基础,复杂的构建就不会太难了。先把握三,再从三扩展到四、五、六,进而三三得九。技巧越来越丰富,层次越来越丰满。

在练习时,可以稍加夸张三维的距离,加大三维的跨度,强化三维的反差。

一、时空表现

(一) 三个时间

播音主持所说的话,在时空领域会涉及三个方面:过去、现在、未来。现实中谁也脱离不了这三个时间过程。

从现在说到过去，声调要转换到偏低，声音要偏暗一些。

从过去说到现在，声调要转入中高音区，声音要转换得明亮。

从现在说到未来，多数是美好的希望，也可能有不祥的预料，声调都可能有所上扬，声音都可能略有气声。

随时间的变化而产生的环境变化，想象中颜色会有不同，过去的色彩已经暗淡了，可能是黑白的，只有突出的个别色彩；现在的色彩就在眼前，正常明确；未来的色彩可能是奇异的、变化的。随时间变化还会有更多方面的不同感受，需要在表达时有丰富的想象。

（二）三维空间

我们生活在三维的世界里。观察房子的顶角，会看到"一竖两横"。人在这个立体的环境中，播音主持也常常说到三维和三个方向的运动。

时间过程，就是人们常说的纵向表达，要有时间里事物的不同形象，要有从久远到最近递进的感觉。空间位置，就是横向表达，要有形象并列的感觉，从左到右，从上到下，一个个平面铺排。问题顺序，也是横向表达，是抽象的逻辑，要有并列的感觉，或者根据重视程度有递进递减的变化。这当中声音的表现要有相应的变化。

当然，时间框架里会讲到局部空间，空间范围内会讲到某处的时间过程，问题阐述也会讲到时空的具体形象。表达时要知道总体框架范围，谁套在谁的里面。

（三）三个范围

播音主持说到的事物可能有三个范围，是人们注意力集中的范围。

一个是远方环境，就是房间窗户以外，直到远处的山或者地平线。一个是身体附近的区域，也就是在一个房间内的前后左右。一个是个人身边注意的小范围，就是台灯照亮的这一圈里。

说到不同的范围，话语的表达也要有明显的面积感。说远，心中的目光要看得远，声音要拉长，呼吸会加深。说中，要能够看清楚近处的具体物件，说话的声音能够到达房间的墙壁。说近，注意力就在眼前，话可能是自己说给自己听，也可能说给对面或旁边的人听。

三个范围还包括人群的范围，核心人物、中间多数和边缘群体。三种人群的三种感受和色彩也有不同。

其实，播音主持的话语表达不只是三个范围，而是要在此基础上学习用话语准确勾画多重空间范围。

二、面对环境

（一）三种场面

主持人主持现场活动，有各种不同的场面，主持人面对的场子大小和人数多少决定了他要怎样讲话。

面对十人左右的场面，主持人与正常说话没有什么差别。

面对数十人的场面，主持人势必要提高一点声音，要让全体在场的人都听得清楚，这与有无扩音基本一致，有扩音，声音可以小一些，没有扩音，主持人提高点嗓门也能奏效。

面对百人以上的场面，主持人表达的难度要大一些。既要让现场最后一排的观众、听众都听清楚，感受到主持人的热情，还得让电视机、收音机前的人们不感到声音太吵、太闹、太尖锐刺耳。怎样才能达到二者和谐的效果？方法是，心要包容从眼前到最后一排的观众，表情达意要送到最后一排，而说话的声音要加以控制，以电视机、收音机前的听众、观众能够承受为标准。后排人们能否听清楚，要靠电能来放大声音，不是靠主持人提高嗓门。

（二）三种光线

在现实生活中，从早到晚，光线一直在变化。播音主持要把握住三种光线：一是明亮，二是刺眼，三是昏暗。

说到明亮环境，声音以中高音区为主，说话人的眼睛也是明亮的，说出的声音也是明亮的。说到刺眼，声音在中高音区，要有摩擦感，说话人的眼睛也要有眯起来的动作，使声音也是"眯"着的。说到昏暗，声音在中低音区，音色也是发暗的，话语速度稍慢一些。说话人眼睛要睁大，以动作激活话语的形象感。

光线的强弱是相对的，实际上播音员、主持人能够在对比中说明白各种亮度的光线。

（三）三种视角

人看世界万千事物，有不同的角度，归结起来有三种：平视、俯视和仰视。

一般来说，表达俯视，声音在中低音区，声音稍有些沉暗，语速稍缓慢。平视的语调起伏减小，句调相对是平的。表达仰视，声音上扬，在中高音区，声音偏明亮。

可以从楼房的阳台向下俯看着说，可以向上仰望着说，然后再向前平视对着地平线方向说。以此寻找感受，准确表达。

三、心理把握

（一）三种人称

说话和写作有三种人称：我、你、他，也包括我们、你们、他们。

说到"我"和"我们"，说话人自己的身体上要有感觉。说到"你"和"你们"，还包括"您"，说话人要有指向对面的感觉。说到"他"和"他们"，说话人是面对观众、听众，指着另一方说话。即使手不指，心里也在指。

播音员、主持人说话时眼睛都是看着听的人，但是在心里有三种眼神，有三种指向，话语分别含有三种感觉，说出来三种不同的方向。

（二）三元表达

在播音和主持中树立一个人物的形象，不论是新闻人物，还是文学人物，用话语说明的时候，有三个主要方面的支撑：一是行动，二是语言，三是思想。

行动，是人物的主要作为，是人物形象树立的最重要的内容。语言，是人物所说的话，是人物的心声，是人物精神的直接表达。思想，是人物内心所觉所悟，是人物言行的动因。

有关人物行动的话语表达要有动感，动感要对应身体的相关部位。有关人物语言的话语要有适度的声音造型，人物的年龄、性格、身份与话语贴切。有关人物思想，要有相对静态感，语速稍稍慢一些，以显示思考的过程，同样也要有人物语言的性格特征。

（三）三重身份

娱乐节目、游戏节目的主持人有三重身份：一是组织者，二是裁判员，三是啦啦队。

"组织者"是主持人本分。站在广播电视台东道主的立场上招呼各方，串连内容，完成程序。

"裁判员"是主持过程中的一部分，约束有关各方，指出和纠正"不法""违规"动作，判断得分、获奖。

"啦啦队"是主持人在营造气氛，现场观众啦啦队是主持人的伙伴。

这三重身份是要在节目中随时转换的，在某种意义上说，三种角色转换得到位不到位，自然不自然，是主持成功不成功的重要标志。

主持人面对台上台下的全体说话，话语有号召性，要覆盖全场，能"管住"、带动全场。

裁判员身份的话语只面对参与游戏的人，不是对场上观众的，虽然是娱乐，也要比较严格，同时十分机敏、准确。

啦啦队身份的话语在于影响和渲染全场的气氛，是旁观者、喝彩者，也是最热情的人。

场上需要主持人随时转换自己的话语和心情，如同戏剧场上的"变脸"。

四、角度　力度

（一）三人表达

讲一个故事，不论是寓言故事还是新闻故事，其实都是三个不同的人在说不同的话。

第一个人是讲故事的人，播音员、主持人自己。第二个人是故事中的人物甲，第三个人是故事中的人物乙。

当讲故事的时候，说到故事过程、环境，是讲故事人在说，声音在中音区，相对客观端正。两个人物中一个可能是在高音区，节奏偏快，说话时面向一方，略向上或向下；另一个可能在低音区，节奏稍慢，略向上或向下，面对另一方。

练习时，高音低音和语速快慢既要根据故事人物的情况合情合理设计，又要符合人物的思想感情和行动。这样一个故事的表达就有了立体感。

这是最基本的故事人物关系和造型。人物多了，还要有更多的变化。

（二）三种立场

在生活中对待与自己相关的事物，人有三种态度：一是支持、赞成、拥护、同意、接受，二是反对、拒绝，三是与自己关系不大，弃权或者不关心。

支持、赞成是一个方向，有各种程度不同的立场态度，有很严肃重大的事情，有小小的娱乐活动的建议，有完全的支持，也有带保留的同意，有愉快接受，也有勉强认可。

反对、拒绝也是一个方向，也有各种程度不同的立场和态度，有强烈谴责，有坚决反对，有果断拒绝，有含条件的反对，有恋恋不舍地分手。

弃权，是中间立场，也有各种程度不同的情况，有大事的严肃态度，有小事的漫不经心，有慎重考虑，也有随波逐流。

三种立场要明确，表达好恰当而又鲜明的态度，呼吸的力度和口腔的松紧都有所不同。

（三）三种推动

说话是为了作用于他人。有三种直接推动他人的话语：

一是表扬、赞扬、赞美、歌颂、推崇、推荐等。

这样的话语，必然是热情地说，精神饱满地说，带有希望地说，还含有号召大家学习的意思。有的赞扬带有推荐甚至引导的意味。说这一类话语要小心，语气神态一定要与说话的总体目的一致，防止变得廉价和虚伪。

二是批评、批判、责备、阻止等。

说起来分寸不太一样，有的严厉些，有的和缓些。总体来说都是下降的语调，主要词语吐字的字头都有加力。批评要表现出对某些事物的拒绝和杜绝，语气要坚决。有些批评中含有恨铁不成钢的成分，有的批评中含有对今后改变的期望。

三是劝告、说服、动员、请求、要求等。

语调往往是上下翻转的，高音区、低音区来来回回进行。心中有一种恨不得推对方一把的动力，有一种"我要是你，肯定就这样做"的趋向。

五、更多的"三"

（一）2+1 关系

2 是矛盾关系的双方，加上处于中间位置、与矛盾双方有密切关系的另一方。生活中这样"三"的关系比比皆是。

说到矛盾双方时要有当事人的主体感受，要有面向对方的指向性，说第三方时，要有中间感。这样的关系有很多，如：

原告、被告、证人
借方、贷方、保人
甲队、乙队、裁判
正方、反方、主持人
管理、被管、仲裁
爸爸、妈妈、孩子
丈夫、妻子、第三者（人或事）
……

（二）一而再，再而三

意思是事情一再发生，反复出现。一般不再说四、五、六了。

还有"一波三折"，原指书法写捺——波，运笔过程中笔锋要转变三次。后来人们指做事情不顺利，多处遇到阻力、困难。

此外还有"一日三秋""一日三省""一日三复""举一反三"等。

在表达反复出现，反复进行的"三部曲"时，表达要有层层递进的感觉，可以一步比一步高，声音强弱高低是递进的；也可以是"中—低—高"的方式，退一步而进两步。

超过三的"多部曲"的表达，也可以拆分成"三+X"。

5. 双人、多人的语言关系

播音主持有时自己说；有时会是两个人说，相互对话说；还有时是三个人或者更多的人一起说。

两人以上说话要有设计和搭配。两人互相支撑、互相配合、互相衬托，从而形成完整的语段。有以下几种内容形式：

并列的内容。你说一，我说二，他说三，可能你再说四，我再说五，他再说六……连续叠加。

连动的内容。你说动作一，我说接下来的动作二，他说继续的动作三……按时间顺序说明过程。

问答的内容。你问我答，我问他答，还可能二问一答，一问二答，甚至问了再问，答了再答，有真不明白的问，有明知故问……直到让听众、观众听明白。

矛盾的内容。你说是甲，我说不可能大概是乙。他说应该是丙……争论不休。

重复的内容。你讲一个事物，我扼要重复一下，他再变异重复一下，然后你继续讲……到了下一个要点，同样的方法进行。关键的内容，重要的事物，需要为观众、听众强调出脉络走向。

递进关系。你说一，我在你的基础上再进一步说二，他更进一步说到了三……楼梯是一层一层上的，理解是一步一步到位的。

条件关系。你说一个条件，我说一个条件，他说条件下会重复的现象……表达事物的规律。

因果关系。你说因，我说果，他说果；你说因，我说因，他说果……这是个多因多果的世界。

解证关系。你说一个事，我随口解释一下，他接着你的话说下去。还有可能你说一个事，我问个为什么，他给个解答，你继续说你刚才的话题，我随口解释他给的解答，就是插说成分，使话题的主线索断续了一下，但对听众、观众的理解有很重要的作用。

过渡关系。你说了一件事，我说我在某某地方也见过，他说那个地方还有那样的情况，于是你就接着说起了别的地方的另一件事，在不知不觉中就转移了话题。

此外还有很多形式，不一一列举。

两个人或者多人的表达，不能是各说各话的简单拼凑。既然是两个人或者多人一起来说，所说的话就一定要有分工，话语内容要你中有我，我中有你，上下钩挂，左右连带，前后交错，立体榫卯，互相呼应，浑然一体。

这样的话语衔接，要有音的和谐感。

搭话的衔接，要有让人听着舒服悦耳的音高音低的衔接。前一个人说的那句话最后一个词的音高，决定了后一个人说话的第一个词的音高；后一个人说话的句子开头的音高要随着前一个人的句尾的音高，一般不要同一音高，或者低一点，或者高一点。随着内容接，随着情绪接。

但是要注意，前一句尾与后一句开头的音高的关系应该是"和谐音"。

音乐理论中"和谐的音程"（又称协和音程）：听起来悦耳。纯一度、纯八度、纯四度、纯五度属于完全协和音程，大三度、小三度、大六度、小六度属于不完全协和音程。

"不和谐的音程"（又称不协和音程）：听起来刺耳、浑浊。如大二度、小二度、大七度、小七度，一切增音程及倍增音程，一切减音程及倍减音程属于不协和音程。

说话不是音乐，也没有乐器伴奏。所谓和谐音的关系，也不必以音乐演奏的要求来严格衡量校正，只是以人的听觉来判断。但是，无论人说话还是音乐，都是来自生活。生活中听着悦耳的音的关系就应该是和谐音。

具体来说，前后两人、三人之间的语音衔接，应该是大小三度（例如简谱为1、3、5之间和2、4、6之间）为多，男声女声之间一般差五度，自然衔接即可，这样前后之间或者你高我低，或者你低我高，听来都是悦耳的。如果是二度关系（例如简谱为1、2之间），则听着就会有点不舒服、不悦耳。有爱好音乐的播音员、主持人，能够自觉不自觉地将前后语音衔接得悦耳。如果有较好的乐理知识，明白前后语句头尾音高的规律，耳朵会更加敏感，能更自觉地衔接得更好。我们观察到相声演员两个人前后句声音的衔接都很自然也很悦耳，这与他们"说学逗唱"中唱的功夫有密切的关系。

搭话的衔接，还有轻重快慢的对比。这取决于对内容的理解，谁的话是铺垫，谁的话是重点，谁的话是插说，谁的话是陪衬，谁的话是引起，谁的话是补充，谁的话是过渡，谁的话是点缀，谁和谁是对比，谁和谁是矛盾……明白了，自然就有轻、有重、有快、有慢了。

两个人或者三个人讲述多项并列的内容，可以说成"模进"的感觉。模进，是音乐的概念，就是乐句的旋律或乐节、乐汇等重复出现时每一次的高度都不相同，或者向上或者向下。话语中的模进现象向上的比较多，二度、三度、四度、五度模进都有可能。

两名主持人共同主持时的目光交流方式是"三点双方"。

三点，就是主持人甲和乙各为一点，观众或听众为一点。无论是主持人甲还是乙，说话时都要顾及另外两点，与之交流。不能只顾观众、听众，不理睬主持的搭档，更不能只与主持伙伴谈得热闹，置观众、听众于不顾。主持电视节目进行三点交流时，要注意两名主持人互视的目光一致，不能你看我时我看观众，当我意识到你的目光转过来看你时，你又回过头去看观众了。如此反复，扰乱了观众的视线和思绪。在这方面，两名主持人的配合与默契就显得十分重要了。要敢看对方，要在看中进行语言和思想的交流。

　　双方，就是两名主持人一方，观众或听众一方。主持人在三点交流时要以面对观众一方为主，大多数的语句是对观众说的。电视主持人之间互视的时候，大多数的句尾也是对观众说的。切不可两人对话忘记了观众、听众那一方。

　　两人以上主持，应该是"双方多点交流"。多点就是要照顾到与更多的主持人交流，但是别忘记观众的那一方是交流的基点。

　　关于"三点双方""多点双方"交流，相声表演能给我们很大启示，值得借鉴。

　　两人或者多人的话语关系，应该要比一个人说有更大的张力，有更丰富的表现，有更强烈的效果，使听众、观众有更愉悦的感觉。

6. 并非"另类"说话

播音和主持是要在话筒前、镜头前说话的，这是怎样一种说话呢？很多人在这里有误区，把播音和主持的说话当作不同于一般说话的"另类"说话，所以他们自觉不自觉地让自己的表达有别于，甚至脱离生活和话语规律，变成了另一种"播音主持"语言，特别是某些播报新闻的节目。

为什么会产生这样的误区呢？有这种误会的人，总觉得播音说话一定是很特殊的一种表达，播新闻、给专题片配音、当主持人，都是经过训练的，这种训练一定是要训练得与生活中说话有所不同。所以当他们自己进入这个职业，就在寻求与平时生活中说话不同的特殊的说话方式。

这是认识上的错误。

正确的指导思想应该是：播音、主持和日常说话的本质是一致的。遵循说话的基本规律，与日常说话的基本模式是一致的。

然而，播音和主持时说话与日常说话肯定是有一些不同的。

一是句子比较长。日常生活说话多是短句，一般是7个字左右，10个字以内，但是在新闻播报时，二三十个字以上的句子很常见，甚至字数更多的句子也占相当的比例。这样按平时说话的心理就难以完成，需要有所调整。比如，日常口语说"新能源汽车有新补贴了"，而节目里可能就要说："财政部、科技部、工业和信息化部、发展改革委等四部门发布了《关于调整完善新能源汽车推广应用财政补贴政策的通知》，调整优化新能源乘用车补贴标准。"

二是句子中非生活用语的词比较多。广播电视中的很多话是对全社会说的，讲述的事物有时是广大社会中宏观的，所以很多词、句式不是日常生活中常说的。特别是有些较年轻的播音员，社会经历还不是很丰富，平时关心时事也不够，突然要说那些平时不说的话，在嘴里感到生疏、不自然。日常口语一般不会把"告诉谁谁什么事"说成是"向某人发出通知"，日常口语会说"妈，咱们家买大米了吗？"不会说"咱们家买粮食的计划落实了吗？"而播报新闻、播送评论时就常说这样的话。

三是因为上述原因，就有了播音主持语言的艺术追求，在声音形式上有了丰富的表现技巧。虽然这些技巧来自生活，但是已经远比生活丰富多彩。

但是，这不意味着要"另类"说话。恰恰相反，是要把那些不常用自然说话方式表达的词汇、句式以日常讲话的方式自然地说出来。这当中，可能速度有所加快或者放慢，可能说的时候有更为丰富的抑扬顿挫，可能有更多的表达手段添加，都应该是在自然说话基础上进行的，脱离了自然说话的基础，那就什么也不是了。

所以，要清醒地认识到，播音主持的话语是建立在日常语言基础上的。不能脱离这个基础去找另外的样式。即使是古汉语、文言文、散文的朗读也都如是。无论多么丰富的表达技巧，都要融在日常自然说话的感觉里。

本书在阐述播音主持语言规律时，常常会同时列举生活中人们说话的自然状态来做比较，也是因为播音主持的话语是植根于生活话语的基础里的。

7. 篆、隶、楷、行、草比喻

话语表达有各种样式。不同人、不同场合表达方式也会有所不同。

然而，这并不等于说语言表达没有规范，不分类型。就播音主持的语言表达来讲，可能有几个方面的领域。比如，有文言的朗读，有新闻播报、新闻评论的播音，有新闻的现场报道，有一般栏目、节目的主持，有晚会节目、文艺娱乐节目、知识竞赛节目的主持，有谈话访问的主持……

这些不同的话语表达的类型，相互之间有明显的区别，也都有难以分隔的联系。

这几大类话语表达形态可以用书法形式比喻。这样的比喻也是艺术上一种通感。

书法字体主要有篆、隶、楷、行、草几个主要形式。

篆书，写法很像我们朗读古汉语的文章。文言文字数少，每个字的内涵容量大，今天的人不可能像古代竹简上的语言那样讲话，今天关于文言文的表达基本上是慢速朗读。语言的内心感受和语义呈现与现代语言是同样的规律，但是表达起来一板一眼，抑扬顿挫、曲折起伏，节奏感非常明显，每一个字、每一个词声音都有所着意。就像篆书那样，几乎每个笔画都有旋转。

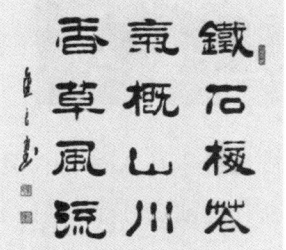 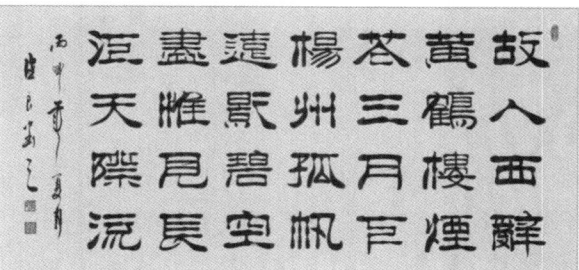

隶书，其写法很像我们朗读学术论文，哲学的、法理的、科技的。严肃仔细，起伏的幅度不大，速度行进比较平稳。

楷书，整体上看，工整规范，端庄；仔细看，每一笔画都严谨，然而在严谨之下有许多细微精巧之处,每一间架结构都讲规矩,然而在规矩之间有各种奇妙的搭建。较为庄重的新闻消息和严肃的新闻评论的表达很像楷书的写法,通常比较刚强有力,声音明亮,行进速度稳健,在均衡之间显变化,在规范之中出精神。有些文学作品,特别是散文的朗读也有美轮美奂的楷书的感觉。

行楷,是在楷书的基础上的变化,书写稍加随意了一些,工整性不如楷书,但是活泼感强,书写的速度也快于隶书、楷书。随着时代的发展,播报新闻的话语有了一些变化,相比之下自如了一些。近年来新型的新闻话语类型像书法的行楷,仍然有一定的工整特点,词语之间活泼了许多,在端庄之下更为灵活。目前各电视台使用最多的新闻话语风格更倾向于行楷的写法。

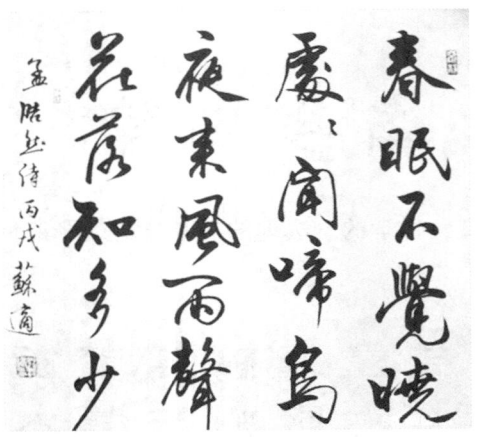 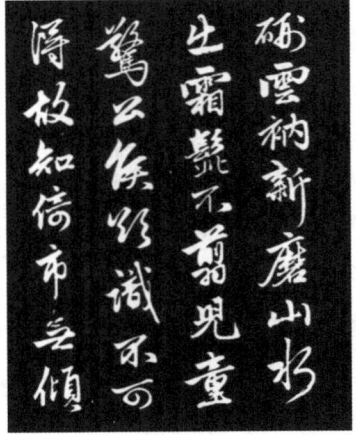

行书,写法更为灵活,貌似更为随意。很像我们一般节目的主持人语言,灵活多变,字的大小变化多样,也不再是工整的横平竖直,笔画也有所演变,个性气场的特点更加突出。当下,我们大多数主持人都是这样的表达样式,晚会主持、栏目主持、娱乐节目主持,千姿百态。

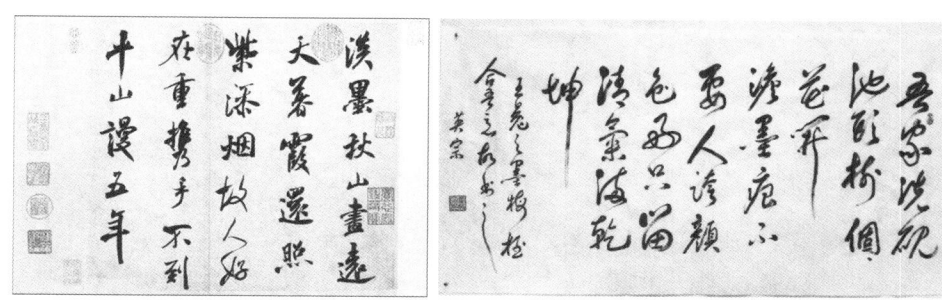

行草，更灵活的书法。有一些主持人的话语样式，灵动性更强，时时会有行草的活泼感觉。

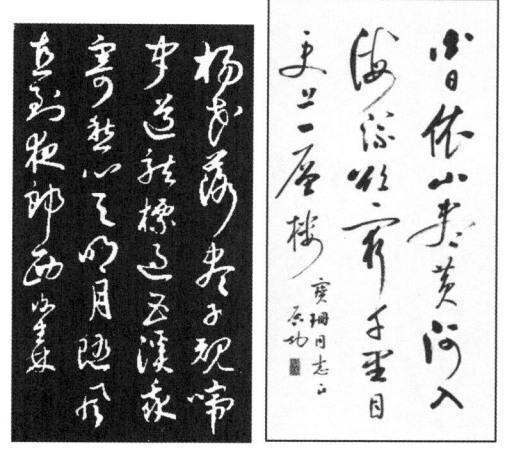
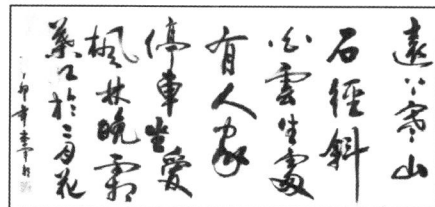

草书，写法笔画随心所欲，神采飞扬。主持人的一部分话语可能有类似草书的感觉，起起伏伏，跌跌宕宕，多姿多彩，随意浪漫，但并不失章法，相反更深藏文化于其中。

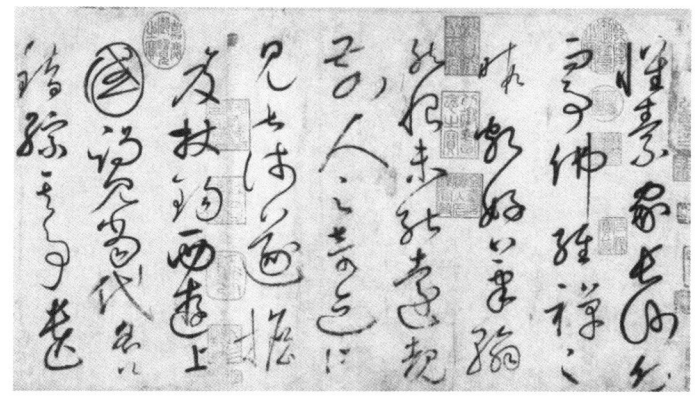

至于书法中的狂草更是浪漫到了极致，恐怕难以与一般的播音主持的语言相比喻了。至多与浪漫奔放的某些娱乐游戏节目的现场部分主持话语形态相似。

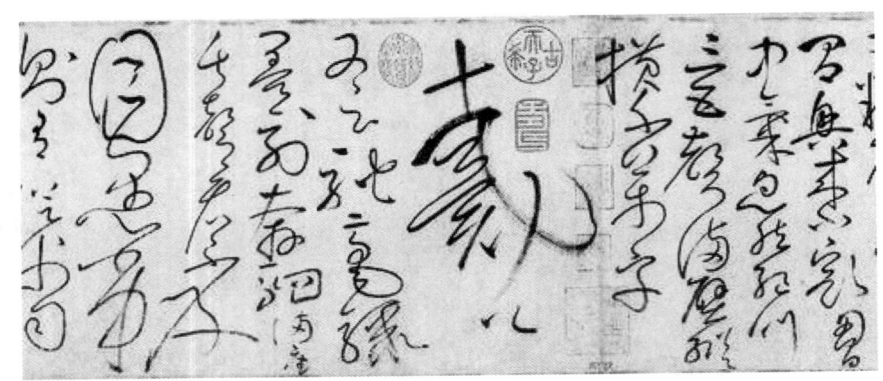

比喻，总是有不贴切的地方。关于播音主持表达样式与书法比喻，也同样难以比喻得那么合适，总是不免有牵强的地方，但大致的感觉总是有了。这样有助于我们理解播音主持话语风格之间的区别，更是为了从某一个特定的角度理解，有助于学习和把握其中的规律。

一个成熟的播音员、主持人，这些语言表达的能力都需要掌握。当然，在每个人各自的岗位上，可能长期使用某一种形态表达，在某一方面更加熟练。

不论哪种播音主持的话语样式，都有水平深浅、能力高低之分。

功夫不到，那只是一般人写的连笔字，算不上什么书法，最多也就是爱好者向书法靠近。功夫不到，也就是一般生活、工作中的话语表达，并非是具有艺术水平的语言表达。

第七章　组织能力

主持人在台前处于掌控节目的位置，掌控节目就需要一定的组织能力，没有组织能力就不能带领节目有效完成。

主持人能否在节目中发挥好自己的作用，既与节目的设置有关，也与主持人自身的能力有关。

一个人的组织能力是在实践中渐渐磨炼出来的。

如果仅仅就节目中的组织能力而言，可以通过课堂学习和自我练习获得。

本章介绍了学习节目中组织能力的方法。把主持人的组织能力拆解成为组织自我、组织静物、组织环境、组织人群分别练习。通过不同的练习提升组织能力。

在此基础上，本章还探讨了主持人控制场面和随机应变的问题。

1. 组织能力

"主持"这个词，在《现代汉语词典》里的解释有两个。

➢ 一个是"负责掌握和处理"，例词是"主持会议"。

➢ 另一个是"主张；维护"，例词是"主持正义，主持公道"。

实际上，"主持正义""主持公道"的维护也是一种负责，一种掌握。这并不难理解。

《辞海》里对"主持"一词的解释与《现代汉语词典》一致。

什么是负责呢？《词典》的解释：负是"背负，承担"；责是"需要有保证的事情，类似契约"。负责就是"承担责任"。

什么是掌握呢？《词典》的解释："了解事物，因而能充分支配或运用。"

什么是处理呢？《词典》的解释："安排（事物），解决（问题）。"

主持是要人来实现的，实施主持的就是主持人，现实生活中往往是各地区、各单位、各项工作的负责人。主持工作最高可至国家领导人和政府各个部门的领导人。最基层可能是村主任、班组长。就一个单位来说，谁是这个单位名副其实的主持工作的人，谁就是该单位的主持人。

主持工作，包括审时度势，知人善任，英明果断，统筹计划，随机应变，与时俱进，长远的战略考虑和近期亟待解决的突发事件，等等，还有很多具体的工作方法，需要有相应的经验。

主持一个单位的工作会议，能比较直接地体现主要负责人的主持能力。会议的安排，不同观点的归纳提炼、分析综合，会议进程的讨论，会议的效率，都集中在会议主持人身上。当然，会后负责推动实现会议决议的贯彻实施是更重要的主持工作。会议的效率高不高与会议主持人的能力有非常重要的关系。

在战争中，一场战斗瞬息万变，指挥者随时要对战场的变化做出判断，做出下一步行动部署，并且发出命令，指挥部队作战，直到取得战争的胜利。这个指挥者就是战斗中一方的主持人。

明确了主持和主持人的一般概念再来认识广播电视节目中的主持和主持人就能有更清晰的认识。

在广播电视的实践中，当广播电视节目的方针已经规划，当一档节目的策划已经完成，当一次节目的顺序结构已经安排，当节目的效果意图已经设计，节目的导演策划团队的工作已经完成，到了实施阶段的时候，意图的实现，效果的显现，在多大程度上能够获得成功，掌控和把握就落到了主持人的身上，要靠主持人的操作水平和执行能力。

所有策划设计都由主持人来实现，都要由主持人负责和掌握。主持人要通过讲话，并伴随表情、眼神、手势甚至体态完成节目赋予的任务。主持人背后虽然有领导和导演部门，有策划团队强大的力量和智慧，但在话筒前，在镜头前，在现场听众、观众面前，实际上只有主持人独自一人或一组搭档。在某种意义上讲，节目一开始，主持人就是孤立无援的，独自站在操控节目的位置上。

这好像在公路上行车，交通法规已经明确，这一次行车的目标和路线已经确定，但是开车上路，还要面临道路情况、气候条件、车流量、红绿灯、路上行人的多少……在各方面条件环境下怎样驾驶要由一名司机随机掌握，有时加速，有时减速，有时超车，有时让路，有时停下等候，有时需要绕路行驶，甚至要应对突如其来的紧急情况。大家的命运集于司机一人，司机驾车的经验、处置突发情况的水平，都决定了行车的安全和舒适程度。

一个节目的策划和决策是由节目的编导以及顾问、助手们来进行的，而一个好的节目方案要由主持人在话筒前、镜头前来执行完成。展示节目中的各类内容，吸引听众、观众的注意，引导大家的情绪，带领节目的走向，掀起悬念、兴趣、热情，推动内容的起伏、深入，这一系列的操纵指挥全都在于节目主持人的把握，节目的效果系于一身。一旦到了这一阶段，别人谁也帮不上主持人的忙，全都靠主持人的能力。

这样的指挥、操控、处置能力，我们称之为组织能力。

组织能力表面上看，就是不断地向节目中场上、场下的人送达信息、告知情况、提出要求、发出指令，这样发号施令的话语、时机、次数、力度，以及伴随的目光、表情、手势、体态，形成了对节目的多项、协调、立体、完整推进。主持人不能顾此失彼，不能相互脱节。

组织能力更深入要能做到有对最终目标效果的追求，有对进程发展情势的判断，有推动和号召他人的力量，有节奏一致的各方协调，有关键之处的画龙点睛，有强化气氛的铺陈渲染，有调节、纠正偏离的智慧，有化解矛盾、尴尬的巧妙……这其中，主持人一定要有催化的作用，一定要有推波助澜的表现。

当然，组织的对象有所不同。首先是组织自己，自己的话语、动作、神情要配合一致；然后是组织静物，它是被动的；再就是组织环境，人与环境互动；最后是组织人群，包括参与节目录制的人和节目的现场观众，甚至还包括收音机、电视机前的听众、观众群体。

这样的能力，是节目主持人必备的，而且水平各有高低，文化各有底蕴，个性各有张扬，风格各有不同。

2. 组织自我

  人的某一方面的能力，是由若干局部的能力综合而成的，若干能力的综合一定有相互的协调配合。就像五个手指之间的配合动作，一般的拿、捏不成问题，然而，要形成某种专业能力，还要经过艰苦的训练。技艺是由大脑支配身体各部分熟练到位的动作来完成的。当然，这其中还少不了人的情感主导。
  弹钢琴就是很典型的例子，十个指头要娴熟配合，还有眼睛、耳朵的配合，还有脚下相应的动作，更有弹琴人的情感在其中。
  节目主持人在节目中的能力也是综合的。各方面能力之间也有协调配合，这就需要有组织自我的能力。

一、主持人的思辨能力

（一）思维造句

  主持词大部分是节目撰稿人已经写好的。主持人记住了，能说得八九不离十就行了。只有少量的话需要主持人在现场即兴表达。有些谈话节目难度大一些，仅有谈话结构的大致方案，话说起来就需要主持人自己组织语言，循着预案控制走向。
  主持人在说自己的话时，有了理解，有了愿望，还要说得符合语法，用词贴切，风格得体，用意到位。这其中，多说一句，少说一句，说长说短，是要渲染气氛还是仅仅是衔接，是对前一段话的补充还是延伸或者调整，对节目所起的作用是什么，都由主持人自己在瞬间判断并且表达。

（二）内容结构

  节目的结构应该在主持人心里，节目的每一步进行到总体结构的哪个阶段，每一步要完成节目哪个任务，主持人心里要清楚。已经完成了节目的多少有效过程？在日后剪辑阶段能够使用的有哪些？还要继续进行哪些步骤？还要补录些什么？强化些什么？在主持人心里的"账本"上要时时算得明白。现在节目向着哪个方向进行？怎样调整下一步的方向？用什么方式来转向？主持人要在明确方案的清醒状态下，有条不紊地一步一步实施。

二、主持人的情感表达

（一）情感表露

  人生每时每刻都在情感中，情感随着生活自然形成。主持人语言表达过程中也必定伴随着情感，不同的是主持人语言有比较明确的规定性，不能说错，不能随意更改。

还有些话不是自己的，而是撰稿人的，背诵的话不但要说得自然，还要有相应的"发自内心"的情感，要"情声气"一致。这样的把握之不容易可能每位主持人都经常体会得到。

（二）与镜头交流情感

电视表达还有一个重要的领域，就是对镜头说话，表情、眼神中的情感也同时传达到大中小微四类（电视、电脑、平板电脑、手机）屏幕上了。不是所有的话都一定要对镜头说，但是需要面对镜头说话时就一定要像对一个活生生的人那样去说。何时要对镜头说，何时可以不对镜头说，何时不必或不需要，甚至不能对镜头说，也在快速的表达过程中有相应的选择。这样的镜头意识，电视主持人时时要有，得习惯成自然。

三、主持人的体态、手势、动作

（一）体态

主持人的体态包括坐、站、稳步走动。坐要坐端，站要站正，步要定位。无论主持人是坐姿还是站姿，是坐在桌子后面、侧面或是没有桌子，无论是站定还是移步或是走动，还有转头或转身，都要与主持人语言配合。体态要配合语言的内容，有主次关系的配合，有阐述描述的配合。要配合语言的速度和节奏，或显舒缓或显稳健，或显轻松或显凝重，或显急切或显释然。

（二）手势动作

手势伴随语言而展开，在自己的手势库里，呈现出多变的手势，配合强化语言表达，使语言表达有相应的形象感和力度感。既要准确又不能单一或者单调，既不能寡味，也不能过于频繁。

有的主持人需要手持物品讲话，有现场报道中出示的物件，有谈话节目中出示的物件，有娱乐节目中出示的道具，等等。相声演员常常手持一把扇子，时而打开时而合上，时而举起时而指向。现在有的主持人也手持扇子，更多的是手持一支笔，都有可能增强主持人语言深入人心的力度。

有时主持人手中握着遥控器，一边说着一边操控屏幕，操控现场某个场景变化；有时主持人手触大屏幕，操控屏幕的变化。都要伴随着节目进度、话语内容和节奏进行。

自我的组织，就是主持人的大脑指挥自己的意识和身体在节目中协调一致，挥洒自如，准确无误，推进节目行进，为节目增光添彩。三个方面互相支持，互相作用，三者统一，中心线索是语言思维。

其实，组织自我，也是在组织观众，自我组织得再好，也是为了呼唤、引领、取悦观众。

3. 组织静物

静物，就是静态的物件。

组织静物，就是物是静的，不能做动作，人来操控它、摆弄它。主持人组织静物，要对物件操控得体、准确。这里的关键是手上操控着物件，口中还要滔滔不绝地讲话，还要有相应的表情和目光。

手持物件，拿起来。

➢ 首先，口中不断讲解。

➢ 同时，伴随手上各种各样的操控：

拿起，放下，打开，合上，翻转，施压，观察，嗅闻，抚摸，摇晃，启动，停止，轻轻，用力……

➢ 嘴里在讲述，手上有操作，眼睛还要注意看镜头。

嘴、手、眼睛三者是相互配合的，嘴里要说，眼睛要看，说和看的时候手上在操作，嘴里的话要与操作的过程同步，操作的过程有先有后，话语可能要等待一下操作的过程再继续说；操作时还要注意把动作的过程展示给观众（摄像机镜头）；眼睛不能不看手中的操作，也不能只看手中的操作，还要不断转头、抬头使目光与观众（摄像机镜头）有交流。何时低头何时抬头，要自然合理。

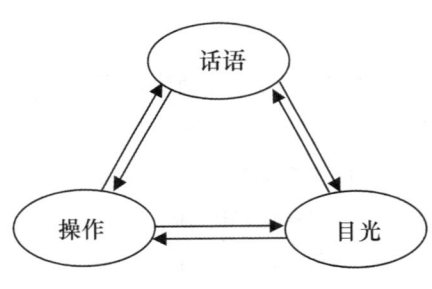

这三方中的每一方，都要兼顾另两方，语言带领着操作，语言带出表情眼神，操作要听语言的，操作对语言有制约，眼睛要看手上的操作，眼睛要跟着语言有神采。

语言、操作、目光都要十分注重照顾镜头，即屏幕前的观众，给观众看，给观众听，与观众交流。

第七章　组织能力

这样三方四向的协调，就是组织静物的能力。

比如，试试"手压自发电式手电筒"实物介绍：语言和动作的提示如下。

1. 手持举起：这是一个手压自发电式手电筒。

2. 指示并且做动作：这是按压手柄，反复按压就能带动里面的微型发电机发电照明。

3. 指示并且做动作：这是手电筒的开关，当里面的电池有电时向上推，手电就亮了。

4. 指示并且做动作：这是手柄收进的键，收进手柄后一推这个键，手柄就在里面了。

5. 指示并且做动作：这个带子，方便携带，套在手腕上还能防止滑落。

再如，介绍瑞士军刀，以同样方法说和做，配合起来难度要更大一点，要求有更多的注意在手上。因为这款军刀非常锋利，若不小心就可能把手划伤。必须要认真观看仔细操作，对语言与动作间的配合有更高的要求。如果顾此失彼，也许会说不好，也许会操作不当，也许会影响和"观众"的交流。

当手中操控的时候，手里的物件与身体的距离要适度，符合画面构图的规律。手不能伸得太远，要让物件保持在画面内，不要出画。还要注意不要让物件

遮挡住自己的脸。一般来说，手持物左右不超过肩膀，物的上沿保持与下巴平齐，前后离身体大约 35 厘米。

难度更大的是多个静物的组织。面前多个不同物件，拿起这个，放下那个，有先有后，操持的动作多，物件的相互关系复杂，操作时间、过程长，语言内容层次丰富。需要更强的组织能力。

下面以介绍烹饪为例，这是一道番茄炒虾仁，边说边操作，把做菜的过程展示给屏幕前的观众。

解说词基本意思和步骤图示如下：

1. 准备好原材料：虾仁、番茄、姜蒜末。
2. 虾仁去除虾壳后，用牙签从二、三节处挑出虾线。
3. 把盐、淀粉放入碗中。
4. 把料酒放入碗中腌制一下。

5. 番茄洗好，切成小块。
6. 点火，热锅凉油，放入姜蒜末进去煸炒。
7. 爆香后加入番茄块进去翻炒。
8. 番茄块微微炒出汁来后放入虾仁进去翻炒。
9. 虾仁翻炒变色后，加入1勺糖翻炒。
10. 再加入适量的盐翻炒调味，盛入碗中，表面撒上小葱末。
11. 一盘味美的番茄炒虾仁端上桌来。

以上例示，并非是让大家进入购物节目，介绍商品，推销商品；也不是让大家学习烹饪节目的主持，只是要借此说明组织静物的能力，以及学习的方法。

组织静物是主持人的基础能力之一，这样的能力在现场报道中常用到，在娱乐节目中也常常有挑战。

天气预报，是一种特殊的组织静物的方式。

天气图板竖立着是不动的，主持人在旁边动作的幅度也很小。天气预报中的主持人要看图，要指着图上的位置，然后转身面向"观众"讲解，有的还要在图上插上不同的标记。

在实际录制现场，主持人要注意看侧面的监视器，手指的只是一块单色的背板，由电视制作设备合成图像播出。这样，主持人又增加了一项自我控制的要求。

主持人要指得准，说得简洁明快，说得有专业感，两个方向的目光分配利索。天气预报节目时间不长，但是对主持人的要求很高。

4. 组织环境

组织环境，就是主持人与环境之间的互动，边说边动，有语言，有行走，有体态，有手势，有动作。多动综合表现，展示环境，表现环境，主持人来引导大家了解环境，感悟环境，认识环境，对环境产生理解，有所评价。

大多数环境，相对是静止的，不动的。主持人组织环境，要在环境中行动。

大多数情况下，环境不动，人动。

人在环境中，主要的动作是在环境中走动，有快走，有慢走，有停步，有疾步，有上坡，有涉水，有迎着镜头向前走，有看着镜头侧行，有望一眼镜头转身……其他动作在走的基础上进行。

人在环境中，要让自己的身体对环境有所感知，环境的冷热、干湿、空气、味道、风霜雨雪，登高望远，俯身分辨，叩击听音，挪动掂量……

人在环境中，要用手势来指点环境的某个方向、某个场面、某个角落、某间房屋、某个桌椅、某个器皿、某支笔、某个字迹……很多时候摄像机会顺着主持人的指向将镜头摇到那个事物，默契的配合会产生很好的效果。

人在环境中，还有更具体的操作和细微的动作，有转身，有回头，有察看，有辨认，有抚摸，有开合，有翻转，有扭动，有举起，有安放……

与此同时，主持人在环境中有大量的语言表达。话语要与身体动作和要表现的环境相呼应。要描述环境，说明环境，引申思考，感悟叹息……把自己所见、所听、所感、所知告诉屏幕前的观众。

主持人与环境互动，都是在语言的引领下进行的，眼睛看着，身体动着，嘴里说着。这一过程中，时时不能忘记与屏幕前的观众交流。

主持人语言的一部分是看着环境说出的，指着环境说出的，边操作环境中的某个物件边说出的。主持人语言的另一部分是对着屏幕前的"观众"说出的，也就是面对摄像机说出的。视线要合理分配。

大致规律一是：指哪里看哪里，手势所指那一瞬间，主持人的眼睛也要随之观看，要与观众一起看，要替观众看一看，要为观众证实一下而看。以前肯定看过了，但此时还是要再认真看。当然看见什么就说什么，此时造句的能力水平是一种挑战，要能说出完整形态的语句，没有病句，没有结巴，流畅明白，长句短句交替，遣词造句得体，说得生动有趣。

二是：非形象本身的内容，如这个环境的名称演变、历史掌故、地质特征、科学原理等，还有需要直接对屏幕前观众说的话，这一类内容要对着摄像机镜头说出。

当然，这只是大致的规律，这样分配话语也不能绝对僵化，有时也要灵活调整。

看三个案例，看看现场怎样走动，怎样指向，怎样说话——怎样组织现场。

例1

我现在所在的这里是仙华山，为什么叫仙华山呢？就是因为这座山长年都被云雾缭绕着，所以远远地看起来就好像在仙境当中一样。来，咱们一起登山吧。

我们刚才在洞口不是看见了那两个龙头吗？你知道龙的身子在什么地方吗？一进洞就可以看见了，（走进山洞）就在那个洞里边，这个顶上有一条黄龙，看见了吗？那个黄色的就是黄龙的身子，然后底下就是青龙的身子，两条龙就这样交叉在一起，盘在一起，双龙洞的名字就是这么来的。

你看，这边看上去就好像在水墨画里一样，特别有中国画那种灵韵啊！你看，那边是流动的云雾，风一吹这个雾气就四处地飘散。（这里主持人是不是可以自己原地转360°？）

这是天门了吧？真的有一点儿像一道门，走过这道门就成仙了？那咱们不都成仙女了吗？（走过天门）过天门了！真是风好大噢！我觉得得有五六级风了吧？怎么样？咱们过天门就成仙女（神仙）了吧！

例2

这里是什么地方？这里是闻名远近的古镇。历经七八百年，这里的古镇还是当年的老模样。你看，路中间亮亮的石板路，两边还是当年的木板门。当然，古镇也有新面貌，我们能看到人是今天的人，店门口的招牌已经是LED灯了，商店里有传统商品也有今天的特色商品。走，咱们逛逛去！

哈哈！这个小镇上什么都有啊？你瞧，这些是传统的染织，大的小的，方的长的，各种各样的银饰、手镯、项圈，花色太多了。看这边，这边还有好多好多种绣品，你再看，这么小的锁！你看这边！这种是女孩子用来贴手指甲的东西。还有这种铃铛，真响啊！这个放水果，这个放一盆花，这个放我的……什么都可以放，太可爱了！我从来没见过这种造型的篮子。（主持人不断走来走去低头抬头，别忘了目光交替）

例3

沿一线天再往前走，（攀上山石）我们就到了"四声谷"，这是我很向往的地方。记得在中学的第一册语文课本里，把它和北京的回音壁相提并论。我们来看看它究竟有什么神奇的地方。（扶着山石对着山壁大声呼喊）"龟峰——"（四面回音相继响起）听到没有？周围的山谷就产生了四种回音。这种奇特的现象引起了很多人的注意。科学家研究的结果是，这里群山环抱，声音从我这里发出，对面山谷就会产生回音，那回音在另外的山壁上又产生了回音的回音。如此循环就产生了多达四种的回音。您说奇特不奇特？

最近这些年有一类档案解密节目，主持人在演播室的环境里走来走去，时而在这个位置播放幻灯片，时而在那个位置播放电影片，时而戴上手套翻阅档案文件，时而拿出某个关键物件给大家看。设计这样的环境，避免了历史事件讲述时可能产生的单调、枯燥感。

在组织环境时，有一种情况是主持人站在一个相对固定的位置，周边的环境是动态的。也就是人不动，环境在动，主持人与环境互动。主持人要左顾右盼，要指向各方，不断向大家介绍情况。比如：

现场的主持人站在会场外等待贵宾车队经过。

现场的主持人站在高速公路看着冰雪中的车辆缓缓通过。

现场的主持人站在火灾现场外围观察救火车、救护车到来。

现场的主持人在车上、艇上、直升机上，看着周围的环境进行现场报道。

这样的环境下，主持人的时间要把握得准确，语言要流畅明白，一次完成，与现场的环境配合一致十分重要。哪句话对应现场环境中哪个动作，需要精确对位，错过时机，就没有第二次，不能实现既定的目的。

这样，主持人与环境互动，自己的形体、手势、动作—语言—目光，三者与环境构成对环境的整体表达。这种组织环境的能力是每一个出现场的主持人、记者必备的。

5. 组织人群

组织一群人做活动，是组织能力难度最大，也是最能考验人的一种能力。

主持人对面十几名、几十名，甚至更多现场观众，组织大家按照一定程序活动，要向大家发出口令，让大家一起完成若干动作，达到某个目的，实现某个目标。

组织小群体活动，看似简单，实则不易。人不像静物，任人摆布，也不像山水田园、街道店铺、交通工具等是基本稳定不变的环境。

人群中，人和人是有差异的。有人注意力集中，有人注意力不集中；有人理解力强，有人理解力弱；有人很认真，有人不以为意；有人能力强，有人能力差……

所以，组织人群，需要比较强的组织能力。不仅是提出号召，下达命令，还要注意大家是不是都做到了？整齐了没有？这当中有纠偏，有等待，有引导，还偶尔有故意误导，有时还要有适当的幽默等。在语言表达的同时要有适当的目光、表情传递信息，表达相关的示意。

还要把握好节奏，要让大家在活动中有愉快的感觉，有美妙的乐趣，有智慧的美感。

所有这些，都是为了完成一次活动。目标指向的是活动的进程、目的。

对人群实施组织的时候，规则要明白易懂、简单易行，目的明确，要领清晰。复杂的动作，复杂的过程，人多了就不容易做好。

一般来说，节目中对人群的组织主要是主持人带领大家做游戏。

我们先来尝试一次对人群的组织。

朋友们，咱们大家一起来做个游戏吧。做一个小小的和听觉有关的游戏。

现在，请大家把两只手伸出来，好。现在两手在胸前交叉，放在对侧的肩膀上。就这样，然后双手轻轻拍打。大家一起做。

请大家听听现在的声音像什么？

像下小雨。是不是？再听，对了，就是像下小雨。好！大家的理解力都很强。

好，现在大家把双手放在自己的膝盖上，放好了吧？大家一起拍打膝盖。

现在听听，这个声音像什么？

像下中雨。是的，是中雨的声音。

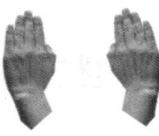

咱们现在请大家把手放在胸前，鼓掌。这个声音像什么，噢，对了，对了。

像大雨，哗啦哗啦的大雨！

咱们用点力！哎呀，这雨下得还很大。

好了，咱们大家现在把双手攥成拳头，交替击打桌子。

大家听到了，这是什么声音？是暴风骤雨！

试着做一次，我们会发现，这其中要对大家一步一步不慌不忙地发出指令。这样的指令有号召性，要有一种热情推动大家，让大家一定要跟着做动作。

要有示范，主持人自己先做好动作，让大家看到正确的样子。

要有观察判断，要看着大家动作完成的程度，是不是都做到了，做好了，然后才能继续。

要有等待、期待，观察和判断需要时间，等待的时间不能省略，也不能过长，以保持人们总体上动作的稳步连贯性为准。期待的目光，也是一种号召，无语的压力，让每个人尽快做好动作。

要有引导，引出大家对声音的想象，包括人们对雨天声音的形象感受。

要有表情，当大家做动作正确时要报以肯定的微笑，对大家已经有的理解要点头称是。

要有情趣，对活动中的乐趣有感受，把自己的愉悦传递给大家，让所有人有共鸣。

我们再看个组织人群的例子。

现在请大家左右连成一排（坐、站都可以）。好，请注意左右距离要均等。这位，请你稍稍往左一点，好了，谢谢。请你稍微往前一点，好，谢谢。

请大家把左手和右手向两边伸出来。好,就这样。然后,请把你的右手的手掌向下伸开。

对,就是这样。这位,是右手伸开,不是左手。大家注意手心向下。

好了,大家都明白了,现在请大家把自己的另一只手,就是左手,伸出食指向上,对。

请把你的左手的食指指向身边那个人的右手的手掌,要轻轻顶到他的右手的掌心。

好了,现在我们看看,是不是大家都做好了?好的,大家都做好了,我们全体已经连接通了一条链。

下面,请注意,我们要做一个"一心二用"的练习。当我说到"开始"时,每个人的右手要尽快抓住右边那个人的左手手指,同时还要注意自己的左手不被右边的手抓住。

噢,现在不要抓,要在我说"开始"的那一瞬间再抓。请小心,你抓别人的时候,也要防止被别人抓到呀!哎呀,你不要着急嘛。嘿嘿!

大家保持手的样子,不要动,听我说。每个人,要同时注意左右两边,是不容易的事情,需要注意力集中,也需要动作敏捷。你说,我应该主要注意左边呢,还是主要注意右边呢?嗯……(突然)开始!(大家一起动作,笑成一团)

可以看到,这一段对人群的组织,除了发号施令、号召,除了示范、观察、判断、等待、引导、表情,还有不断对人群中出现的不准确动作的提醒、纠正。在游戏爆发点之前,设计了分散大家注意力的过程。最后,对发出"开始"口令的时机的把握,要掌握最佳时机。

我们再来看一个活动的组织。

现在,我们大家做个游戏。请大家分成四队,一个单位一队,每队五个人。咳,这一队多了一个人,好,你先不参加了,谢谢。好了,请大家排好,四路纵队。

我们这个游戏叫作"蹲萝卜",我们先给各队起个名字吧,这一队是"红萝卜"队,这是"白萝卜"队,这是"蓝萝卜"队,这是"绿萝卜"队。

等一会儿,我会喊"红萝卜蹲,红萝卜蹲,红萝卜蹲完了白萝卜蹲,或者蓝萝卜,或者绿萝卜。"喊到谁蹲,谁就蹲下。没有喊到的就不蹲。喊到了谁没有蹲下的,就被罚下场,没有喊到自己就蹲下了的,也要被罚下场,哪个队的队员都被罚没了，哪个队就输了。咱们大家先试试？

现在，从红萝卜开始（指红队）。红萝卜蹲，红萝卜蹲，红萝卜蹲完了绿萝卜蹲。哈哈，有人错了，该蹲的没有蹲下，不该蹲的蹲了。

好了，现在游戏正式开始，从红萝卜开始，大家注意力集中——

（指红队）红萝卜蹲，红萝卜蹲，红萝卜蹲完了白萝卜蹲。（白队蹲）白萝卜蹲，白萝卜蹲，白萝卜蹲完了绿萝卜蹲。（绿队蹲）绿萝卜蹲，绿萝卜蹲，绿萝卜蹲完了蓝萝卜蹲。（蓝队有一人未蹲），咦，有人出错了，请出来。谢谢。

好，大家保持注意力集中，我们继续。

……

大家注意，咱们再来，（指蓝队）蓝萝卜蹲，蓝萝卜蹲，蓝萝卜蹲完了花萝卜蹲。（大家茫然）哈哈哈，谁也不蹲呀！

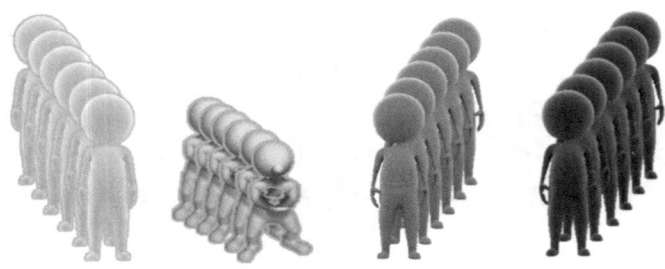

在这个好像很简单的游戏的组织中，主持人除了前两个活动中的组织手段，还有预演试错的过程，更多的是不断对大家的呼唤提醒，有趣味悬念的设置，有声东击西的误导，有同步节奏的协同动作。主持人在这个过程中，除了是组织者，还兼做了裁判员"严格执法"，当了啦啦队为大家喝彩，还从解说员角度有所评论感叹。

所有这些组织的过程中，时间点的把握极为重要，就是俗语说的"火候"，现场人们的情绪、动作中哪个点是恰到好处的，效果最好的？这是一种感觉，要靠主持人的经验！

现在，大型的文艺娱乐活动很多，还有很多商务活动，也包括红白喜事的各种主持，都需要主持人有很强的现场组织能力。

再看一个组织虚拟人群的案例。

这是时任中央电视台节目主持人李咏在2005年的春节晚会上对电视机前的观众一次虚拟组织。虽然是在中央电视台演播大厅的春节晚会上，在大约1000名观众面前，但他实际上是对亿万电视机前观众的虚拟组织。虽然这次组织人群的过程是虚拟的，但是作为一位主持人，他的组织能力已经显示得非常充分。

我们能感到，他想象到了面前众多的人，人们的理解、反应、动作、思索、跟随、猜测、认定、会意……

我们能看到，他有对电视机前观众的呼唤、说明、提示、指导、示范、带领、提醒、判断、推测、评说、感叹等，带领大家共同计数，重复重点，逻辑演绎，让步思考，最终认定……

好了，已经一个半钟头了，电视机前的观众朋友，想我了吧？ 　　接下来呢，就由我和电视机前的你，我们来做一个游戏，春节晚会有史以来真正的零距离的互动。来，每家尽快选出一位代表来到电视机前，伸出你的手，接住我的手。 　　就这样不要离开。	
正如各位所见，这儿都是央视的名主持，我的手上是现场的四位主持，现在我把他们的顺序打乱，我要让他们背对着大家。今天晚上，你们在家里，从这几位当中选出一位你们认为长得最漂亮的，也就是最美丽的节目主持人。	
请听我说规则，首先你在5到15之间任意选择一个数字作为你的密码。你选的数字我完全不知道。待会儿当你移动手指的时候，记住要跟密码完全相同。手指点的照片只是起点，数密码的时候要从第二张开始。比方说你选择的是6，注意！开始——1，2，3，4，5，6，这就是最漂亮的主持人。 　　好了，电视机前的朋友，没有伸出手的朋友赶紧出手，这是一次机会不要错过。记住你的密码5到15之间。准备好了吗？那我们准备——开始！1，2，3，4，5……	
好，手停在你的密码上不要动，接下来，（拿掉前三张）按照你刚才所选的密码，从相反的方向再走一遍。记住，手点住的照片是起点，要从下一张开始数。准备1，2，3…… 　　好，手放在屏幕上不要动。你们可以想象一下，现在全国有亿万观众在玩，我的眼前有亿万根手指，但是我知道，你们的手指不在这儿，也不在这儿，也不在这儿，当然我还知道你们谁也没有选他，我完全同意你们的看法。	

好了，接下来，手指行动的方向由你们自己决定，或者朝这边，这边，这边，这边，都可以。从手按的照片开始数，现在我需要你们走四步，开始。1，2，3，4。

　　好！手停在屏幕上不要动。虽然有亿万根手指在我的眼前晃动，眼花缭乱，但是我的脑子不乱。我知道你们的手指没在这两位的身上，也许你刚才在这个地方犹豫过，也许你的手指停在这里，但是我知道现在你的手指不在这儿，非常可惜。

　　记住，密码可是你们自己选的吧，我不知道；行动的线路也是你们决定的，我也不知道，而且你在家里，我在春节晚会直播的现场。你信不信，我知道，你们的手指点在一个人的身上。就是他对吗？中央电视台最漂亮的主持人。

　　哎，既然是你们选的，你就要认账噢！

　　谢谢！

　　组织人群的种类很多，尝试着在更多活动中提升自己带领大家有效行动的能力吧。

6. 随机应变

广播电视节目的决策人是导演组、策划班子，而在节目进行当中，场上的指挥员就是主持人。当节目需要控制时间的时候，主持人的语句可长可短，随机掌握。当节目出现始料未及的情况时，都要由主持人因势利导，相机处置，及时补救，优秀的节目主持人甚至能够在随机应变中为节目增添光彩。

在主持节目的过程中，随时可能发生意想不到的事情，与事先规划设计的程序相违，打破原有的计划，还可能阻断节目的进程，迫使节目停下来，不能继续进行。

如果是录像后经过剪辑再播出的节目，有可能停下一会，经过讨论磋商，有了解决方案继续进行。即使是能够暂停一会儿，也要自圆其说，安稳住现场观众。

录播时出现的小问题比较好解决，简单地重来一遍就行。有时录播也可能有过不去的坎，那还可以喊停，商量一下解决办法。

如果是现场直播的节目，众多屏幕前的观众都在看着，强行中断节目会产生重大损失，不仅有财产的损失，还有人心、信誉的损失。

怎么办？

需要主持人随机应变。以主持人的应变能力、手段化解矛盾，使节目顺利地进行下去。就像小河流水，遇到了一块石头，灵巧地在石头前转一个弯，然后又迅速地冲下去，欢快地继续流淌。

什么样棘手的问题都可能遇到，防不胜防，考验着主持人瞬间的组织能力。

当然，这其中也有规律可循。不慌乱，才能头脑清醒。语言要清晰，话语要简练，语态要自信，层次要分明。

事到临头想什么？

➢ 想思路。应对的思路有几条？延续的思路？旁枝的思路？逆向的思路？事情关联的各方？放大开阔的思考范围，想可能的各种后果，然后决定下一步做什么。

➢ 想说明。向谁说明？说明什么情况获得支持？怎样的说明有效？以什么方式来说明？

➢ 想说服。讲大道理？讲小道理？数据？情感？细节？说服哪一方使其有让步的可能？这一方的自尊、宽容？那一方的优势、未来？进？退？攻势？守势？以攻为守？

以守为攻？

> 想方法。用什么办法能解决面对的问题？漏水堵漏？有火降温？针对问题想对策。注意："前有理解后有谢谢。"在众人面前一定要在对人尊重的基础上行事。

> 想补救。已经这样了，还能做什么？因为节目方案走向心中有数，就能想到绕路？跨越？避让？迂回？将错就错？继续进行还是暂停？怎样赢得时间？

> 想借力。借现场观众的热情？借时下的社会舆情？借人人皆知的历史典故？借成语？借健康流行语？借大家有共鸣的广告词？

> 想情感。谁和谁有情感？谁的情感有力量？

> 想幽默。能不能幽默化解？怎样幽默？在哪个点上幽默？怎样的幽默不低俗？

这些方法，可能会综合使用。

应该由主持人现场解决的，要不退缩，不越位，不失声，在自己的范围内积极、活跃、极速地思考，要挺身而出努力化险为夷。

如果超出权限范围，主持人不可越权，要做好分内的事情，为团队和领导创造解决条件，要聚力呼应，而不要自以为是去添乱。下面举几个例子：

例1

早年，某年春节联欢晚会，当最后一个歌舞节目表演完了，主持人出来说结束语，她告诉大家："今晚有一对夫妻艺术家来到我们晚会的现场为大家表演。丈夫是刚刚为大家演唱的男高音歌唱家×××，妻子是舞蹈艺术家×××，现在就在舞台上，她是……"本来想指出是哪一位演员，可是抬眼一看，一排女舞蹈演员统一服装化妆后，好似同一个人，一下分辨不出来谁是谁了。这可怎么办？灵机一动，她就对着女舞蹈演员们说："请你自己走出来吧。"于是那位女舞蹈家就笑着向前迈出一步。

这是用逆向思维方式解决了难题。

例2

某著名女主持人主持一档晚会，在讲话完毕准备离场时不小心摔倒，她不慌不忙站起身机智地说道："我的狮子滚绣球表演完毕，下面请大家欣赏接下来的表演。"全场观众被她的话逗笑，为她的自信赞叹，响起了热烈的掌声，她顺利地化解了这场尴尬。

这是热情爽朗的自嘲式幽默解围法，表现出主持人很自信。

例3

在内蒙古沙漠旅游项目中，有一场晚间的露天表演，观众大约有千人。其中有一个环节是邀请现场的四男四女参与有奖活动，主持话音一落，从观众席上下来了四女五男到场子中间。主持人一数人数,为难地说男子多一位,怎么办呀?大家也为主持人感到为难。就听主持人干脆利落地说,这样吧,你们最后上来的这两位,把手伸出来,石头剪刀布吧。来,请伸手,"石头—剪刀—布",一样,再来,"石头—剪刀—布","石头—剪刀—布",啊,不好意思,请你回去吧。谢谢!

需要淘汰一个人,这个方法简单,好用!

一分钟之内,一下子难题就解决了,活动顺利进行。

例 4

在一次春晚的彩排中,一位青年美声歌手在上场的时候不慎摔倒。面对这一突发状况,主持人临场发挥,说了这样一段话:"刚才歌手××不小心摔倒,好在没影响到她的演出。其实春晚就是这样一个舞台,能站在这里的都是最优秀的演员,大家都是摔倒了又爬起来才走到这里的!"巧妙化解尴尬气氛,这段话既落落大方,又饱含哲理。

摔倒,有多重理解,用生活的哲理类比诠释,恰到好处。

例 5

有一场几所初中生参加的知识竞赛节目在演播室录像,比赛中某一方选手答题,不很完善,可以判定得分,也可以判定不得分,其实这个难题应该抛给现场出题的专家,但是主持人经验不足,说了句"那也可以算正确是吧"。此时,观众席一位带队的老师站起来很强势地说:"我们是来参加比赛的,比赛要公平,怎么能是'可以算是正确的'?如果这样,那我们就退出,不参加了。"说罢就要等说法,否则就带学生离场。

主持人当时有点反应不过来。节目团队里的一位资深编导走到演播室中间,大声对大家说:"大家的心情我们理解,大家来比赛是做了充分准备的,是要在竞争中获得更多的知识和能力的。我们所有的人都认为,比赛就应该公平。刚才的答题有点不全面,但是基本要点是有的,相信知道这题的同学也会这么认为。只是我们的主持人表达有点口误,应该判定'回答基本正确',只是她说得有点不规范,那位老师批评得对。我想,大家来这里,'友谊第一,比赛第二',通过这次竞赛获得更多知识是最重要的,当然比赛也必须公平。相信大家能够理解并且原谅主持人的这一句不太规范的口误,更相信大家顾及这一场节目数量不小的投资。现在,请大家坐好,请主持人准备好,我们继续吧。谢谢老师,谢谢同学们。"(全场鼓掌,节目继续)

是非要明确,正确、错误要说明白。

在此基础上,以守为攻,说服大家要顾全大局,以高姿态宽容谅解。

在很短暂的时间里,头脑中的联想是从主持人逻辑能力和记忆库中涌现出来的。而这里的能力和库存就是主持人的知识、阅历和修养。

俗话说，多好的刀伤药，不如不受伤！

无论多么好的随机应变，不如现场不出情况。所以，最好是做好充分的准备工作，把方方面面的事情都想到了，以求万无一失。

事先的准备，还包括针对有可能出现的突发情况而设想各种应对的预案、应对物资、应对道具、应对措施、应对人手等。有人会觉得，想了那么多预案，都没能用上，预想的事都没有发生，没有想到的事倒是出现了。其实，由于有了对多种情况的应急准备，对处理突发事件也会很有帮助。

主持人也有可能在主持过程中出现口误类的错误，这时的原则是，掩饰错误而不是强调错误。

一般的个别字音说得有缺陷，可以不考虑它，继续说下去，听的人不会留有什么印象，决不能停下来强调错误，更不能有翻眼、吐舌头之类的动作。

实在措词有不妥的地方，可以及时重说一遍正确的语句，出错的地方很快就会被人们忘掉。

也可以用补充的方法换一个角度多说几句，话说得全面了，错误也就不存在了。此外，在比较活泼的节目里面还可以开个自嘲的玩笑，然后再重说一遍正确的语句。

第八章　塑造形象

形象，是人们对某一事物的整体感知。能引起人的思想和感情活动的形态，作用于人的视觉、听觉，以及更多的感知。

播音员、主持人的形象，是工作的重要组成部分。

形象，有天生的部分，也有在成长过程中形成的部分，还有人为调整和改变塑造的部分。

本章分别讲述了播音员、主持人形象各个方面，讲述了新闻播音的抽象形象和主持人的个性形象，还讲述了形象的心理部分。

希望每位播音员、主持人能够以更适合时代的形象出现，为社会发展增加力量，为大千文化增添光彩，为人们生活增加快乐。

1. 基础形象

　　播音员、主持人的形象包括听觉形象和视觉形象。它们各有各的功能和社会需要。比如，人们开车、骑车、走路、跑步、做饭、做家务的时候，目光不能去看屏幕，多数情况下靠听。看屏幕的时候，人是比较专注的。

　　听觉形象，是每个人根据自己的经验从听到的语音而想象出来的形象。这样的形象可能与真实的形象不完全一致。有人的声音显得年轻，有人的声音显得成熟，有人声音明亮，有人声音沙哑……一般来说，声音形象与其本人的真实形象差别不会太大，但是经过训练的声音，可能会与一般人的经验有距离，甜美的声音会让人想象漂亮，明亮的声音让人想象高大，轻盈的声音让人想象温柔，奔放的声音让人想象魁梧等。能够在广播中通过声音塑造出人们喜爱的声音，是广播里的播音员、主持人非常值得高兴的事情。当然，这也是需要下一番功夫的事情。

　　视觉形象，可能没有声音，比如照片、画像。但是屏幕上的形象，一般都包括了声音，只是人们更多注意视觉的接受，声音形象如果没有特别之处，往往有所忽略。

　　在广播电视里，最基础的自然形象是男女。男女的区别，声音一听就能辨别，相貌直观就可以看出来，加之服装、发型、举止体态，更进一步的语调、性格、处事的方式，就更加好区分。每一位播音员、主持人自我心理的男女定位要准确，正常情况下没有问题，要在明确的定位下有丰富的表现。特别是同一屏幕、同一现场、同一舞台、"同框"时，更要注意强调男女的区别，以及在节目表达中体现出男女各自不同作用和功能。

　　在自然形象的基础上，要经过一定的手段美化播音员、主持人的形象。

　　声音形象要通过练声来提升。

　　不仅是要在一般要求下练习声音通畅、圆润、明亮，还要在此基础上根据自己的先天条件，以及节目的需要，进一步强化声音的个性化和丰富程度。这是播音主持学习的基础。

　　视觉形象可以通过化妆、服装来美化。

　　播音员、主持人的化妆是一门专门课程。播音员自己应该明白，化妆的概念不是传统戏剧中的面目全非的概念，而是为了适应电视灯光照明的需要，为了强调某一部分，掩盖某些缺点。化妆不追求彻底改变自己，应该是在原有的基础上的改善。

化妆要考虑灯光的色温、灯光的角度，还要考虑电视高清程度的要求，考虑与服装的协调一致。

化妆还有年龄的区别，节目栏目要求的区别，以及浓淡风格追求的区别。

播音员、主持人化妆塑造的形象总体追求应该是新闻工作者的形象，不是艺术家形象，不是个性很强的特定角色人物形象。相比之下，主持人比播音员化的妆可能更活泼一些，更个性化一些。

由于新闻工作的性质，每位新闻播音员要掌握自己的化妆特点、化妆程序，学会快速化妆以适应正常工作。

发型是化妆的组成部分。不同节目有不同的发型要求，有的节目需要朴实庄重，有的节目需要活泼新颖。但是要划清新颖与怪异的界限。

与化妆相关的就是灯光，灯光也需要专门的教学课程来学习。灯光对人、物造型的表现有十分关键的作用。灯光可以美化，也能够丑化人的形象，还可以突出表现人的某些特征。一般电视演播室里的灯光都比较亮堂，大部分节目栏目的灯光也都是亮堂的，光铺得均匀，满足电视机前的观众的视觉需求。在明亮的基础上有灯光的层次，有男女的区别，有主持人与背景的区别。灯光对播音员、主持人的美化作用非常明显，播音员、主持人从电视屏幕走出来，人们会发现现实中的他与电视里的他可能有判若两人的感觉。

播音员、主持人的服装是基础形象的一个重要部分，服装也是需要在专门的课程中学习。服装的式样、色彩、装饰千变万化，而且随着时代潮流发展，日新月异。男新闻主播通常就是深色西服，每天换不同的领带，女新闻主播的服装几乎天天有变化。总体上说，新闻播音员的服装要在端庄中显活泼，而且要与当天新闻内容协调一致，播报节日喜庆的内容与重大灾害悲伤的内容时服装肯定有所不同。主持人在节目栏目中的服装要比新闻播报显得活泼一些，多姿多彩。主持人服装要与栏目特征相一致，比如社会民生栏目与影视艺术栏目的主持人服装有差别；少儿栏目与旅游栏目主持人服装也有不同。选择播音员、主持人的服装，是艺术审美能力，也是时代审美的功力。

声音悦耳，相貌形体悦目，服装得体时尚，是播音员、主持人最基础的形象，更进一步的形象定位塑造以此为起点。

2. 新闻播音的抽象形象

新闻播音员，现在人们更习惯称"新闻主播"。

新闻播音，包括播报发布时事政治社会民生各个方面的新闻事件和宣讲发表大大小小不同类型的评论。

新闻和评论来自本地和各地各方面的记者撰写的报道，由本编辑部或者其他媒体各界人士撰写的评论，都不是由主播们自己撰写，也不是来自主播们自己心中产生的思想，只是要由主播们讲述给听众、观众们。

虽然新闻播音播报讲述的是记者和编辑们撰写的文稿，但是播音员要把这些内容"融"到自己的思想里，"化"为自己想说的事和理，"嵌"进自己的态度和立场，"生"成自己内心要说的话，然后滔滔不绝地向社会讲述。

新闻播报的内容往往是社会重大事件，包括政治、军事、文化、科学、教育、体育等，在讲述这些大事时，需要播音员在某个时代全社会绝大多数人共同的立场态度上来表达。

这是一个不是自己，又必须是自己的思维过程。

这时，新闻主播的形象，是一个是我又不是我的抽象的形象。所谓"是我"，确实是我自己在话筒前、镜头前播报；所谓"不是我"，因为我是在代表一个很大的集体向社会讲话，这个集体是新闻编辑部，是所在的广播电台电视台，是广播电台电视台后面的社会舆论、社会意志，这个社会舆论和社会意志应该是社会公认的公平正义道德规范，在中国体现在各级政府的态度和立场，体现在共产党领导下的各方面的方针和政策。宏观上大家共同学习领会党中央和政府的文件，具体指导可能在各地的党委宣传部和广播电视局。

实际上，这其中"非我"的形象更重要、更强大一些。因为听众和观众往往把新闻播报直接当成政府的声音。

这样，播音员的形象实际上是抽象出来的形象，即代表全社会共同利益、根本利益的客观、真实、公正的而且有正义权威感的形象。也就是我们常说的新闻形象，或者新闻播报的形象，新闻工作者的形象。

在这样强大的抽象形象下，播音员自我的形象削弱了，也被人们忽视了。一般不敏感的人感觉所有广播电视中的新闻播报就只有"一男一女"两个人。

由于新闻文稿写作修辞的特点，书面语、正式词多，长句、复句多，时政内容多，语言速度要比较快，就使新闻播报形成了自身的一些特点。实际上，几乎所有广播电视中的新闻播报的方式都训练得趋于一致，包括发声吐字的位置、语速、语调、表达神态……某些非常个性化形象的新闻表达，不符合这方面的语言规律，可能受到一定程度的社会认可和一部分听众、观众接受，但是终不可能站到主体的位置上来。

所以，新闻主播要明确并且注重自己的抽象形象。几乎全世界严肃的新闻播报都是这样。

当然，无论怎样的抽象形象，还是离不开每一个人的具体形象。

一般印象中的"一男一女"的新闻播音员，有个体细微的差异，如相貌、声音、风格等。有人新闻播报语流自然流畅，有人新闻播报情绪洋溢激情，有人新闻播报节奏刚健明快，有人新闻播报神态庄重沉稳……

还有水平高低的差异。对新闻事件的认知，对人生道理的理解，对表达分寸的把握，都会有差距。有的更准确，有的更深刻，而有的可能失于浮浅。听众、观众会有所评判。

时间是利刃，如果天天看到某个新闻播报的"一男一女"，天长日久听众、观众自然而然地也能记住他们了。这样也就认识他们，适应他们，甚至推崇他们了。

不过，即使是这样，每次新闻播报的"这一个"形象，仍然是在抽象形象笼罩之下的个性，是统一融合在新闻播报的总体新闻形象中的。

3. 节目主持的个性魅力

相对于播音员，主持人形象带有强烈的个性。节目栏目的风格不同，肯定要求与其一致的主持人。这就决定了主持人需要有明显的个性，并且把个性展现出来。

我们试着用一个比喻来说明。新闻播音好像某个执行公务的警察在路上检查身份证，提出问题，可能我们在配合检查之后就离开了，只记得他的警服、警务的一个抽象的警察形象，并不记得他是谁，更不会对他的个性留意，最多模糊地记得他个子比较高，声音比较洪亮，并且很快遗忘，只记得他是个警察。而主持人很像是你家片区派出所的那位民警，他负责你这一片地区，经常来你家附近为大家服务，也有时来你家谈谈，你认识他熟悉他了，知道他和其他民警不同，记得他的音容笑貌，他的举止体态，许多他的个性，他就是他，而不是别人。走在路上，在商场里遇到他一下子就认出他了，还可能要寒暄问候几句。

这个熟悉的主持人，不是按照新闻播报那样使用统一方式训练的声音说话，甚至没有经过专门的发声吐字的训练，他一开口人们就听出是谁，他一来就能吸引某些观众、听众。主持人的服装可能没有那么端庄，发型可能更为活泼一些，化妆可能更有特点。主持人的个性不仅表现在音容笑貌，还表现在他的思维方式、处事方式、口语修辞的方式、手势体态。虽然主持人台词可能是撰稿人写的，但是在谁口中说，怎样说，以什么风格说，话赶话说的过程中有什么加减变化，都是有很大的个性区别的。

在一段时间里，主持人就是某一个节目栏目的代表形象。在观众、听众心中，提起某个节目，就会让人们想到它的主持人；看到或者听到某一主持人，就会让人认定这是哪一个节目。主持人就是这样一个在观众、听众心目中很具体的朋友，并且还是很喜欢的朋友。喜欢这个主持人才会爱看爱听他主持的节目，不喜欢他就不怎么看或听他主持的节目了。

主持人在观众、听众心中的形象是逐渐树立的。最早可能是在屏幕上、收音机里初识，刚刚见到听到，觉得有好感，然后对他有所关注，再就是熟悉他，进一步是喜欢他，以至于达到信赖他，与他心心相通。天长日久，他能够成为观众、听众内心深处心仪神往的朋友。

突出主持人的个性，可能是节目栏目的成功之处，也可能是主持人成名的基础。

主持人和节目的关系犹如鱼水关系。主持人的成长和成名都是与节目的发展和辉煌相辅相成的。实际上,有的节目是"人托戏",就是主持人的形象强化了节目,有的节目是"戏托人",就是节目设置的机制突出了主持人。

主持人在节目中的作用,从表面上看是节目之间的串连和衔接,其实还要是节目风格的体现。这就需要主持人有鲜明的个性。

有些节目栏目的设置,使主持人的表现靠近新闻播报的样式,没有给主持人更多表现其个性的机会和空间,这也是正常的。其实,在播音和主持领域,在抽象形象和个性形象之间,没有可能划定严格的界线,只是总体上各自特点鲜明。

强调主持人的个性,同时要看到所有主持人的共性。广播电视主持人都是党和政府声音的代表,是社会公众意愿的体现,是社会公序良俗的体现。他们具有媒体的态度、立场、倾向,他们是栏目的代表,栏目风格的体现,他们将对生活的热爱,对生活的信心注入节目中。所有这些共性并不一定直接显露,是融在每一个性之中的,在多姿多彩的个性表现过程中被人们接受。

4. 音色与表达风格

什么是音色？"音"是固体物质振动并经由空气传播发出的声波，是人耳能够感觉到的声音；"音色"是指因发声体的谐音（泛音）成份比例不同而产生的不同声音。大自然中的任何声音都是由复杂的波形组合而成的，这种复杂的波形除了基本频率的波形之外，还会有一系列的谐振频率，也就是所谓的"泛音"，它与基音有一定的"倍音"关系，例如某种物体振动的基本频率为240Hz，但同时会发生480Hz（二次谐波）、720Hz（三次谐波）等频率，每一种物体的谐波比例都不尽相同，这种不同物体所产生的不同的谐波成分所组成的声音就是音色。

两把小提琴的声音听起来有一点不一样，两架钢琴的声音听起来略有不同，这就是音色的差别。

人的声音也如此。人的声带长短宽窄薄厚不同，发出来的声音也不同，细微的个性不难被耳朵辨别，有时隔着墙听一声咳嗽都能听出是谁。

每个人都有自己的音色，可能有些人的声音很相似，但是仍然是有区别的。每个人的音色是其声音形象的基础。

音色可以通过训练有一定的改善，可能有不同方向的改变。

为了塑造自己的声音形象，主持人要了解自己的声音特点，以科学的方法改善声音，扬长避短，形成自己独特的音色。一般播音的发声吐字训练，是指向统一方法，统一位置的。主持人的发声和吐字，要在一般训练的基础上，努力形成自己与众不同的个性音色。

甚至，没有经过发声训练的某些主持人，因为声音的特色与个人的其他特征结合，也形成了独特的魅力。

除了音色，表达的风格不同也是人的个性表现。一个人自己的声音在说不同事物时，也有不同的音色；一个人的心态不同时也有不同的音色；一个人不同年龄段的表达也有特定的风格。

腔调，更不会每个人都一样。有人高亢，有人低婉，有人透出天真，有人显露理性，有人带有力量，有人含着妩媚。播新闻，大家的腔调向一个方向靠拢，否则不被社会承认是新闻播音,播出的新闻可信度会减弱。主持节目最好各有各的腔调,形成各自的风格。当然,有个性的腔调也应该是有审美追求的,不应该是原始自然的说话状态。

在声音形象里,话语的节奏型变化和特征有重要意义。

这里借用的是音乐的概念。在音乐表现中,节奏是音的长短关系,是不同长短音的组合。节拍是音的强弱关系,音乐中的重拍和弱拍周期性地有规律地重复进行。我国戏曲里称节拍为"板、眼","板"相当于强拍,"眼"相当于次强拍(中眼)或弱拍。在音乐旋律中,节奏和节拍将时值长短强弱不一的音组合在一起(音长和音强的组合),二者是统一的,又统称为节奏。不同的乐曲段落有不同的节奏节拍的组合类型,称为节奏型,音乐的节奏型常被比喻为音乐的骨骼。节奏型各种各样,千变万化,无穷无尽。

自己唱歌,听别人唱歌,都能明确地感觉到,不同的乐段里有不同的节奏型。

说话的语言也有很明显的节奏型。不同地区的方言就有不同的节奏型。如四川方言往往把一句话的倒数第二个字拖长音,上海方言中字音比较短促,北京方言常常在表达重音时把那个字的字腹(主要元音)放大加以突出。

同是普通话,每个人说出来的话也具有不同的节奏型,可能源于各地方言,可能受性格的支配,也可能是受边说边想的习惯影响。语言的节奏型具有生动的个性。

播报新闻,虽然受到内容和语句特点的影响播报的方式趋同,但是也有不同风格形成的不同节奏型,细微之处有区别。有的是自然流畅的,有的是铿锵锐利的,有的是连贯深邃的,有的是跳跃明快的……即使是大体上一致的新闻播报表达,播音员也要对自己话语的节奏型有设计、有追求,力求在共性表达的基础上有所不同。这是自己整体形象的一个主要的部分。

主持人声音的节奏型必然要有明显的个性,节奏型的个性与自己的其他个性组合在一起,形成自己鲜明、丰满的个性。

当前,很多主持人都在相互模仿同一种节奏型。千人一型,这是一种遗憾。创造自己独特的语言节奏型,是每个主持人塑造自我声音形象的重要任务。

没有独特个性的节奏型,就在很大程度上失去了主持人的语言魅力。

不同的节目也要求主持人有不同的声音个性。

比如,夜间节目的主持人,要把声音压低、减弱、放慢,有近距离在耳边轻轻地表达的感觉,音色、节奏都有明显的暗示,夜深人静的时候不要打扰别人休息。听着这样的声音,能影响到听众,使其举手投足动作都小心翼翼了,走路都轻缓了。

比如,激情饱满的竞赛节目里,主持人的声音是欢乐的、高亢的、活跃的,不仅带动现场的气氛,更让屏幕前的观众被吸引,饶有兴趣地观看。

每一位播音员、主持人要对自己的声音特点有了解,对自己的声音形象有塑造,对自己的声音效果有追求。

5. 表情、唇形、眼神

每个人的相貌不同,就决定了每个主持人的表情和眼神不同。听别人讲话,不仅在听,还能看,看到讲话人的表情和眼神。表情和眼神是人内心世界的显现,也在一定程度上修饰着人的形象。每一位播音员、主持人要让自己的表情和眼神生动,具有独特的魅力。

一个人的面部表达情感的表情,是在少年时代向周围的人学习的,这种学习是不知不觉进行的。仔细观察,一个人的表情有相应的地域特点。比如,在北京市居民区胡同里长大的人表情动作比较多,开合的幅度比较大。再如,某地区的人表示强调什么事情的时候,下唇会向下外侧扯动。又如,有人表达较强的情感时脖颈会微微伸动。小时候,家人的表情,周边邻居、老师、同学的表情,都会影响到一个人成人以后的表情。

原始的表情的确有雅俗之分。每个人原始的表情并不一定是最美的,有可能是比较俗气的。随着年龄的增长,人的表情也会有变化,这与一个人的知识能力和审美情趣的提升有关。同样的一段讲述,有人会表现出惊讶好奇,有人会表现得神秘新异,有人也许会伴有世俗的嬉笑,有人会显出睿智的幽默……

播音员、主持人在职业领域里要练习自己的表情,追求人类共同的美的表情,在共同美的基础上继而表现自己的更多个性表情。出现在公众面前的主持人应该具有良好教养的表情,抛弃不恰当的不美的表情。还要逐渐形成自己特有的风格。

要重点练好两个表情。一是微笑,上排牙露出6~8颗牙齿;二是感慨万千,要找到适合自己的美的感慨万千。这两个表情使用范围广,而且有助于练习其他表情。

当然,作为职业的播音员、主持人,还有更多的表情要练习。围绕着喜怒哀乐悲恐惊,有平和、庄重、探讨、敏锐、高兴、欣喜、激动、振奋、惊讶、怀疑……

要对着镜子练习。在镜子中找到,我这个年龄、身份、相貌,什么样的微笑和感慨万千是得体的,怎样的表情是具有美感的。

要特别注意唇形。作为表情中的一个组成部分,唇形的基础状态是"一"字唇。上唇基本上是水平的一条线,下唇自然跟随。说话时,不同语音的"开、齐、合、撮"唇形都是在这个基础上做动作的。其实,发声训练中的"提颧肌,挺软腭,打牙关,收下巴",不仅能使声音悦耳,还能造就美的唇形。

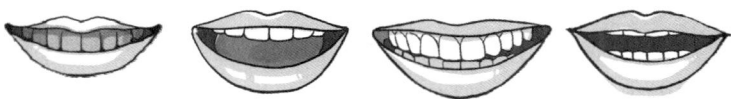

有的播音员、主持人,从小受周围的人际环境影响,说话时唇形的习惯动作不佳。比如,有人习惯两个嘴角使劲向下坠,上唇时不时折成梯形;有人下唇习惯用力向下咧,甚至咧成几乎是方形。那都是不美的。要有意识地自我训练纠正自己的唇形。这实际上是自己的形体训练重要的一部分。

 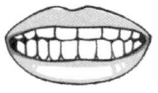

眼睛是心灵的窗口。主持人的眼神流露出来的是他真实的内心世界,眼睛在伴随语言向观众传情达意的时候,不仅因不同的内心世界而有所不同,也会因各自的修养不同而有不同的神态,在眉宇之间有自己与众不同的表达方式。

同样的心情,同样的认知,眼神传达的能力也有差别。播音员、主持人要通过练习具有一双传神的眼睛。可以做盯住凝视和转动眼珠的练习。

凝视。戏曲演员每天点上一炷香,眼睛聚焦看着红红的火头,直到燃完一炷香。播音员、主持人可以盯住一幅画、人像,或者是摄像机镜头,看着它,不说话,可以播放音乐,想着把音乐通过眼神传递给对方。

转动。

练习1,眼珠环绕向四面缓缓转动,顺时针5圈,逆时针5圈。

练习2,眼珠努力上下观看,自左向右扫描,然后自右向左扫描,各3遍。

练习3,眼珠努力左右观看,自上向下扫描,然后自下向上扫描,各3遍。

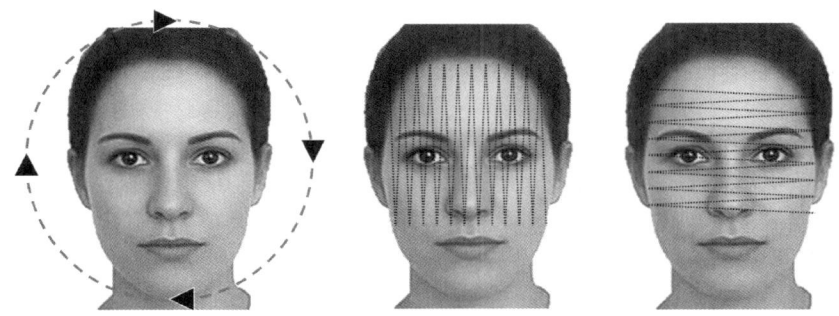

要经常观察研究影视剧中人物的表情和眼神,注意周围人优美的表情和眼神,借鉴他人,对镜子练习自己的表情和眼神,观察自己节目的录像,调整改进每一细微之处。使之习惯成自然,更有神采地展示自己的外部形象,更充分更丰富多彩地表现自

己的美好内心形象。

头部的动作。讲话的时候，免不了头会微微动，强化自己的语言表达。头的动作方向主要有摆头和点头两个，有时还有斜侧似点似摇的方向。这只是微微的动作，不是否定意义的大幅度摇头和肯定意义的用力点头首肯。讲话伴随的头部动作幅度宜小不宜大，自己的习惯什么样，自己心里要清楚明白。怎样做得更好，需要自己的个性把握。

主持人有时要对不同方向的人讲话，要左顾右盼。要特别注意，要转身—转肩—转头—转脖—转脸，眼睛随之同步转动。不能身体没转，头部没转，眼睛先转了。

新闻主播有时要转移目光，从看这台摄像机镜头转到看那台摄像机镜头，从看监视器画面转到看摄像机画面。这样转头、转视线要轻要准，要果断不犹豫。

这样的瞬间形象不妥

6. 手势、体态

听一个人讲话，在听的同时不只会看到对方的表情眼神，还会看到对方的手势、体态。手势、体态还能增强讲话人的自信。手势、体态是播音员、主持人总体形象的重要组成部分。

一、手势

分为上、中、下三区。一般简单的上、中、下区的手势表现方位，但手势还表现更多的意义。

眼睛以上的空间为上区，手超过上区的动作多表现美好、远大、境界高深。

脸前和胸前为中区，手在中区的动作往往是说明性的动作，具体形象的说明和抽象的说明。

胸部（肘关节）以下为下区，手向下区的动作多是贬斥性的。主持人不常用到。

手的动作可以分为手指、手掌、握拳三个动作。

（一）手指

指向具体的事物或事物的具体部位，指远方某一点，指某个抽象的概念。手指可垂直向上指，可向斜上方指，可向前指。除个别情况手指一般不宜指人，如若指人要注意手指要越过人的头顶，不能指人脸部。在屏幕前不能指向面前的屏幕——屏幕前的观众。手指的时候不能甩手腕，甩手腕有不礼貌的感觉。

手指表示数字，手指表示各种形象。

双手还有配合的手指动作。一手是手指，一手扳手指数数。手指交叉，手指指尖相对。

（二）手掌

有单手手掌、双手手掌。

指人、指物、指远方，更多的要用手掌。手掌伸出来可垂直、可水平、可斜侧，可松可紧。

单手的手掌动作，有伸出，推出，展开，上举，平托、平抚、按压、转动、挥舞……手掌的类似"切、劈"的动作有直向、左右斜向、横向、纵向等。

双手手掌动作的配合，可以有掌心相对，正对侧对，双手合拢分开，双手摊开推开,双手环绕,双腕内转外转。还有双手各种不对称的动作。

手的运动的路线,有三维六个方向。有向上、向下、左右、前后,其中还有直线、斜线、曲线、弧线等。

(三)握拳

拳头有五个位置,举过头顶的拳头、脸前的拳头、胸前的拳头、耳边的拳头、腰边的拳头。拳头的动作有上高举,上举,前捶,前上冲,前平冲(拳眼向左或向右),前直冲(拳眼向上)。主持人用拳头的机会比较少。

这些要素组合起来,会有丰富多彩的手势。对屏幕前的主持人来说,手势伸展的幅度不宜过大。注意,画面里的人在近景时手势不要伸出画面。

以上手势的要素集合起来会有成千上万,只要在个人"仓库"里积累二三十个手势就够用了。每位主持人要认真设计和训练自己的手势。能够有自己独到的手势体系,建立自己的个性仓库。当自己的"库存"有了二三十个手势,就完全可能随着自己的话语出手,变化自如。

有时新闻主播手里拿支笔,执笔的手势也有若干,也需要播音员自己设计。

手势参考图:

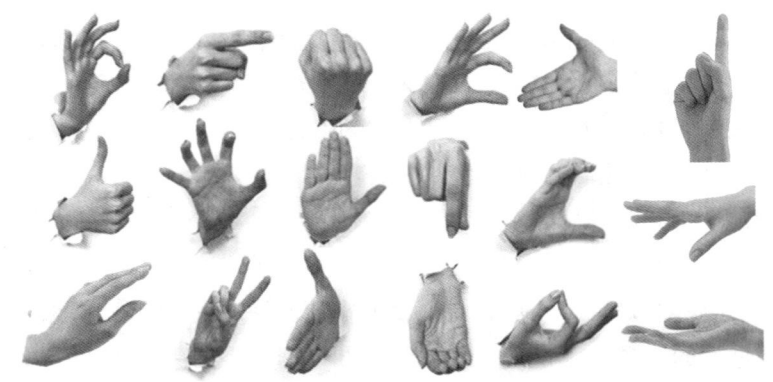

二、坐的形象

播音员一般坐在台子后边面对镜头。主持人有时坐在桌子的侧面,有时没有桌子。还有比较轻松的一些节目,主持人的座椅会有些不同,比如酒吧高登椅。坐要端正,健康的人只要正常坐稳了,人的身体就是端正的。坐着的时候,上身要保持垂直于地面,或者略小于90°。无论对面有没有人,无论是面对镜头,还是面对他人侧对镜头,都应如此。坐的时候,可能会左顾右盼,俯仰伸沉。要随即回归基本形象,那就是脊椎轻轻竖直。

三、站立的形象

播音员、主持人站在演播室,站在晚会和娱乐节目的舞台上,都要站好。站立的基本要领是：双脚平分重心，脚之间的开度小于肩的宽度，直到双脚并拢。可以等于肩宽，但是如果说等于肩宽，很多人都不自觉地站成了大于肩宽，所以就要求小于肩宽。女主持人可以站成"丁字步"。站立时膝盖要轻轻伸直，很多时候需要双腿并拢。同时脊椎要直，好似头顶向垂直上方找一个点。

站立的时候，有可能要移步，前移，后移，左移，右移都有。舞台上的人常说，脚下有根。站好了，不该动的时候，就不动，需要移步时，移几步，移到哪个位置，都十分清楚。没有碎步，没有废步。不杂乱，更不零乱。要防止无目的地踱步。

四、行走

播音员、主持人在演播室，在舞台，在现场，常常要从外面走进来，从某处走出来，从远处走过来，从低位置走上来，从画面中走出去……从这里走到那里。有时要边走边看，边走边指，边走边说。

行走时，要上身带着双腿前行，人呈现出积极的态势。行走得稍稍快一点儿，会带来一种积极兴奋的气氛，而且走得稍微快一点，也能掩盖一些走路姿势的不足。

转身。主持人在特定的场合可能要有"华丽的转身"，转身的动作要以人体纵向——从头顶到脚后跟——垂直轴为基础来转。向哪个方向转，就先转那个方向的那只脚。

体态需要练习，经过训练形成良好的形体身段，职业的播音员、主持人都要重视。

7. 服装形象

播音员、主持人要有一定的服装常识。电视播音员、主持人要天天和大家在屏幕上见面，服装的选择是一个课题。即使是广播的播音员、主持人，有时也要出现在各种公共场合，服装得体也是参加活动的要求。播音员、主持人的服装的样式、色彩，直接关系着自己的造型，也直接关系着节目的成功。从操作层面上讲，每一个播音员、主持人要有若干套适合自己的服装，以适应不同的节目和场合。

播音员、主持人的服装大致分两类：一类是比较庄重的，在新闻类节目中出现；一类是比较活泼的，在比较轻松活跃的节目中出现。式样和色彩符合节目的风格是服装的基本要求。比较活泼的服装要注意区别于参与节目的演员和嘉宾，增加辨识度。

不是要播音员、主持人设计服装，更多的是要有选择服装的知识和能力。

男播音员、主持人出镜的服装比较简单，基本上是西服。西服的特点是有好多个三角形，高个人不显高，矮个人不显矮，胖人显瘦，瘦人不显瘦。穿西服要注意一周内要天天换领带。男主持人有时还可以不系领带。

出现场时，男女主持人的服装更为多样，选择余地很大，给人以干练、扎实的感觉即可。上身是笔挺的，下身穿无裤线的裤子。

还要注意适合现场的环境。节日的现场与灾害的现场不同，严肃的现场与欢乐的现场不同。

服装款式外形主要有四种类型：（1）方形：方形的特点是合体、舒适、自由、能充分显示出细长的身材。（2）正梯形：特点是活泼、潇洒、美观。具有修饰肩膀部、夸张下部的作用，是一种常见的款式。（3）倒梯形：主要特点是严肃、庄重、大方。具有简明练达的风格。（4）X形：主要特点是能充分体现女性所独有的曲线美，具有长久的生命力。

长相和身材特别有曲线感的人，是非常女性化的，适合选择曲线的服装和发型。比如卷卷的头发，有皱褶的衣服、鱼尾裙等。长相和身材直线感的人，则非常适合现代时尚的简约款式，太过女性化的修饰反而矫揉造作。

对高大的人而言，在服装选择与搭配上，应注意：上衣适当加长以缩小高度，不宜穿太短的上装。服装款式不能太复杂，适宜穿横条或格子上装。服装色彩宜选择深色、单色为好，太亮、太淡、太花的色彩有一种扩张感，就显得更大了。

对矮的人而言，希望通过服装打扮拉长高度，故上衣不要太长、太宽，裤子不能太短，裤腿不要太大，裤子宜盖着鞋面为好，服装色彩宜稍淡、明快柔和些为好，上下色彩一致可造成修长之感。服装款式宜简洁，忌穿横条纹的服装。

对体型肥胖者而言，宜穿墨绿、深蓝、深黑等深色系列的服装，因为冷色和明度低的色彩有收缩感。

如果上衣是格子图案或条纹图案的，那么裙子最好不是同类图案的，而应是单一的颜色。反之，如果裙子是花的，那么上面则宜配素色衬衫。

上松下紧或者上紧下松，都是永远不变的经典穿搭法则，这样的搭配最显瘦也适合每位姑娘。

如果穿运动衫，最好是穿一套，脚上也应穿运动鞋，这样才显得精神、协调。切忌上身穿制服，下面穿一条运动裤。

上下装的质料最好比较接近。如果上身是笔挺的毛料，下身是一条没有裤线的布料裤子，那一定会显得不伦不类。

上下装的式样也应趋于一致，如果中式女外衣套穿西装裙，那显然不合适。穿直筒上衣或宽下摆女式短上衣，不要套宽大的裙子。

衣服领子类型有圆领、V领、方领、立领、翻领等。长脸的人宜穿圆领，圆脸的人宜穿V领。长脖的人可以穿立领，短脖人更适合穿翻领。

一种颜色只能表现一种风格，不同颜色的巧妙搭配便能变换出千百种非凡的风格。因此，如何使服装颜色巧妙搭配，对一个人的形象与气质有举足轻重的影响。

人的形体各有长短，天生完美无缺的人现实中是难以寻觅的。一个人体型上或多或少的缺憾，完全可以通过巧妙的穿着打扮而扬其所长、避其所短。

如今，服装已经完全个性化了。在我们的周围，除了正式着装，几乎没有两个人穿同样的衣服了。

当然，怎样选择服装，庄重与轻松，大方与活泼，繁复与简明，是每个人的文化心理、审美水平的体现。服装都要与时代的环境、地区的环境、工作的环境一致，与社会总体的审美爱好、审美情趣一致。

电视出镜的服装有两点特别的要求。

一是最好不穿纯白色的衣服。对摄像机来说，如果按照人脸曝光，衣服就过于亮了，画面不佳；如果按照衣服曝光，人脸就会发暗。

二是不穿高反差的细线或者圆点的衣服。因为电视是一个个特别细小的方格组成的画面。如果有斜线，就是锯齿形的线。衣服上的线肯定是斜线，不能是完全水平和垂直状态的，圆形也表现为锯齿形。高反差细条纹和圆点产生的锯齿形特别明显，人在做动作时，锯齿形会随着变化，在屏幕上会产生强烈的网纹画面和小虫蠕动的视觉效果。

8. 克服女声娃娃腔

在女主持人中，有少量的有明显的娃娃腔。声音像小女孩，腔调也像小女孩。不管是什么节目，讲话都是尖尖的嗓音，"嗲嗲"的声音，娇滴滴的样子。这是不正常的。她自己也想纠正，大家也帮忙，好像一时半会儿改不过来，自己和周围的人都很着急。播音员、主持人中的成年女性应该是知性女人，不是撒娇的女孩儿。

为什么会有女声娃娃腔呢？要说年龄也不小了，不是小孩子了呀！有人找发声的老师想纠正声音，但效果不是很理想。其实，女声娃娃腔的问题出在心理方面，并不是发声的问题，单纯从发声方面去解决，是本末倒置了。

一个年轻女性，如果自己的内心没有成长起来，性格没有成熟起来，还时不时地把自己想象成小女孩的样子，那她的行为、话语就会带有幼稚感。这样的女性，往往是在家里受到父母宠爱，受到爱人的呵护，家里复杂的大事都不伸手，累活、难事都是由他人解决的。在工作岗位上不对工作的总体目标承担责任，只是做自己局部的工作。对社会发展不关心，只享受自己的生活。

她的问题出在心理角色定位。可能连自己都不知道。她没有把自己定位为社会的正式成员，没有真正承担社会责任，没有真正认定自己这个播音员、主持人要对社会发展变化有实际力量的推动，总觉得自己就是用普通话念念别人写的文稿，别的都无能为力，也不想那么多，自己对工作、对社会有"撒娇"心理。如此，声音怎么能不是娇羞幼稚的样子呢？与播音主持的话语要求就有明显的差距了。

解决的方法就是让这样的女播音员、女主持人调整心理，努力使自己变成熟。比如，参加军训，参加有一定强度的体育运动，参与大视野的社会活动，开阔眼界，扩展心胸，并且在活动中承担管理的责任，多负责，多做事，多锻炼。在工作中给她压担子，让她有实实在在的工作担当。更多的是引导她认识自我，声音也就会自然而然地变得正常。

当然，要防止一种倾向倒向另一种倾向。要防止女播音员、主持人男性化，假小子形象。作为社会的正确导向，男女的形象要明确，要各有鲜明特征。女性的柔美、智慧、秀雅、敏锐灵动、落落大方，都必须充分表现，并且要明显区别于男性。不仅要表现在声音上，还要从服装、发型、化妆、神态，以及演播室灯光等各个方面来综合确立塑造。

女性在成长的各个阶段的心理变化大，要随着年龄的变化，适应自身心理的变化，要在若干年间不断调整形象定位。

最初，是青春少女的形象，洋溢着青春的气息，对生活充满了新鲜感和热情。

继而，是知性女性形象。工作几年以后，对生活有了更多理解，有更丰富的情感，有更充盈的心理，对身边事也开始更多地关注和思考。

再而，就是成熟女性形象。三四十岁，是在工作岗位上已经工作多年的老同志了，是工作中的骨干力量了，要被新来的年轻人称"老师"了，或者已经成为某一级的小领导，对工作有安排、有责任，对下级有表扬、有批评。出现在公众面前，更为热情、积极、稳重。

存在决定意识。在每个人的各个不同年龄阶段，各有各的优势，各有各的社会心理认同。谁都不能超越自己的生理生活的实际。

要清楚自己不同时期的特点，发挥优势，把工作做得更好。

9. 纠正男性女化现象

男人就是男人，女人就是女人，这好像是废话。

但是在相当长的一段时间里，我们的电视屏幕上的很多男主持人的性格有"女性化"的倾向，也就是平常人们所说的"男人女气"。所谓男人女气倾向，似乎是说不清道不明的事，可人人都能有感觉，其表现也是多方面的。从情感方面来说，这一部分男主持人在主持节目的过程中，有对事物过于细致的感受，过于细微的关注；小事当作大事来对待，"举轻若重"。在表情上，笑容的甜美多于奔放，严肃时显得小气，感叹时发出与被感叹事物不协调的夸大声音，幽默时又显得太认真。从举止来说，这些男主持人的动作中曲线过多，比如甩手腕的动作，下意识颈部、腰部扭动的动作。从语言表达来说，伴随着上述情感状态和身段动作，语调软绵绵的，句子"拐弯"过多，重音过多，停顿的气口碎，声音力度不够，有时还有些嗲。

作为新闻播音员，播音时自身的个性表现较少，男播音性格是否有女性化倾向，不易被人觉察。节目主持人的言谈举止必然展示更多的内心世界和性格特征，很自然就带出了女性化的倾向。

部分男主持人性格女性化有多方面的原因。我们不能不重温"存在决定意识"这一哲学原理。由于主持人这个职业在相当长的一段时间里，只是读别人写的稿件，功夫下在理解和表达上，对声音的控制是工作的重要方面。职业活动中缺少男性应该承担的力量型、复杂操作技能型、重大管理责任型的内容。如果在个人生活中也不参与踢足球类的一些男性特征十分强烈的活动，没有或者很少参加属于男性的重体力劳动，那么在意识中和举止上男性的特征就可能明显不足。

此外，还有其他一些原因。一是先前的一些男主持人的情况影响着后来的主持人；二是一些男主持人最初参加工作的时候，是女前辈指导工作的，在学习基本工作方法时不知不觉地将女性表达习惯也承接过来了；三是这一类男主持人中有些在孩童时期是在母亲或女性长辈的小心呵护下成长的"乖孩子"，弱者的心态曾经比较重，依靠保护者来面对生活中的人际纠纷。

个人的修养没有较为强烈的男性特征的人，在生活中我们也常见到，只不过并不太引人注意。但是在电视屏幕上，男女共同完成主持节目的任务时，角色之间的对比就产生了强烈的效果。前后节目中的男女主持人、各台同时播放的节目中的男女主持人也在客观上产生了对比。观众心理期待的男主持人的性别特征没有充分表现出来，就往往使人感到不满足。随着电视机的普及，电视节目的丰富，人们对电视节目中的一切都越来越挑剔，包括男主持人的形象。

解决问题的办法大致如下：

在选择节目主持人（包括播音员）时注意心理方面的考察，把好入口关。选主持人，不仅要考察知识结构和普通话表达的基础能力，更要看候选者驾驭语言、节目的能力，还要看他的性格特征。这需要编导、领导者从各个节目的特点来考虑。考察的时间也不要过短。不适合做主持人工作的要下决心调整。

有些综合条件较好的男主持人，只是在性格女性化倾向这一点有所不足，需要进行必要的心理调适。要让他们明白自己这方面的不足，知道困难在什么地方。然后心悦诚服地、自觉自愿地改变已经养成的心理习惯。包括感受环境、理解生活的角度、方式、审美经验都要有所调整。必要的时候，带着改变性格倾向的愿望到一些适当的磨炼人的环境中体验生活，参加一些相关的活动，使得面对社会的意识和心态有相应的变化。

鼓励塑造优秀的男主持人的性格类型。防止男主持人的女性化倾向，破和立要同时进行，才可能有效果。否则，单纯强调改变女性化倾向，主持时反而不知所措。要强调向哪个方面发展，要学习什么，怎样做才符合社会大多数人的审美需求。在新的追求中摆脱原来的一些习惯。男子性格的核心是力量，但是力量大都不是直接表现出来的，也不是简单表现为有力气；无限的智慧、深邃的思考、宽阔的胸怀、坚韧不拔的意志、熟知生活的幽默、游刃有余举重若轻的轻松、把握全局尽在掌握之中的自信，以及举止步履的节奏、呼吸的深度、声音色彩、眼睛的光芒，等等，都是男子性格力量的具体体现。

在强调男主持人形象特征的时候，要防止另外一种倾向，即貌似男子汉的一些俗气、匪气、痞气、霸气、流气、怪异的样子。偶尔有之，可能平添一分趣味和色彩，构成节奏的跳跃的对比。但是决不能以丑为美，以怪为趣。不要让扭曲的形象在电视屏幕上成为主体或者主流。

当然，男性的形象也不能都是一种样子，有阳刚之气硬汉形象的主持人，也要有睿智机敏的主持人，还要有幽默风趣的主持人，多种多样形象的主持人才能满足观众的不同需求。

10. 形象魅力

播音员、主持人的形象魅力，有一部分是看得见的，能够明确知道的，还有一部分是一种说不清道不明的吸引人的感觉，被人们称为个人魅力。

一、年龄

人对自己的年龄有三个方面的认识：一是日历年龄，即在世界上生存了多长时间；二是生理年龄，指现实的身体状况；三是心理年龄，也就是人自身的心理状态在一般水平的哪个年龄段上。

日历年龄是每个主持人调整与观众关系的依据，这是一个不容忽视的重要关系，主持人要以明确的身份关系与节目的听众、观众说话，这种关系的实质就是年龄的关系。比如，中年人主持老年节目与老年人主持老年节目，主持人与听众和观众的关系就一定会有不同。青年节目的主持人，有年龄相仿的伙伴关系，有年龄稍大的哥哥姐姐的视角。

心理年龄是主持人设计自己的举止、服装、神态的尺度，超越心理年龄和滞后心理年龄的设计都是不妥的。

每个年龄段都有相应的个人魅力。

二、知识和能力

主持人之间的形象魅力差异，主持人的水平高低，主要还是由他的知识和能力决定的。每个人的知识和能力的结构和水平是不一样的，也就造就了主持人在镜头前的表现各不相同，对待事物的态度各不相同。这种区别有时是细小的，有时会很明显地表现出来。

有的主持人学习的专业是播音主持新闻学，有的主持人来自各个不同的学科专业。知识结构虽然不同，但是曾经有过的艰苦学习经历，以及因此获得的驾驭知识、分析研究的能力会对他们有很大帮助。曾经学习不认真，现实能力不到位，工作中就会捉襟见肘，难以有什么深刻丰满的形象魅力表现。

三、修辞特征

每个人都有自己的语言习惯。有人长句说得好,有人短句来得快,有人善用排比,有人比喻巧妙,有人讲得通俗易懂,有人说得更具文学色彩……

如果不是只按照别人写的稿子照本宣科的话,那就应该有自己遣词造句的特征,有自己的语言修辞的风格。词汇丰富,句式多样,修辞有风格,这是一名优秀主持人的标志,也是每位走进广播电视主持人队伍的人努力的方向。同时这也是一名主持人形象魅力风采、自身特征的重要组成部分。

今天,一批新的主持人正带着自己的语言修辞风格走来,词汇不单调,语句不贫乏,令人耳目一新。他们的成功,给了我们重要的启示。

四、审美情趣

审美活动是创造美的作品和欣赏美的事物的活动。在主持人面对听众、观众说话时,他对自己在节目中所诉说的事物和节目中的一切必定有相应的审美认识,而在自觉不自觉的审美过程中表现出他的态度和看法来。美好事物引起的美感、欢快感都会时时处处流露出来。人的审美能力和审美视野有关,也和主持人的修养有关。

最常见的审美情趣的流露在主持人的笑容、笑声上。这当中究竟是赞许的笑,还是带有评价意味的笑,或是忍俊不禁的笑,或是与大家会意的笑,不同的主持人会有不同的体味。对同一美好的事物,主持人给予的赞美色彩不同,鉴赏的品位也会有所不同。

审美情趣的差异是每位主持人的重要个性要素。热烈的、思考的、沉浸的、内敛的、奔放的、幽默的、风趣的、智慧的、缠绵的、利索的……

五、性格

每一个人都有自己的性格,或是急切,或是沉稳,或是爽朗大方,或是机智敏锐,或是快人快语,或是细腻温柔,等等。每一位主持人要认真分析自己的性格,提炼自己的性格,让自身性格的色彩更鲜艳醒目,在表达时有更多、更充分的体现。

这些性格在进入不同的节目时要与节目的性质、内容融合。

比如,急切的性格在青年节目中可能表现为活跃,在法制节目中可能表现为强烈的正义感,在音乐歌舞节目中可能表现为欢快。沉稳的性格在青年节目中可能表现为成熟,在法制节目中可能表现为理性,在音乐歌舞节目中可能表现为鉴赏的品位。经过这样提炼的性格不仅是真实的,而且还将更为鲜明、强烈。

每个人的形象魅力都要在成长过程中逐渐形成,在不断刻苦学习和生活磨炼中获得。

11. 公众形象

新中国刚刚建立的时候，为了巩固新生的政权，广播电视是重点保卫的目标，广播电视工作人员也是国家的机要人员。在广播中，播音员使用的是工作名字，不是自己的真实姓名。后来，进入改革开放时期，中国的广播电视开始普及，播音员就已经不再使用工作名字了，开始使用自己的真实名字。

实际上，观众在电视屏幕中能够听到、看到播音员的形象，播音员使用哪一个名字已经不重要了。当主持人出现在广播电视中，不仅是以真实的名字进入节目，还以个人真实具体的身份活跃在节目中，个性特点在节目中有较为充分的表现。其实，无论姓名真实与否，播音员、主持人都是大家熟悉的社会公众形象。

播音员、主持人是社会公众形象，在中国，应该有两个心理定位：一个是执政党和政府的形象；另一个是广大听众、观众朋友。

➤ 播音员、主持人是广播电视台的代表。能够在某个台的频率中或者屏幕上讲话，是一种责任。要对自己工作的部门负责，更要对全台负责。有稿无稿讲出来的话都是本台意志的表达，属于台授权的表达。

广播电视台是谁呢？是中国各级政府下辖的一个部门，是受政府管理的事业单位，是政府声音传达的机构。广播电视台要表达执政的中国共产党和政府的声音，严肃的新闻类节目是这样，活泼的娱乐节目也是这样，从广播电视中传播出来的立场、态度、政策、方针、判断、观点、呼吁、道德、情操等都是。只不过有正面有侧面，有直说有含蓄，有讲理有说事，有抽象有形象，有号召推动有潜移默化。

因此，播音员、主持人的形象具有一定的权威性，特别是新闻主播形象更具有这样的特点。播音员是替执政党和政府表达意见的形象。应该是人民群众信任的、真实准确的形象。

历史形成了这样的认知，广大听众、观众心中认为广播电视中的话语就是党和政府的权威态度立场，是向社会发出指令和号召。事实上，上面是这样要求，实际操作也是这样执行的。

在这个意义上讲，播音员、主持人应该是执政党的代表，是社会主流意识的代表，是社会普遍认为的正确思想的代表，是引领社会前进的形象。这样的形象有思考的引领，引领人们理解国家的大政方针，明确共同前进的方向；有文化的引领，引领人们对健康、丰富、繁荣文化的追求，建立文化自信；有情感的引领，引领人们对生活中的是是非非形成一致的态度和潮流倾向。这样的引领使得社会上下左右衔接，方方面面同心协力。

> 播音员、主持人是广大公众的朋友。代表公众的心态，符合他们的审美价值。

人和人之间怎样结为朋友？当然要互相结识接触，播音员、主持人天天对大家讲话，人们也需要听这些话，自然就有了结识的机会。

大家喜欢结交的人一定是心态愉悦、自信的形象。所以播音员、主持人要有人们都能接受的热爱生活的积极向上的形象。不能因为个人偶然的情绪而影响了节目栏目所赋予的形象和听众、观众所期望的形象。

朋友间最根本的联系源于价值观、世界观彼此赞同和情趣、乐趣一致。播音员、主持人是公众的朋友，就要在最大程度上与大多数公众的价值观、世界观保持一致。

> 播音员、主持人的职业就是要"热爱生活，观察生活，理解生活，讲述生活，评说生活"，在这漫长而广阔的过程中，能够在多大程度上、多广的幅度上与听众、观众的精神合拍，代表他们的看法、意见，符合他们的心理需求，与他们的情感一致，和他们的审美共鸣，就有可能在多大程度上获得成功。

比如，在节目中尊老爱幼，对辛勤劳动表达敬重，对科学技术表达热爱，对美好事物要赞扬，对错误、缺点要批评，对丑恶事物要贬斥。要符合最广大的公众期望，树立自我形象。

情趣，人们各不相同，萝卜青菜，各有所爱。不同类型的播音员、主持人会有不同的听众、观众拥戴，这很正常。

> 播音员、主持人肩负公众的期盼。公众心目中对自己喜爱甚至崇拜的播音员、主持人有完美的形象想象。播音员、主持人是社会公德的楷模，承载着成千上万人的期望，如果辜负了崇拜者的期望，那他们会很伤心的。播音员、主持人在公共场所很容易被人们认出来，所言所行都有可能被传播，一定要严格要求自己，维护好自身的形象。

有时，在一些社会活动中，播音员、主持人要写字，要签字，这也是公众形象的一部分。花一点时间练练自己的签名，练练书法，是很有必要的。

> 播音员、主持人不能仅仅是在节目栏目里出现，宣扬好树立好这个群体丰满立体的形象不只是个人的事情，也是广播电视台的责任，需要通过各种途径有计划、有目的地向社会介绍更多的播音员、主持人的背景、成长的故事、工作的幕后情况，使他们的形象更深地扎根在广大人民群众心中。

不过，也要防止有些不良记者的无聊追逐，抵制某些不负责任媒体的肆意炒作，维护播音员、主持人的良好形象。

附 容易被读错的部分地名

安徽省容易被读错的地名：蚌（bèng）埠（bù）、六（lù）安、亳（bó）州、涡（guō）阳、歙（shè）县、黟（yī）县、砀（dàng）山、枞（zōng）阳、濉（suī）溪。

吉林省容易被读错的地名：珲（hún）春、桦（huà）甸。

山东省容易被读错的地名：鄄（juàn）城、临朐（qú）、徂（cú）徕（lái）、兖（yǎn）州、茌（chí）平、莒（jǔ）县。

江苏省容易被读错的地名：甪（lù）直、溧（lì）阳、邳（pī）州、邗（hán）江、盱（xū）眙（yí）、睢（suī）宁。

山西省容易被读错的地名：隰（xí）县、洪洞（tóng）、临汾（fén）、解（xiè）池、忻（xīn）州。

浙江省容易被读错的地名：嵊（shèng）州、鄞（yín）州、丽（lí）水、台（tāi）州。

江西省容易被读错的地名：婺（wù）源、铅（yán）山。

河南省容易被读错的地名：柘（zhè）城、武陟（zhì）、荥（xíng）阳、浚（xùn）县。

湖南省容易被读错的地名：筻（gàng）口、枨（chéng）冲、郴（chēn）州、耒（lěi）阳。

四川省容易被读错的地名：犍（qián）为、邛（qióng）崃（lái）、郫（pí）县、珙（gǒng）县。

河北省容易被读错的地名：鄚（mào）州、井陉（xíng）、蠡（lǐ）县、蔚（yù）县、藁（gǎo）城、涿（zhuō）州、乐（lào）亭、大（dài）城。

附 中国人的姓中的多音字

读音相异

仇，读 qiú，不读 chóu。

朴，读 piáo，不读 pǔ。此姓朝鲜族多见，中原地区有皇家赐姓。

单，读 shàn，不读 dān。

解，读 xiè，不读 jiě。

区，读 ōu，不读 qū。

查，读 zhā，不读 chá。

繁，读 pó，不读 fán。

瞿，读 qú，不读 jù。

员，读 yùn，不读 yuán。

能，读 nài，不读 néng。

阚，读 kàn，不读 hǎn。

都，读 dū，不读 dōu。

乜，读 niè，不读 miē。

缪，读 miào，不读 móu。

句，读 gōu，不读 jù。复姓句龙，读 gōu long。

阿，读 ē，不读 ā。

谌，读 chén，不读 shèn。

声调不同

任，读 rén，不读 rèn。

要，读 yāo，不读 yào。

华，读 huà，不读 huá。

过，读 guō，不读 guò。

应，读 yīng，不读 yìng。

曲，读 qū，不读 qǔ。

訾，读 zī，不读 zǐ。

哈，读 hǎ，不读 hā。
钻，读 zuān，不读 zuàn。

一字多音，姓氏读多音

这种情况是字同音不同，姓也不同。比如，乐姓有两种读音 yuè 和 lè。乐 yuè 姓的名人有古代的军事家乐毅，而乐 lè 姓，代表名人有大家的熟知的乐嘉。另外"乐"还有一个地名读音 lào，河北乐亭县。

折，一读 shé，一读 zhé。
纪，一读 jǐ，一读 jì。一般读 jǐ。
盖，一读 gě，一读 gài。一般读 gě。
隗，一读 kuí，一读 wěi。
乐，一读 yuè，一读 lè。一般读 yuè。
种，一读 chóng，一读 zhǒng。一般读 chóng。
覃，一读 tán，一读 qín。一般读 qín。
召，一读 shào，一读 zhào，为傣族姓。
相，一读 xiāng，一读 xiàng。

容易错认的姓

逄，读 páng。
桓，读 huán。
蒯，读 kuǎi。
殳，读 shū。
厙，读 shè。
靳，读 jìn。
郄，读 qiè。
昝，读 zǎn。
逯，读 lù。
郦，读 lì。如汉初名臣郦食其（lì yì jī）。
麴，读 qū。
璩，读 qú。
郗，读 xī，也读 chī。
妫，读 guī。
郏，读 jiá。
郜，读 gào。

容易读错的复姓

令狐,读 líng hú,不读 lìng hú。令单独作姓时读 lìng。

尉迟,读 yù chí,不读 wèi chí。尉单独作姓时读 wèi。

万俟,读 mò qí,不读 wàn sì。

澹台,读 tán tái,不读 dàn tái。

皇甫,读 huáng fǔ,不读 huáng pǔ。

长孙,读 zhǎng sūn,不读 cháng sūn。

宰父,读 zǎi fǔ,不读 zǎi fù。

亓官,读 qí guān。

毌丘,读 guàn qiū,不要读作 wú qiū 或 mǔ qiū,也不要写作"毋丘"或"母丘"。

附　400 个音节表

	1	2	3	4	5	6	7	8	9	10	11	12	13	14	15	16	17	18	19	20	21	22	23
		a	o	e	i	u	ü	ai	ei	ui	ao	ou	iu	ie	üe	an / ian / uan / üan	en	in	un	ün	ang / iang / uang	eng	ing	ong / iong
1	b	ba	bo		bi	bu		bai	bei		bao			bie		ban / bian	ben	bin			bang	beng	bing	
2	p	pa	po		pi	pu		pai	pei		pao	pou		pie		pan / pian	pen	pin			pang	peng	ping	
3	m	ma	mo	me	mi	mu		mai	mei		mao	mou	miu	mie		man / mian	men	min			mang	meng	ming	
4	f	fa	fo			fu			fei			fou				fan	fen				fang	feng		
5	d	da		de	di	du		dai	dei	dui	dao	dou	diu	die		dan / dian / duan	den		dun		dang	deng	ding	dong
6	t	ta		te	ti	tu		tai		tui	tao	tou		tie		tan / tian / tuan			tun		tang	teng	ting	tong
7	n	na		ne	ni	nu	nü	nai	nei		nao	nou	niu	nie	nüe	nan / nian / nuan	nen	nin			nang / niang	neng	ning	nong
8	l	la		le	li	lu	lü	lai	lei		lao	lou	liu	lie	lüe	lan / lian / luan		lin	lun		lang / liang	leng	ling	long
9	g	ga		ge		gu		gai	gei	gui	gao	gou				gan / guan	gen		gun		gang / guang	geng		gong
10	k	ka		ke		ku		kai	kei	kui	kao	kou				kan / kuan	ken		kun		kang / kuang	keng		kong
11	h	ha		he		hu		hai	hei	hui	hao	hou				han / huan	hen		hun		hang / huang	heng		hong
12	j				ji		ju							jie	jue	jian / juan		jin		jun	jiang		jing	jiong
13	q				qi		qu							qie	que	qian / quan		qin		qun	qiang		qing	qiong
14	x				xi		xu							xie	xue	xian / xuan		xin		xun	xiang		xing	xiong
15	zh	zha		zhe	zhi	zhu		zhai		zhui	zhao	zhou				zhan / zhuan	zhen		zhun		zhang / zhuang	zheng		zhong
16	ch	cha		che	chi	chu		chai		chui	chao	chou				chan / chuan	chen		chun		chang / chuang	cheng		chong
17	sh	sha		she	shi	shu		shai	shei	shui	shao	shou				shan / shuan	shen		shun		shang / shuang	sheng		
18	r			re	ri	ru				rui	rao	rou				ran / ruan	ren		run		rang	reng		rong
19	z	za		ze	zi	zu		zai	zei	zui	zao	zou				zan / zuan	zen		zun		zang	zeng		zong
20	c	ca		ce	ci	cu		cai		cui	cao	cou				can / cuan	cen		cun		cang	ceng		cong
21	s	sa		se	si	su		sai		sui	sao	sou				san / suan	sen		sun		sang	seng		song
22	y	ya			yi		yu				yao	you		ye	yue	yan / yuan		yin		yun	yang		ying	yong
23	w	wa	wo		wu			wai	wei							wan	wen				wang			
24	0	a	o	e				ai	ei		ao	ou			er	an	en				ang			

308

《播音主持训练280法》原书后记

从1982年初起,我在北京广播学院任教,近些年离开教学岗位,来到电视节目制作的实际当中。无论在学院还是在电视台工作,我一直和其他老师为在职的播音员、主持人短期培训班讲课,每年讲若干个班。我们所面对的学员们多数来自实际工作岗位,他们阅读一些有关播音和主持人工作的教材,对播音、主持工作已经有了初步的认识,并且在老同事的指导和自己的摸索中对播音主持工作,尽快地获得了相关的能力。然而,播音和主持节目的能力是看不见摸不着的,理论的理解与话筒前和镜头前的工作还不能一下子联系起来,模仿成功者也不能奏效,似乎无从把握。

在我自己的播音和主持的工作实践和长期的培训教学中,我反复感觉到,播音和主持工作具有很强的操作性,经过理论讲解后,需要将理论化作学员身体力行的具体表达。播音员和主持人的工作有一部分是以自己的身心为工具进行操作的,那就十分需要更多地了解自身,学习控制自身,这在很大程度上是操作性很强的动作训练。这里所指的动作训练也包括相关心理活动的强化训练。现在,经过提炼和总结,列出了280个训练项目,这些项目分别针对不同的实际问题,力求能通过训练使学员们获得相应的能力,克服和纠正某些错误动作,更深刻地理解理论的指导。应当说明,这些项目没有也不可能全面包含播音和主持工作的操作训练,还有很多我没有意识到的问题和没有考虑成熟的问题。由于本书是在电视工作实践的匆忙之中断续写成的,更由于自己的理论修养不足,难免有疏漏和错误,我希望得到各位师长和朋友的指正。

这些在课上反复进行训练的总结,离不开我的老师张颂先生与其他老师讲授的播音学说,连我自己也不十分清楚哪句话是哪位教师或者哪本著作给我的启示,甚至可能在记忆中引用或断取了原句。在此我向曾经给我教诲的老师们表示深深的感谢。特别感谢我国主持人研究会会长、中央电视台播音指导赵忠祥老师为本书作序,热情的鼓励使我深受感动。我还要感谢我的同学汪良和杜守仁多年来与我不断进行的业务交流以及对我的帮助。更感谢母校的出版社——北京广播学院出版社的老师和朋友们为这本书出版给予的大力支持和诚恳指教。

闻 闸
1999年6月9日

后　　记

终于，我能写后记了。

这本书前后十年，今天终于完稿了。

十年前，谈《播音主持训练280法》再版的时候，我觉得半年之内能够做点简单的修改调整就能完工。没有想到，事情远不是那么简单。

现实的发展要求和我自己的认识都已经前进了，只能按照新的思路进行，而且越写越觉得必须把最新的实践写入，越写越觉得要写成能够总结一段历史，能够较长时间有用的一本教材。

由于这些年来一直在培训课堂上奔波，大量的时间都用在备课、讲课、拓展课题上，能够用于本书写作的时间不多。本书多数内容是在每年的春节期间相对安静的一二十天中写出的。有时小长假有点时间，由于心不静也没有写出多少。平常偶尔有时间，写上一小段，时断时续的思路，不易衔接，磕磕绊绊。而且，声音和心理的活动，往往是难以用文字描述的，又要让学习者看明白，能够转化到实际训练和工作中，的确是不容易，心不静就难以想明白、写准确。写作的过程，就是反复思考研究和推敲文字的过程，自觉比较艰苦，有时思考很久，才想出头绪来，所以进度非常慢。

这十年来，我的心一直没有放下这本书，时时有放弃的念头，又难以割舍，内心始终煎熬着。今年，下决心集中了一段时间写作，集中精力，把后一部分完成了。最后这一小段时间，白天黑夜努力，终于，在中秋节家家团圆之时，圆满完成了书稿。

感谢出版社的支持，也感谢曾经帮助我阅读草稿、给我鼓励的朋友们。

书中引用了许多案例，感谢并致敬案例中的实践者们！

书中引用许多知识，有的引自书籍，有的引自网络，有的电话咨询，在此一并致以深深的感谢！

翻阅已经写成的书稿，仍然有很多想再修改的地方，手上还在不断调整文字的表述。诚如影视表演者说的，一但故事片拍摄成了，那表演就是"遗憾的艺术"，无法再演得更好了。书稿一旦付印了，有些遗憾之处也就不能随手再完善了。况且，实践的发展和探索追求将永远在总结和阐述之前。

本书的缺点、不足,恳请大家指正,并能谅解。

感谢未来的读者们!

闻　闸

2019 年 9 月 13 日

中秋节之夜

由于疫情等原因,这本书又耽误了两年。感谢中国广播影视出版社,感谢责任编辑黄月蛟女士,这本书现在终于进入出版程序了。

2021 年中秋又及